U0841699

第二九册　目録

上諭	林則徐等奏黑鹽井提舉蕭榕催徵鹽課出力著賞加運同銜	道光二十八年八月二十二日 一八四八年九月十九日	一
大學士管理户部事務潘世恩等奏摺	遵議林則徐等奏滇省五次黔省二次捐輸奬勵	道光二十八年八月二十五日 一八四八年九月二十二日	二
上諭	京控案之参革道員劉晸昌在籍不安本分著永不叙用	道光二十八年九月初五日 一八四八年十月一日	一二
雲貴總督林則徐等奏片	拏獲鄰省滋事人犯羅亞哈羅阿四解歸粤西審辦	道光二十八年九月初五日 一八四八年十月一日　※	一三
上諭	林則徐等請奬雲貴官紳捐輸著照户部議奏分別奬勵	道光二十八年九月十一日 一八四八年十月七日	一五

文件	事由	日期	頁碼
雲貴總督林則徐等奏摺	查明雲南本年並無私鑄小錢	道光二十八年十一月二十三日 一八四八年十二月十八日	三三〇
雲貴總督林則徐等奏摺	雲南藩庫歷年奉旨豁免及官員參欠未完銀請照案分年補還	道光二十八年十一月二十三日 一八四八年十二月十八日	三三四
上諭	著林則徐等俟試用知府張恩溥到滇即察有無風疾堪否勝任	道光二十八年十二月初十日 一八四九年一月四日	三四四
上諭	著照林則徐等所請獎勵姚州及白井軍務出力員弁	道光二十八年十二月初十日 一八四九年一月四日	三四五
大學士管理户部事務潘世恩等題本	核銷滇省道光二十七年各標鎮協營兵馬錢糧支用各款	道光二十八年十二月初十日 一八四九年一月四日	三四九
大學士管理户部事務潘世恩等題本	核銷滇省道光二十七年武職各官支過養廉銀兩	道光二十八年十二月初十日 一八四九年一月四日	三六六
吏部尚書文慶等奏摺	林則徐保舉保山軍務人員内核有與例不符捐輸未奉旨情事	道光二十八年十二月十一日 一八四九年一月五日	三七七
上諭	著照林則徐所請以馬善寶陞補貴州撫標中軍參將	道光二十八年十二月十三日 一八四九年一月七日	三八三
上諭	著將降調知縣廣和等人先行革職並改派琦善前往研訊定擬	道光二十八年十二月十三日 一八四九年一月七日	三八四
雲貴總督林則徐等奏摺	請以順寧知縣楊覲調補昆明知縣	道光二十八年十二月十八日 一八四九年一月十二日	三八五

責任者	題名	日期	頁碼
雲貴總督林則徐清單	道光二十八年雲南省司道知府考語清單	道光二十八年十二月二十日 一八四九年一月十四日	四七一
雲貴總督林則徐清單	道光二十八年貴州省司道知府考語清單	道光二十八年十二月二十日 一八四九年一月十四日	四七八
雲貴總督林則徐清單	道光二十八年雲南省提督總兵考語清單	道光二十八年十二月二十日 一八四九年一月十四日	四八三
雲貴總督林則徐清單	道光二十八年貴州省提督總兵考語清單	道光二十八年十二月二十日 一八四九年一月十四日	四八六
雲貴總督林則徐奏片	密陳滇黔兩省學政聲名	道光二十八年十二月二十日 一八四九年一月十四日 *	四九〇
雲貴總督林則徐奏摺	貴州提督秦鍾英進京陛見委崇福趙萬春分署提篆古州鎮篆	道光二十八年十二月二十日 一八四九年一月十四日	四九二
雲貴總督林則徐奏摺	校閲雲南省標六營官兵陣式技藝情形	道光二十八年十二月二十日 一八四九年一月十四日	四九六
雲貴總督林則徐等奏片	請將滇黔兩省捐輸兑銀限期展至二十九年正月為止	道光二十八年十二月二十日 一八四九年一月十四日 *	五〇二
雲貴總督林則徐咨呈	降調知縣廣和京控案在本堂原呈及堂駁各條呈軍機處備查	道光二十八年十二月二十日 一八四九年一月十四日	五〇五
上諭	著照林則徐等所請勒追滇銅廠欠有著各款並豁免無著之銀	道光二十八年十二月二十八日 一八四九年一月二十二日	五〇九

文件	事由	時間	頁碼
雲貴總督林則徐等奏片	請飭藩司趙光祖暫緩交卸俟永昌軍務事竣即赴京陛見	道光二十八年 一八四八年 *	五一〇
雲貴總督林則徐等奏片	委鎮沅同知潘如棟借補晉寧知州崔紹中分署順寧普洱知府	道光二十八年 一八四八年 *	五一二

上諭　林則徐等奏黑鹽井提舉蕭榕催徵鹽課出力著賞加運同銜

道光二十八年八月二十二日内閣奉

上諭林則徐等奏提舉催徵鹽課出力懇請鼓勵一摺雲南黑鹽井提舉蕭榕經徵鹽課五載全完洵屬催徵出力蕭榕著賞加運同銜仍照例不論俸滿即升該部知道欽此

大學士管理户部事務潘世恩等奏摺　**遵議林則徐等奏滇省五次黔省二次捐輸獎勵**

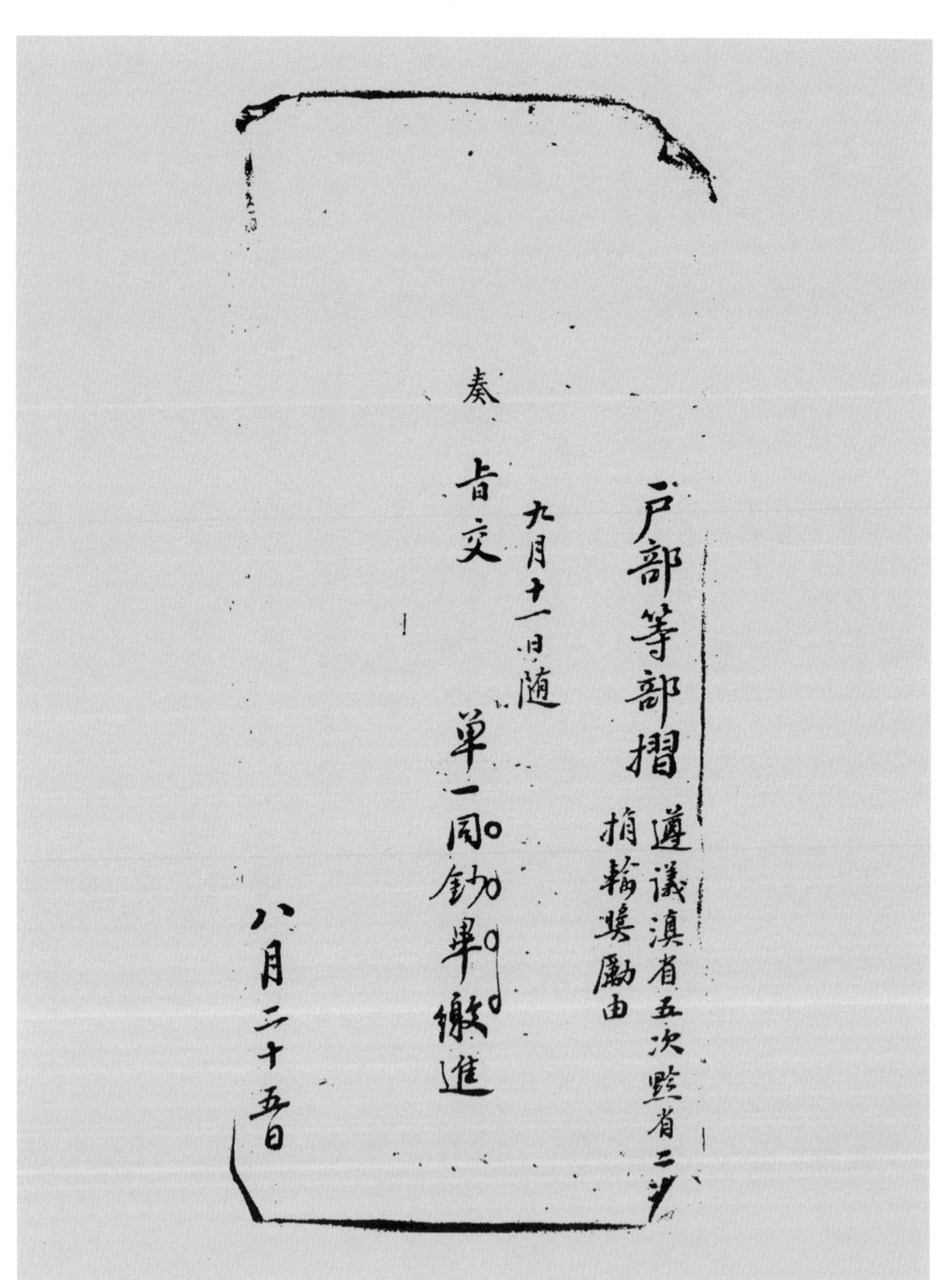
户部等部摺　遵議滇省五次黔省二次捐輸獎勵由
九月十一日隨
奏
旨交
單一開鈔單繳進
八月二十五日

大學士管理户部事務潘世恩等奏摺 遵議林則徐等奏滇省五次黔省二次捐輸奬勵

道光二十八年八月二十五日

户部等部 太傅大學士管理户部事務臣潘世恩等謹

奏為遵

旨覈議具奏仰祈

聖鑒事内閣抄出雲貴總督林則徐等奏滇省五次捐輸及黔省二次捐輸俱已收有成數懇將各捐員分别奬勵一摺道光貳拾捌年伍月初玖日奉

硃批户部議奏單二件併發欽此據原奏内稱滇省自上年拾壹月初柒日起至年底止第五次捐輸收銀柒萬貳千叁百陸拾陸兩黔省自上年拾壹月初柒日起至年底止第二次捐輸收銀肆萬柒千肆百肆拾陸兩均各兑貯司庫並查

明各捐員履歷數對例案懇請分別奬勵等
語　臣等查雲南此次捐輸共八十九員應
收銀柒萬貳千叁百陸拾陸兩貴州此次捐輸
共一百七十六員應收銀肆萬柒千肆百肆拾
陸兩按照清單並造來清冊逐一覈算所捐之
數與現收之數均屬相符兩省捐銀據稱均貯
雲南藩庫聲明此次保山軍需不敷之項即在
此項捐款內動支應令將存貯之款與動支之
款分晰造具細數清冊送部查覈其捐輸各員懇
恩奬勵吏部查奏定海疆捐輸章程內開士民捐銀
貳百兩以上給予九品頂帶叁百兩給予八品
頂帶肆百兩給予鹽知事職銜捌百兩給予縣

丞職銜壹千貳百兩給予州判職銜壹千陸百兩給予按經職銜貳千兩給予布經職銜貳千肆百兩給予通判職銜叁千貳百兩給予鹽提舉職銜肆千兩給予同知職銜捌千兩給予知府職銜如有銀數較多浮於本項應得之職銜者除照例給予職銜外仍准按其所餘之數給予加級紀錄此內本有九品以下人員仍照士民一體議敘其候補候選並現有職銜人員應按士民捐數將本身職銜照前項議敘銀數減半抵算覈其捐數給予應得議敘其不及加銜銀數者查照現任官員給予加級紀錄候選人員八品至未入流捐銀壹千陸百兩議予本班

儘先選用議予加級紀錄各項官員四品等官捐銀伍百兩五品等官捐銀肆百兩七品知縣捐銀叁百陸拾兩八品等官捐銀貳百捌拾兩九品至未入流捐銀貳百肆拾兩均議予加一級捐數較多以次遞加其有不及加級銀數者給予紀錄四品等官捐銀貳百伍拾兩五品等官捐銀貳百兩六品以下各項官員捐銀壹百伍拾兩均議予紀錄二次又豫工事例内開試用人員知縣捐銀叁千兩以上八品等官捐銀壹千伍百兩以上九品至未入流捐銀壹千兩以上均議予本班分缺間用現任人員九品至未入流捐銀伍百兩以上擬加八品銜七品等

官捐銀壹千伍百兩以上擬加六品銜又定例
紳士商民捐銀數拾兩以上地方官獎以花紅
扁額壹百兩以上該省督撫獎以扁額俱由該
督撫自行覈辦未經就職拔貢生應照從八品
人員給予議敘又奏定加級章程得有升銜人
員又經捐輸加級者應照實在之官覈議不得
照升銜銀數計算各等語兵部查奏定海疆捐
輸章程內開士民捐銀貳百肆拾兩給予把總
職銜伍百兩給予衛千總職銜捌百兩給予守
禦所千總職銜叁千陸百兩給予遊擊職銜又
候補及現任武職並本有職銜人員應按士民
捐數將本身職銜照前項議敘銀數減半抵算

覈其銀數給予應得議敘如銀數較多浮於本項應得之職銜者除照例給予職銜外仍准將所餘之數給予加級紀錄又三品捐銀叁百玖拾兩給予加一級壹百玖拾兩給予紀錄二次五品捐銀壹百陸拾兩給予紀錄二次等語除單開文職捐職從九品李蔭段連李天相等據户部查覆俱未註明報捐月分日期礙難檢查已滿吏考取候選從九品杜名統張維清於何年月考職均未詳細聲敘貢生熊國琛是否捐貢生抑係恩拔副貢生應令該督查明聲覆到日再行覈辦其餘文武各員查照海疆捐輸章程另繕清單恭呈

御覽所有臣等議奏緣由謹會同繕摺具

奏恭候

命下施行再此摺係户部主稿合併聲明伏乞

皇上聖鑒謹

奏

道光貳拾捌年捌月貳拾伍日太傅大學士管理户部事務臣潘世恩

户部尚書臣賽尚阿

户部尚書臣祁寯藻

户部左侍郎臣柏葰
户部左侍郎臣趙光 差
署户部左侍郎臣季芝昌
户部右侍郎臣阿靈阿 朝審上班
户部右侍郎臣朱鳳標
吏部尚書臣文慶
協辦大學士吏部尚書臣陳官俊
吏部左侍郎臣花沙納
吏部左侍郎臣季芝昌
吏部右侍郎臣福濟 差
吏部右侍郎臣侯桐
協辦大學士管理兵部事務臣宗室耆英

大學士管理户部事務潘世恩等奏摺 遵議林則徐等奏滇省五次黔省二次捐輸奬勵

道光二十八年八月二十五日

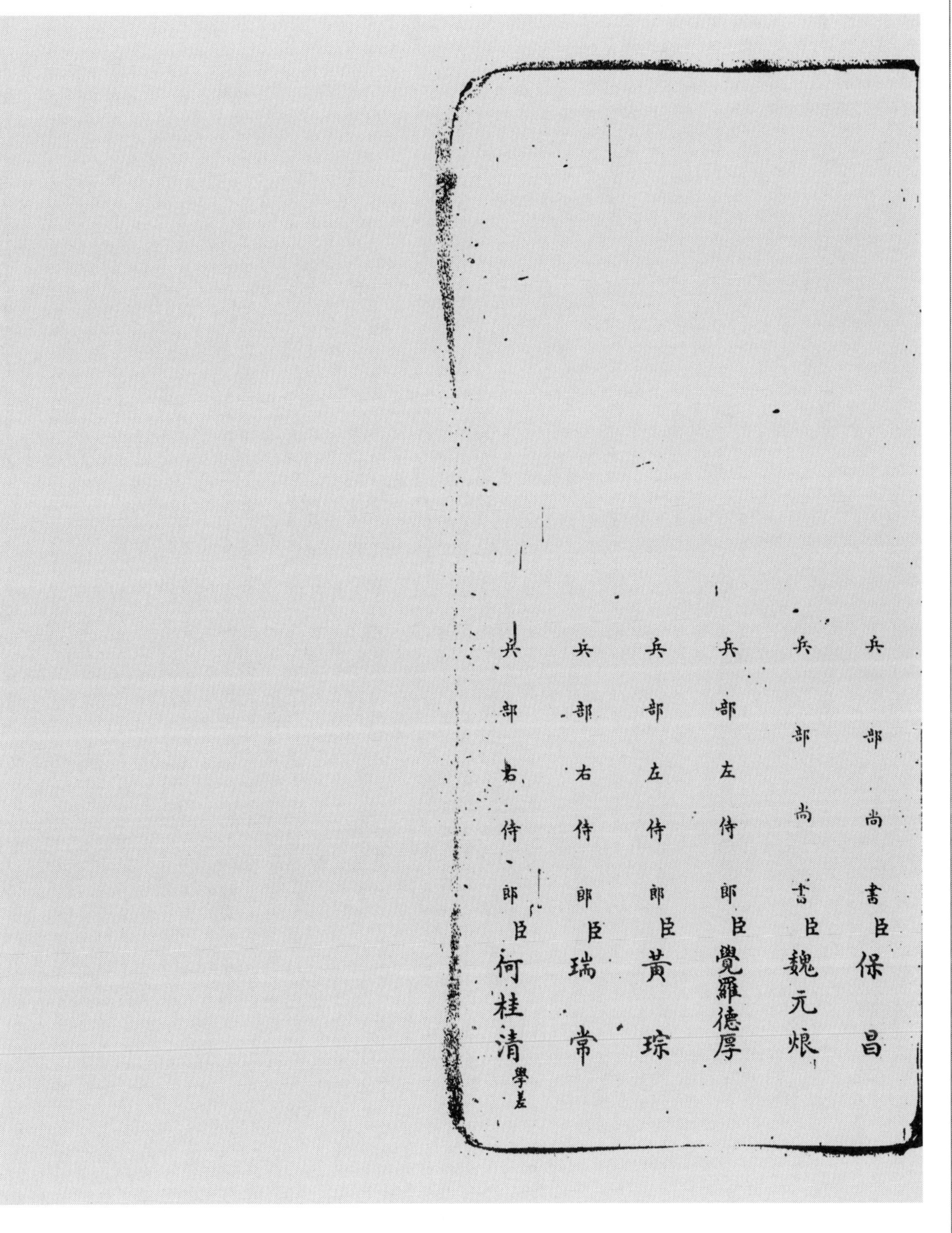

兵部尚書臣保昌

兵部尚書臣魏元烺

兵部左侍郎臣覺羅德厚

兵部左侍郎臣黃琮

兵部右侍郎臣瑞常

兵部右侍郎臣何桂清學差

上諭 京控案之參革道員劉晸昌在籍不安本分著永不敘用

道光二十八年九月初五日内閣奉

上諭林則徐奏遵旨審擬叅革道員京控各情一摺此案已革道員劉晸昌以監司大員告病在籍不思睦族洽鄰輒聽從伊兄健訟多事反噬地方官妄圖挾制實屬不安本分劉晸昌業經革職著永不敘用以為職官不自檢束者戒餘著該部議奏

欽此

雲貴總督林則徐等奏片

拏獲鄰省滋事人犯羅亞哈羅阿四解歸粵西審辦

交

九月[illegible]五日

林則徐等片

再，查前因粵西匪徒在天保[illegible]縣搶[illegible]戕官

二案，因與滇省廣南府連界，恐致竄逸蔓

延，[illegible]經札飭文武會擒，并[illegible]兵差[illegible]于交界處

[illegible][illegible]密[illegible]緝，并據[illegible]廣南府知府李熙齡

廣南營參將[illegible]慶、寶寧縣知縣李光[illegible]會稟，據

派出汛塘外委段士偉，協同兵丁差役擒獲粵

西匪徒羅亞哈、羅阿四二名，訊據供認隨從首

首匪黃[illegible]宗[illegible]擄四頭墟[illegible][illegible][illegible][illegible]

村[illegible][illegible][illegible][illegible]法捕黃[illegible]宗[illegible]拒殺

安其財[illegible][illegible][illegible][illegible][illegible][illegible]情難保[illegible]

[illegible][illegible][illegible][illegible][illegible][illegible]就，自應將該犯解回粵西[illegible]案研

雲貴總督林則徐等奏片　拏獲鄰省滋事人犯羅亞哈羅阿四解歸粵西審辦　道光二十八年九月初五日

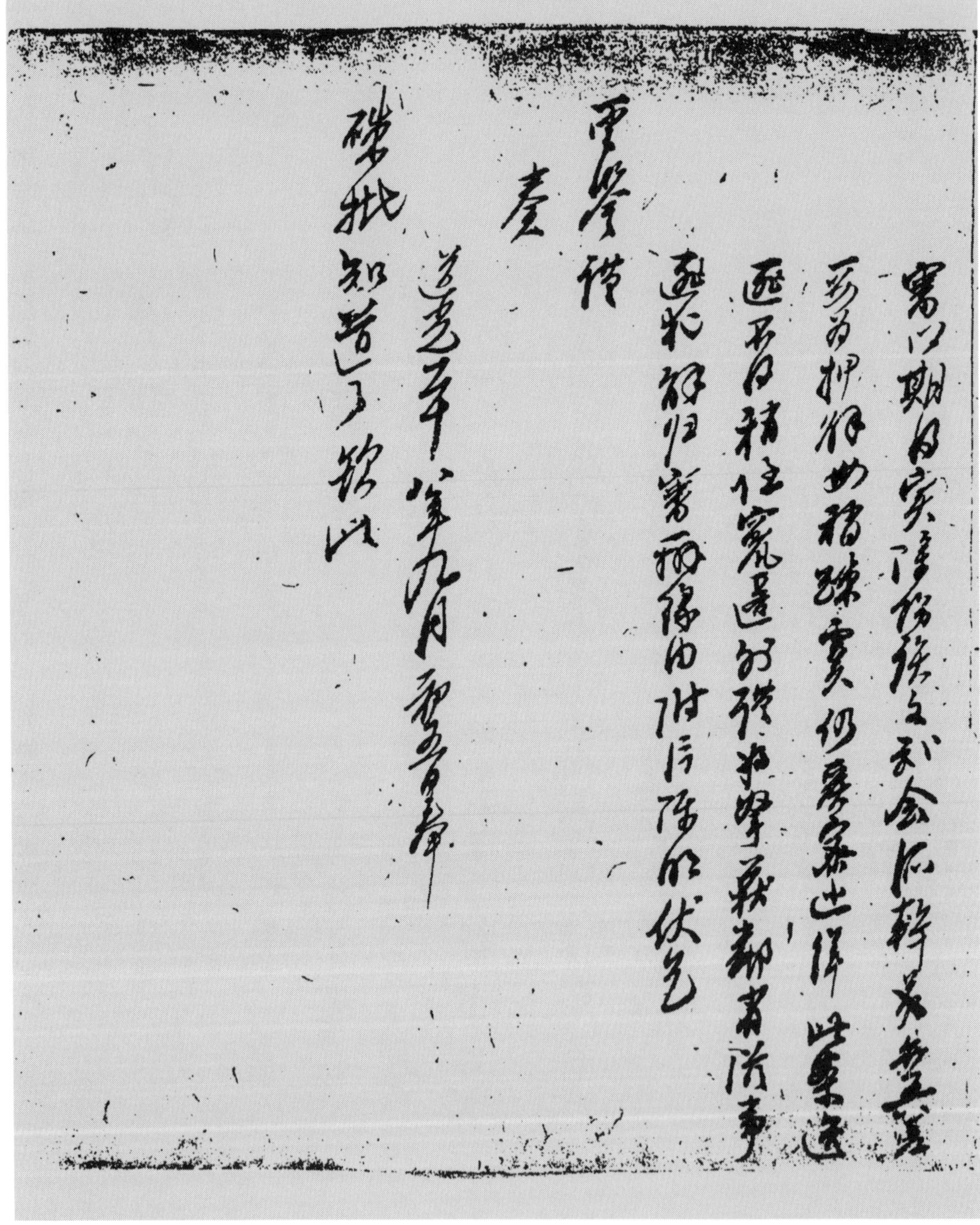

審以期得實除備文咨會[illegible]外
[illegible]
[illegible]拏獲鄰省滋事
逃犯解歸審辦緣由附片陳明伏乞
聖鑒謹
奏
道光二十八年九月初五日奏
硃批知道了欽此

上諭　林則徐等請獎雲貴官紳捐輸著照户部議奏分別獎勵

道光二十八年九月十一日內閣奉

上諭前據林則徐等奏官紳捐輸經費懇請獎勵當交户部議奏茲據該部查照章程開單呈覽該官紳等踴躍輸將自應分別加恩以昭激勸監生丁和克著俟及歲時以郎中不論雙單月選用浙江即用知縣韓懋德著以主事不論雙單月選用並分部學習行走監生曾際陞著以光祿寺署正分發按月籤掣候選知縣李熙著分發雲南補用雲南按察司經歷吳榮昌著賞加通判銜仍加一級降調雲南永昌府知府李恒謙著給予隨帶加一級道銜雲南候補知府許文詖蒙自縣知縣樊肇新均著給予加二級雲南試用直隸州知州吳銑

試用知縣王庚華試用直隸州州判周廷績均著給予加一級候選府經歷陳雲麟江蘇試用縣丞趙友泰均著以布政司經歷分發貴州補用浙江試用布政司經歷劉曾頤著俟服闋後改發雲南歸豫工頭卯例補用鹽知事銜岳興南著以布政經歷分發四川補用俊秀彭汝瑋著以布政司庫大使分發雲南補用貴州試用府經歷盧廷燮著以按察司經歷分發雲南補用貴州試用從九品姚德培著以府經歷仍留貴州歸捐班前先用州判銜陳本善著以府經歷分發四川補用山東試用府經歷蘇炳榮著俟服闋後遇缺即補安徽捐班前先用府經歷茹含章著改發貴州儘先補用

仍紀錄一次貴州試用未入流趙煦著以府經歷
仍留貴州補用監生劉曾傳著以縣丞分發廣東
補用分發東河未入流張鉞著以縣丞按月分發
陝西補用廩生曾以忠著以復設教諭不論雙單
月插班間選並按月籤掣分發廩生楊韻淙著以
復設訓導不論雙單月插班間選候選復設訓導
嚴如璋著分發試用候選訓導曹智昭著歸捐班
前先選就職教諭林澄輝著歸本班儘先選用監
生陳廷英著以府知事分發雲南補用俊秀彭岱
鍾謝國俊均著以州吏目分發雲南補用未滿吏
胡裕庭著以州吏目分發四川分缺間用監生高
廷瑛著以州吏目雙月選用監生田宗稷著以從

上諭　林則徐等請獎雲貴官紳捐輸著照户部議奏分別獎勵

道光二十八年九月十一日

九品分發雲南補用候選從九品劉德鴻著分發湖南補用俊秀魏廷弼著以從九品分發補用候選從九品諸炳榮著分發雲南補用安徽試用從九品黃金吾著改發雲南仍歸籌備例補用候選從九品郭維垣著俟服闋後分發陝西仍歸豫工頭卯例補用俊秀段佐廉監生朱紹庚王樹人均著以從九品不論雙單月選用俊秀趙承源著俟及歲時以從九品不論雙單月選用候選未入流彭啟成著分發廣東歸豫工二卯例補用附生駱道同著給予布政司理問銜監生王琳著給予布政司經歷銜候選從九品吳培榮著註銷從九品紀錄二次給予州同銜監生胡裕熜著作為貢生

俊秀李鳳岐等三十名均著給予從九品銜前任
雲南昆明縣典史馮錫祥著以按察司經歷分發
雲南補用監生陸炳圖著以按察司司獄分發貴
州補用監生顔培成著以未入流不論雙單月選
用附貢生周增泰著以訓導不論雙單月選用貴州
試用訓導黄雲爕著遇缺即選候補刑部司獄張
永煦著以縣丞雙月選用監生張樂著以從九品
不論雙單月選用捐職從九品陳聘儒著以巡檢
分發貴州補用附生夏雲蒸著以按察司司獄分
發廣西補用河南候補知州廖圻著給予加一級
監生繆煒陳槐均著以同知照磨分發貴州補用
監生陳壽祺著以從九品分發貴州補用監生嚴

變斌著以按察司司獄分發貴州補用監生劉鵬南著以通判分發南河補用四川試用教諭嚴錫恩著俟服闋後遇缺即選就職教諭劉琨著以復設教諭不論雙單月儘先選用監生裘文瀾著以同知照磨分發貴州補用監生周從政著以按察司照磨分發貴州補用貴州開州知州桂隆著給予加一級監生顧以勳著以從九品分發貴州補用湖南試用訓導晏貽震著遇缺即選監生張聰蘭著以府經歷不論雙單月選用候選從九品梁泉著分發貴州補用前任貴州鎮遠縣主簿丁申著以主簿籤掣省分歸候補班補用坐補貴州定番州知州陳鏊著給予加一級拔貢生李夢松著

以復設訓導不論雙單月選用並分發試用監生徐綸著以按察司司獄同知照磨分發貴州歸捐班前先用監生陶德輿著以未入流雙月選用監生蔣嘉穀著以府經歷不論雙單月選用俊秀姚翔芬著以巡檢分發廣東補用增生周家琅著以訓導不論雙單月歸本班儘先選用貴州銅仁縣典史葉如松著以府經歷仍留貴州補用附生王積泉著以訓導不論雙單月遇缺即選並分發試用俊秀梁以誠著以同知照磨分發貴州補用甘肅通渭縣典史周頡著俟服闋後以未入流分發四川歸候補班補用貴州試用從九品黄克鞏著歸捐班前先用貴州思州府知府祝祜著給予加

一級監生史化明著以按察司照磨不論雙單月
選用廩生蔣樹昌著以從九品不論雙單月選用
俊秀湯世楫著以從九品分發四川歸捐班前先
用布政司經歷銜朱德澄著給予其父母貤封其
本生父母應得封典貴州試用縣丞劉宗筠著註
銷紀錄二次給予加一級俊秀孔廣植著以同知
照磨分發貴州補用就職教諭沈祥焜著以訓導
不論雙單月選用並分發試用貴州貴西道福連
著給予加一級俊秀瑞芳定昌均著以筆帖式補
用俊秀黄雲章著給予布政司經歷銜監生陳昌
銘著給予州同銜監生陳昌籙著給予布政司經
歷銜附生張善懷等六名均著作為貢生已滿吏

楊青雲等一百十六名均著給予從九品銜武生梅作舟著以都司分發本省補用試用衛千總姬文志著仍留漕標儘先補用並加一級武生潘殿鰲著以千總分發本省拔補監生高拱檽王際泰均著給予衛千總銜藍翎馬兵楊鳳鼎著以營千總歸本省撫標補用仍戴藍翎世襲潞江安撫司土職四品頂帶線如綸著賞加三品頂帶捐職從九品李蔭著以縣丞分發四川補用捐職從九品段連著以從九品分發廣西補用考選從九品杜名統著以從九品分發雲南補用捐職從九品李天相著給予布政司理問銜貢生熊國琛著以縣丞分發補用考選從九品張淮清著以道庫大使

按察司司獄分發補用該部知道單併發欽此

雲貴總督林則徐奏摺

貴州提督王一鳳出缺暫委安義鎮總兵秦鍾英署理請旨簡放

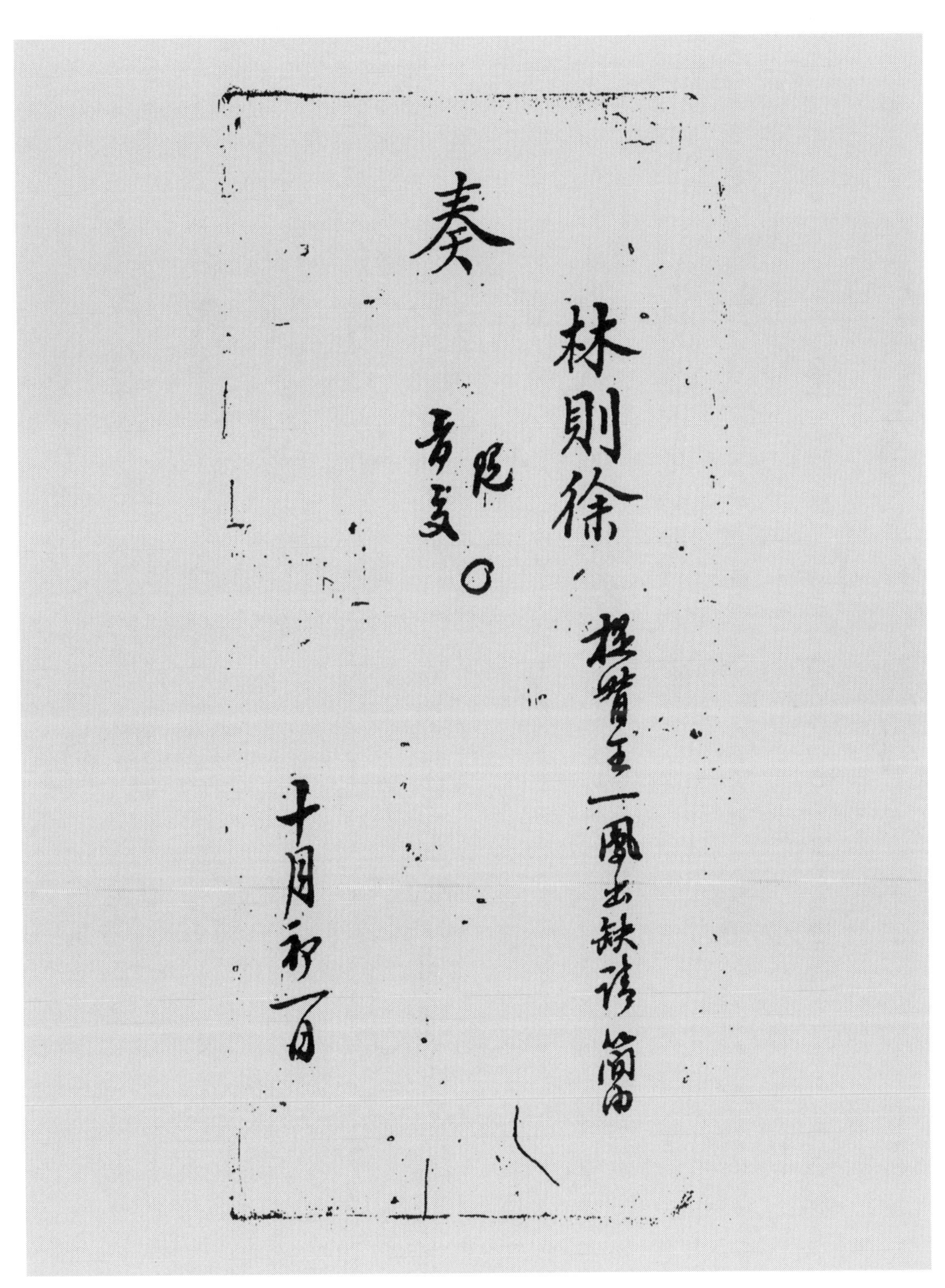

雲貴總督林則徐奏摺 貴州提督王一鳳出缺暫委安義鎮總兵秦鍾英署理請旨簡放

道光二十八年九月十一日

二九

雲貴總督林則徐奏摺　貴州提督王一鳳出缺暫委安義鎮總兵秦鍾英署理請旨簡放

道光二十八年九月十一日

雲貴總督臣林則徐跪

奏為提督因病出缺循例由驛具

奏並將提篆委員先行署理請

旨簡放以重戎守仰祈

聖鑒事竊照貴州提督王一鳳由甘肅行伍出身歷經出師西寧及河南滑縣外回疆等處著勞績道光二十年

簡放雲南臨元鎮總兵二十五年署雲南提督帶兵前赴永昌軍營

擢授貴州提督計去庚黔用省已歷九年營務總

奏據守備稟近因染患痰喘病症原受槍石各傷因時常發自行

雲貴總督林則徐奏摺　貴州提督王一鳳出缺暫委安義鎮總兵秦鍾英署理請旨簡放　道光二十八年九月十一日

奏請開缺調理經臣會商貴州撫臣喬用遷
代懇
聖恩賞給假期俾其安心調理迅速就痊嗣於八月
十六日繕摺具
奏委差齎遞去案茲據署貴州提標中軍
參將徐攀梅稟報該提督自九月以來病
勢日益加重即於十一日該署將偕署安順府知
府胡林翼前往看視王一鳳自知病日增劇惟
望就痊伏枕碰頭聲稱上負
天恩不能報効謹具遺摺屬令送呈代遞即於是
日出缺身後一切業經委城文武與該提督
親子王兆清料理含殮等語請奏暨提篆等

雲貴總督林則徐奏摺　貴州提督王一鳳出缺暫委安義鎮總兵秦鍾英署理請旨簡放

道光二十八年九月十一日

情形，臣接閱之下，殊深悼惜。所遺提督
篆務，應即委員先行接署。查有安義鎮
總兵秦鍾英，自二十二年到任以來，辦理營
務諳練，周詳堪以委令署理。所遺安義鎮
印務，查有遵義協副將常勝，到任已越
兩年，營務謹慎，堪以委令護理。除分檄飭遵
外，所有貴州提督員缺，仰懇
聖恩迅賜簡放，以重職守。臣謹會同貴州撫臣喬
用遷，恭摺由驛馳
奏，並將王一鳳遺摺進呈
御覽。伏乞
皇上聖鑒。謹

雲貴總督林則徐奏摺　貴州提督王一鳳出缺暫委安義鎮總兵秦鍾英署理請旨簡放

道光二十八年九月十一日

奏

道光二十八年十月初二日奉

硃批　欽此

九月十一日

一

大學士管理刑部事務寳興等奏摺　**議准林則徐等請將迤西重犯就地正法請飭該督定以年限**

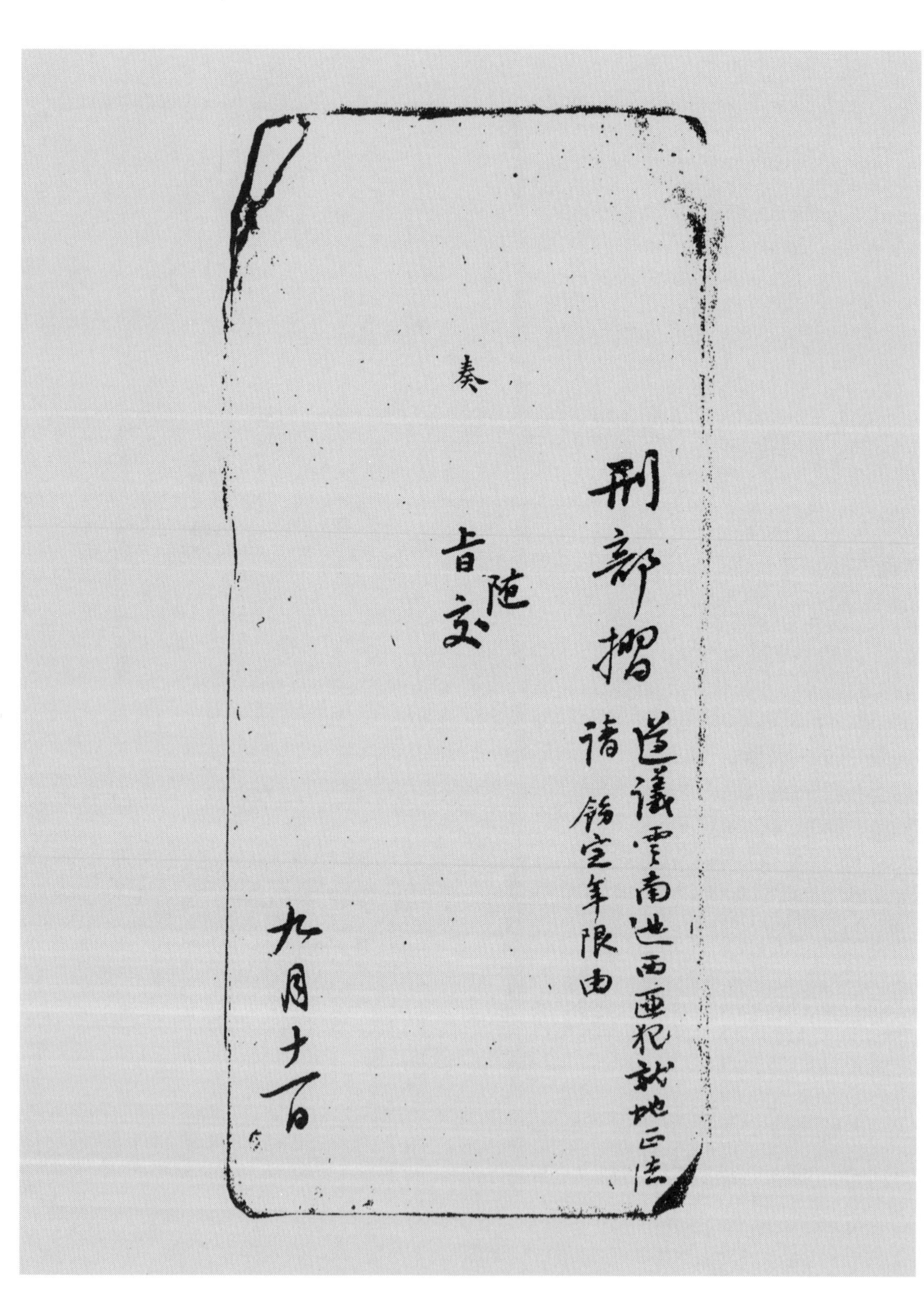
奏

刑部摺

遵議雲南迤西要犯就地正法

請

飭定年限由

隨

旨交

九月十一日

二九

大學士管理刑部事務寶興等奏摺　議准林則徐等請將迤西重犯就地正法請飭該督定以年限
道光二十八年九月十一日

太保大學士管理刑部事務臣覺羅寶興等謹

奏為遵

旨議奏事內閣抄出雲貴總督林則徐片奏迤西一帶查拏漢回匪犯提審明確立時懲辦毋庸解省聽候審轉等因一摺道光二十八年七月十九日奉

硃批刑部議奏欽此該臣等議得據雲貴總督林則徐奏稱迤西一帶查拏漢回各匪呼應較靈一則藉兵練之多地方縣營不慮勢孤力獨再則因臣林則徐親駐其地獲到之犯一經提審明確立時懲辦其情罪重大者即恭請

王命就地正法毋庸遠解到省聽候遞層審轉各文

武皆以此次辦賊可免累官倍見踴躍從事而
漢回百姓目擊犯法之被刑亦皆異常儆悚茲
回至省城與臣程矞采備述迤西民情並公同
講求久安之策訪查滇省向來解犯種種受累
凡重犯一名到省沿途囚籠擡夫及簽派差役
兵丁飯食無非地方官賠墊距省遙遠則需費
愈多緣滇中幅幀遼闊一縣所轄有至七八百
里之遥者而又跬步皆山夫價較他處數倍地
方官自起解重犯到省以迄審明辦決已不勝
賠累之多設有在省翻供往返駁審或調原審
官到省隨同覆訊則州縣因辦理一犯而累月
經年奔馳羈滯不得回任者有之且此種匪犯

不特於解省後恃無旁證最易狡翻即其起解
在途先已難於馴伏緣有過人膂力扭斷鎖鐐
攀折木籠皆為若輩慣技甚至路僻徑岐之處
其匪黨暗聚多人潛謀劫奪若兵役力不相敵
致被殺傷遂將要犯劫去長解短解之官均遭
參劾留緝要犯終致漏網者有之大抵地方官
實心整頓者少畏難苟安者多以為因拏犯而
受累無窮不如陽奉陰違轉為得計即使上司
嚴行督飭亦祇拏獲零匪塞責其於大幫巨盜
結夥多人者轉不敢輕易下手盜賊之所以滋
熾病根多由於此其被賊戕害之家非不亟圖
鳴官拏辦而拏不到案或到而復逃則被其報

復之害更甚故有被賊而並不敢呈告者訪聞迤西一帶向有賊不畏官官畏賊民雖被賊莫鳴官之謠因是各村莊以防賊為名設牛叢以聚衆而獲賊擅殺並不報官迨後彼此相讐所殺多非真賊而大夥奸盜轉得勾結横行莫敢過問積風已久不得不極力挽回此次幸乘全勝兵威得以大加懲創而將來各屬緝捕要務竟無一刻可任放鬆然欲責其不鬆先須使之免累因思大夥巨匪被拏之時當場格殺者本係例許勿論其拏到匪犯内如有患病受傷易致倖逃顯戮抑或黨羽甚衆氣力過強沿途實難防範者擬即准其就近批解道府審勘明確

大學士管理刑部事務寶興等奏摺　議准林則徐等請將迤西重犯就地正法請飭該督定以年限　道光二十八年九月十一日

由道移明臬司具詳督撫檢明情罪果屬允當
即由臣等咨行該處駐扎之提鎮恭請
王命就地正法非獨所獲兇盜可免長途被劫被逃
而行刑於犯事地方俾被害者顯伸其冤抑梗
頑者共懾於駢誅且地方官不至畏累苟安緝
捕可期奮勉似亦戢暴安良之一法除尋常命
盜各案仍按例逐名批解不准援照辦理外臣
等為掃清匪類起見一時權宜設法辦理以期
匪徒盡戢邊圉愈就安恬等因具
奏前來　查例載各省州縣招解兇盜罪應斬
梟立決人犯該督撫於解犯到省審明題奏等
語又查道光二十七年閩浙總督劉韻珂奏泉

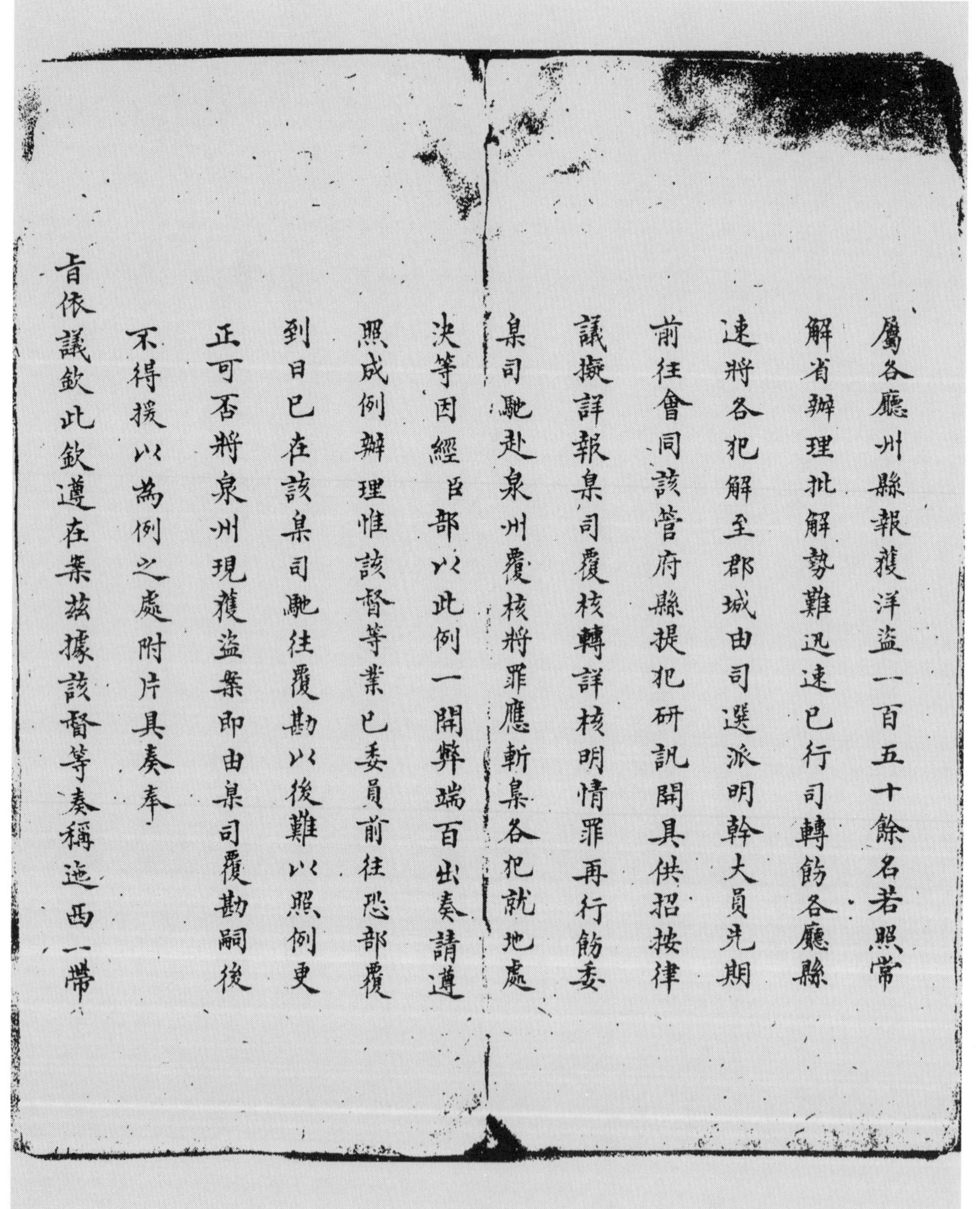

屬各廳州縣報獲洋盜一百五十餘名若照常
解省辦理批解勢難迅速已行司轉飭各廳縣
速將各犯解至郡城由司選派明幹大員先期
前往會同該管府縣提犯研訊開具供招按律
議擬詳報臬司覆核轉詳核明情罪再行飭委
臬司馳赴泉州覆核將罪應斬梟各犯就地處
決等因經臣部以此例一開弊端百出奏請遵
照成例辦理惟該督等業已委員前往恐部覆
到日已在該臬司馳往覆勘以後難以照例更
正可否將泉州現獲盜案即由臬司覆勘嗣後
不得援以為例之處附片具奏奉
旨依議欽此欽遵在案茲據該督等奏稱迤西一帶

大學士管理刑部事務賓興等奏摺　議准林則徐等請將迤西重犯就地正法請飭該督定以年限　道光二十八年九月十一日

各村莊以防賊為名設牛叢以聚衆而獲賊擅
殺並不報官迨後彼此相讐所殺多非真賊而
大夥奸盜轉得勾結橫行莫敢過問此次幸乘
全勝兵威得以大加懲創而將來各屬緝捕要
務竟無一刻可任放鬆因思大夥巨匪黨羽甚
衆氣力過强沿途實難防範擬即准其就近批
解道府審勘明確由道移明臬司具詳督撫核
明情罪果屬允當即由臣等咨行該處駐劄之
提鎮恭請
王命就地處決並聲明尋常命盜各案仍按例逐名
批解不准援照辦理等語臣等伏思迤西一帶
界在邊隅因漢回讐殺相尋致盜賊得以肆志

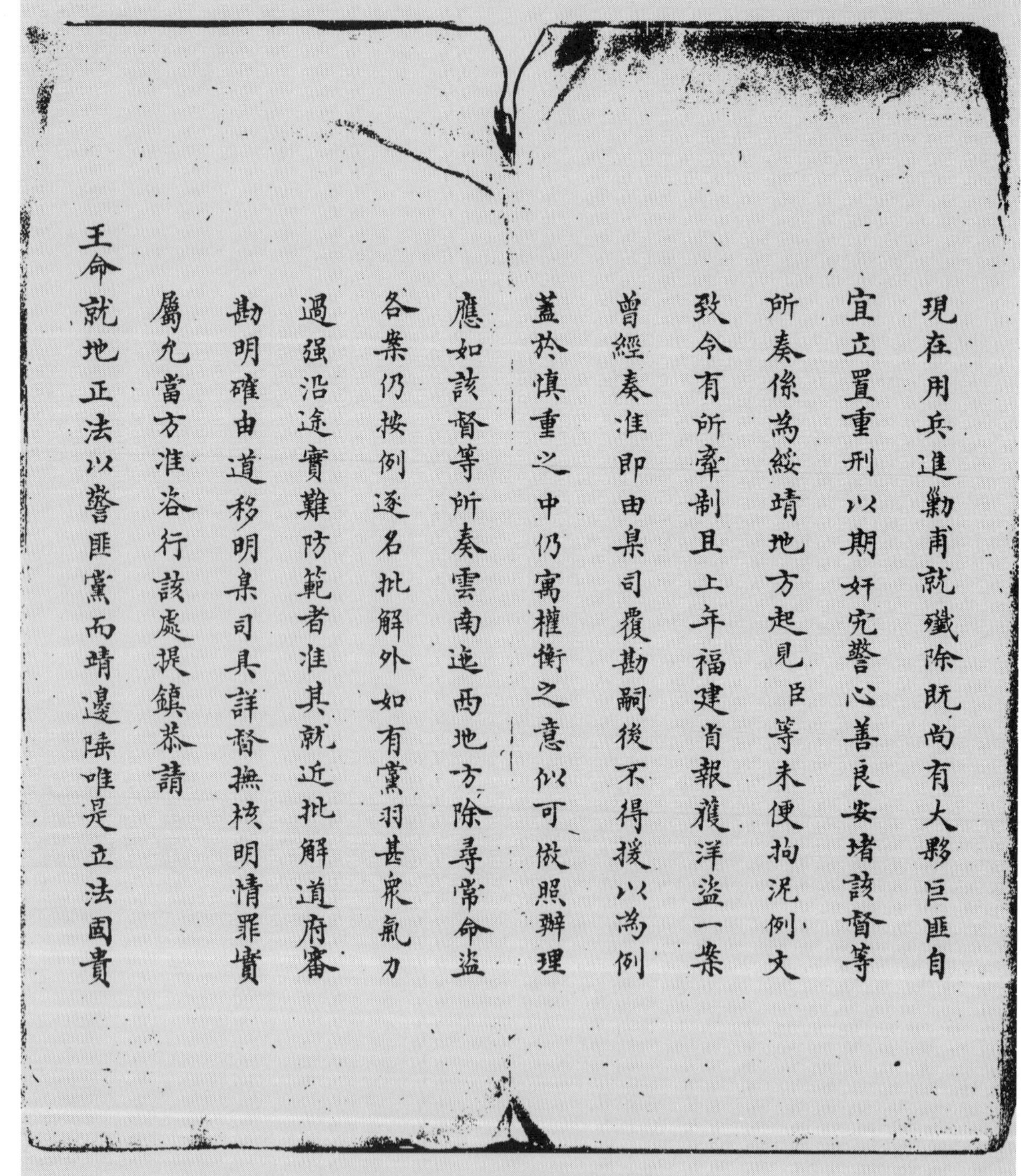
現在用兵進勦甫就殲除旣尚有大夥巨匪自
宜立置重刑以期奸宄警心善良安堵該督等
所奏係爲綏靖地方起見臣等未便拘泥例文
致令有所牽制且上年福建省報獲洋盜一案
曾經奏准即由臬司覆勘嗣後不得援以爲例
蓋於慎重之中仍寓權衡之意似可倣照辦理
應如該督等所奏雲南迤西地方除尋常命盜
各案仍按例逐名批解外如有黨羽甚衆氣力
過强沿途實難防範者准其就近批解道府審
勘明確由道移明臬司具詳督撫核明情罪實
屬允當方准咨行該處提鎮恭請
王命就地正法以警匪黨而靖邊陲唯是立法固貴

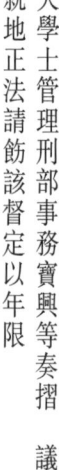

大學士管理刑部事務寶興等奏摺　議准林則徐等請將迤西重犯就地正法請飭該督定以年限　道光二十八年九月十一日

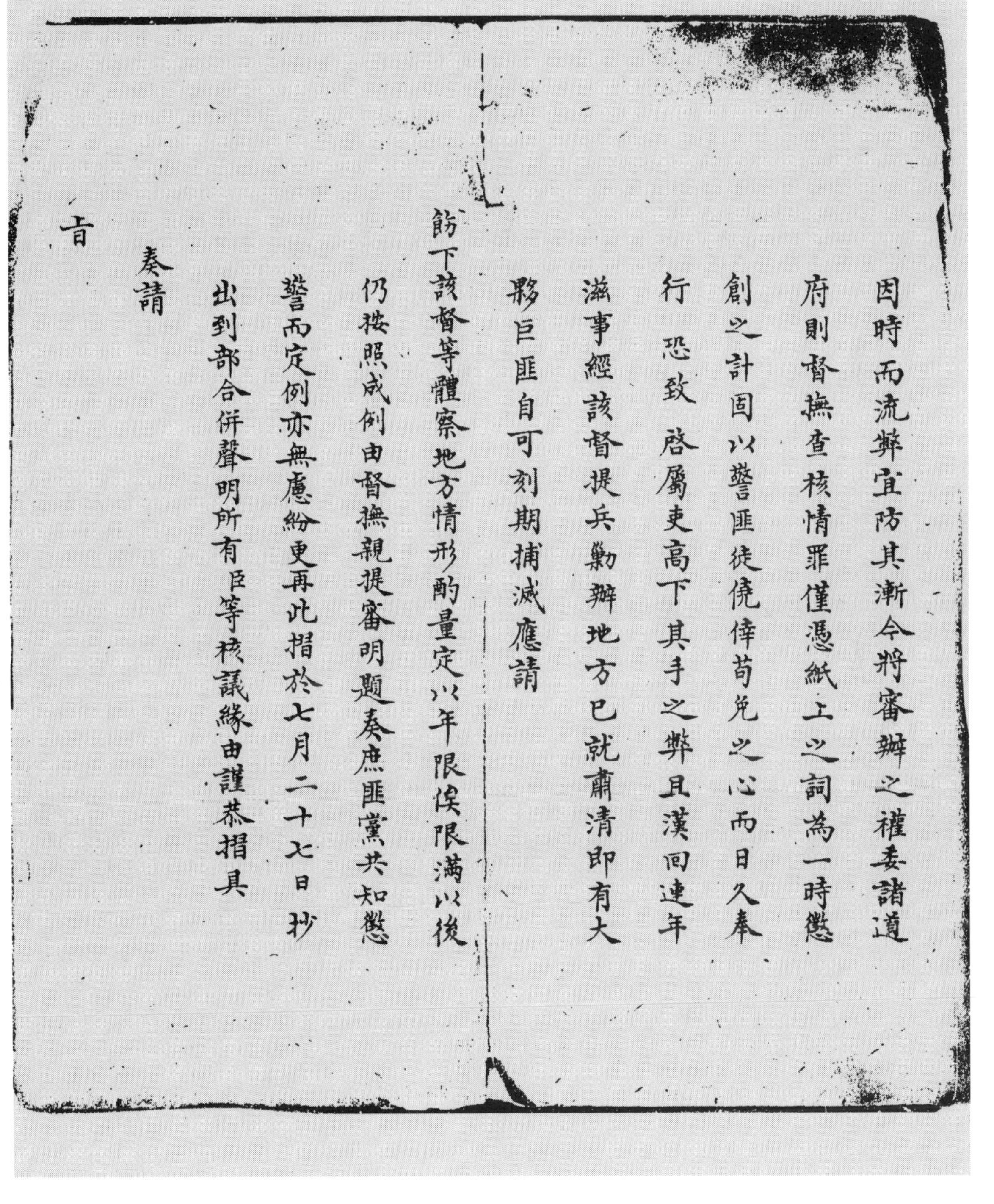

因時而流弊宜防其漸今將審辦之權委諸道府則督撫查核情罪僅憑紙上之詞為一時懲創之計固以警匪徒僥倖苟免之心而日久奉行恐致啓屬吏高下其手之弊且漢回連年滋事經該督提兵勦辦地方已就肅清即有大夥巨匪自可刻期捕滅應請

飭下該督等體察地方情形酌量定以年限俟限滿以後仍按照成例由督撫親提審明題奏庶匪黨共知懲警而定例亦無庸紛更再此摺於七月二十七日抄出到部合併聲明所有臣等核議緣由謹恭摺具

奏請

旨

大學士管理刑部事務寶興等奏摺 議准林則徐等請將迤西重犯就地正法請飭該督定以年限

道光二十八年九月十一日

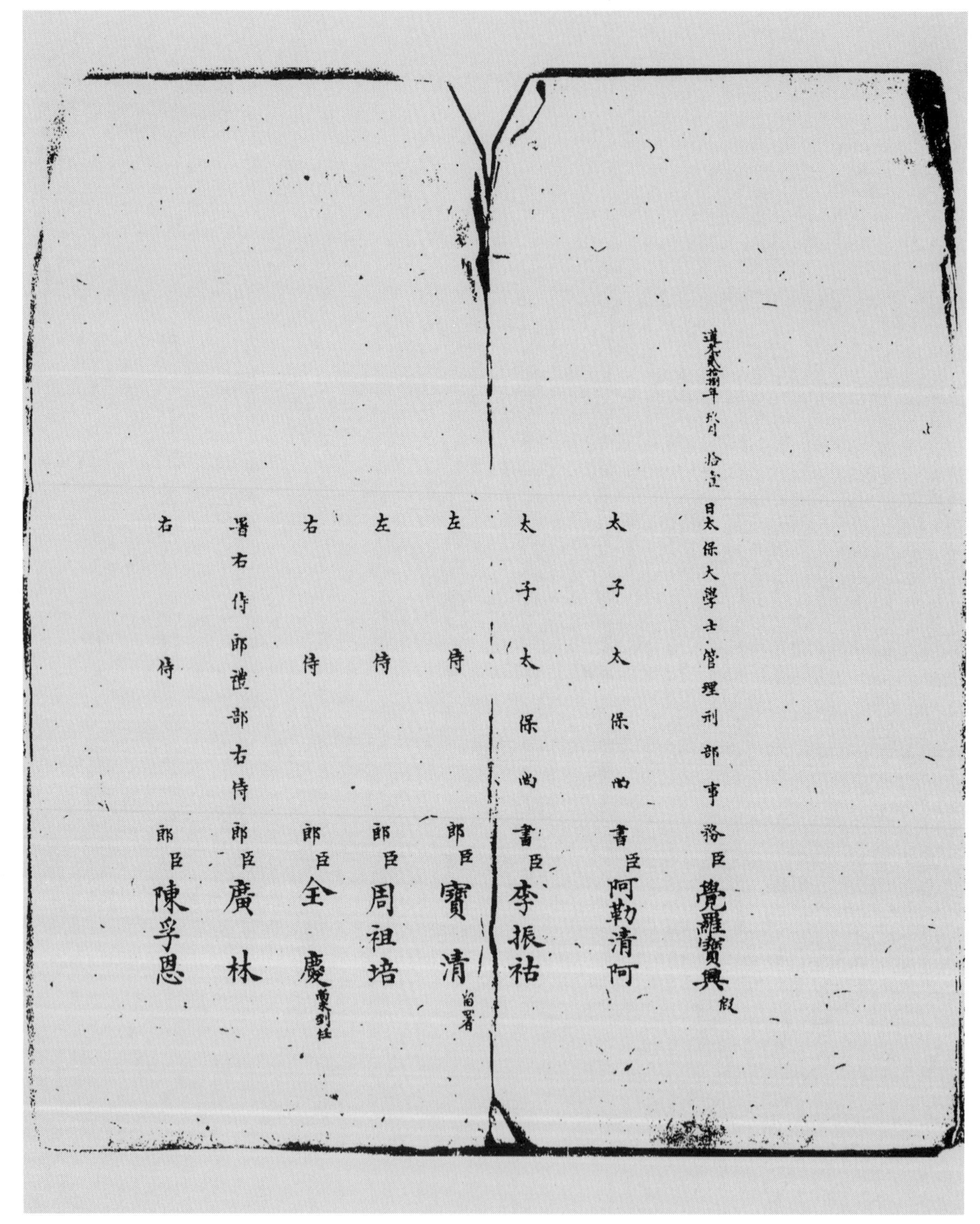

道光貳拾捌年玖月拾壹日太保大學士管理刑部事務臣覺羅寶興 假

太子太保尚書臣阿勒清阿

太子太保尚書臣李振祜

左侍郎臣寶清 留署

左侍郎臣周祖培

右侍郎臣全慶 稟到任

署右侍郎禮部右侍郎臣廣林

右侍郎臣陳孚恩

上諭

刑部議准林則徐請將迤西人犯就地正法著即予限五年

道光二十八年九月十一日内閣奉

上諭前據林則徐奏查拏迤西匪犯請審明立時懲辦毋庸解省審轉當交刑部議奏茲據該部查覈具奏雲南迤西一帶界在邊隅嗣後該地方除尋常命盜各案仍按例辦理外如有黨羽衆多匪犯准其批解該管道府於審明移交臬司具詳督撫覆准後就地正法以警兇頑並請酌定年限等語該處軍務甫竣餘匪正當嚴辦著即予限五年俟限滿後仍照例由督撫親提審明題奏以示限制而昭畫一欽此

雲貴總督林則徐題本 **騰越鎮標遊擊廉惠新補雲貴督標遊擊呂飛鵬對調以符定例**

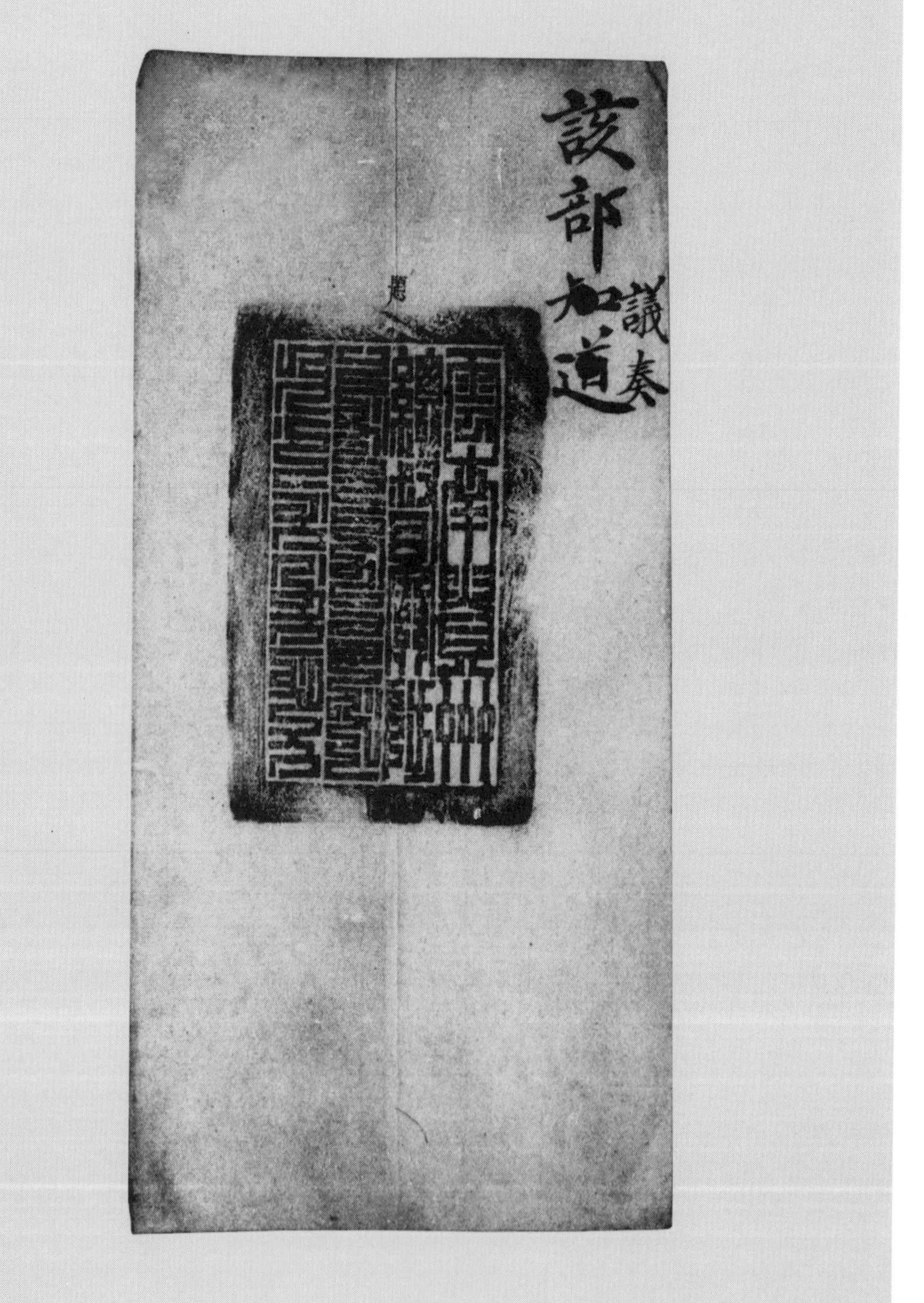

二九

雲貴總督林則徐題本　騰越鎮標遊擊廉惠新補雲貴督標遊擊呂飛鵬對調以符定例

道光二十八年九月十四日

兵部尚書兼都察院右都御史總督雲貴二省等處地方軍務兼理糧餉臣林則徐謹

題為

題請調補遊擊事案准兵部咨令出有雲貴督標

左營遊擊員缺係題補之缺臣部將勦辦滇南

回匪軍營出力保奏欽奉

上諭以遊擊儘先陞用之雲南騰越鎮標左營都司

呂飛鵬擬補該員引

見已滿叁年應令該督給咨該員赴部臣部帶領引

見後給與劄付令其赴任再查呂飛鵬係雲南澂江

府人雲貴督標左營遊擊駐劄雲南府距該員

原籍係在伍百里以內應令該督揀員對調以

符定制等因於道光貳拾柒年拾貳月初叁日

二九

雲貴總督林則徐題本 騰越鎮標遊擊廉惠新補雲貴督標遊擊呂飛鵬對調以符定例

道光二十八年九月十四日

題本月初伍日奉
旨呂飛鵬依擬用餘依議欽此等因咨覆到臣該臣
看得雲貴督標左營遊擊員缺接准部咨將欽
奉
上諭以遊擊儘先陞用之雲南騰越鎮標左營都司
呂飛鵬擬補該員係雲南澂江府人與雲貴督
標左營遊擊駐劄雲南府距籍在伍百里以內
行令揀員對調前來臣悉心揀選查有奏補雲
南騰越鎮標中營遊擊廉惠年叁拾伍歲廂黃
旗滿洲人由大員子弟補放藍翎侍衛洊陞貳
等侍衛揀發來滇以遊擊委用補授今職該員
年力強壯技練才明請以調補雲貴督標左營

二九

雲貴總督林則徐題本　騰越鎮標遊擊廉惠新補雲貴督標遊擊呂飛鵬對調以符定例

道光二十八年九月十四日

遊擊其所遺騰越鎮標中營遊擊員缺即以呂
飛鵬調補與該員原籍相距在伍百里以外均
屬與例相符如蒙
俞允廉惠係現任遊擊調補遊擊毋庸送部引
見其呂飛鵬係由都司陞補遊擊應另行給咨赴部
引
見除履歷清册送部印結俟取到另咨外臣謹會同
雲南巡撫臣程矞采雲南提督臣榮玉材合詞
恭疏具
題伏乞
皇上聖鑒勅部議覆施行為此具本謹
題請

二九

雲貴總督林則徐題本　騰越鎮標遊擊廉惠新補雲貴督標遊擊呂飛鵬對調以符定例

道光二十八年九月十四日

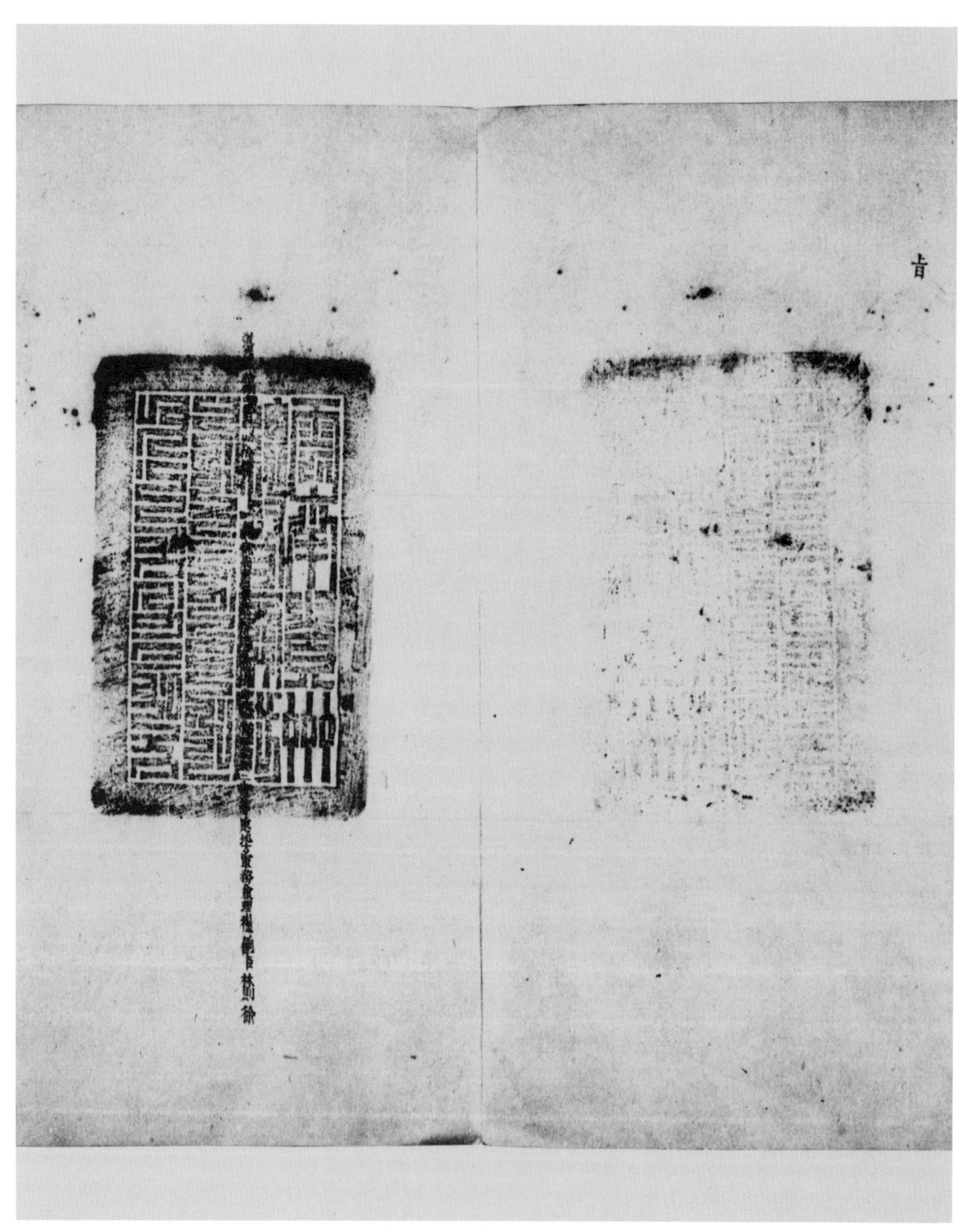

二九

雲貴總督林則徐題本 騰越鎮標遊擊廉惠新補雲貴督標遊擊呂飛鵬對調以符定例

道光二十八年九月十四日

兵部尚書兼都察院右都御史總督雲貴二省等處地方軍務兼理糧餉臣林則徐謹
題爲
題請調補遊擊事該臣看得雲貴督標左營遊擊
員缺接准部咨將欽奉
上
諭以遊擊儘先陞用之雲南騰越鎮標左營都司
呂飛鵬擬補該員係雲南澂江府人與雲貴督
標左營遊擊駐劄雲南府距籍在伍百里以内
行令揀員對調前來臣悉心揀選查有奏補雲
南騰越鎮標中營遊擊廉惠年叁拾伍歲鑲黃
旗滿洲人由大員子弟補放藍翎侍衛洊陞貳
等侍衛揀發來滇以遊擊委用補授今職該員
年力強壯技藝才明請以調補雲貴督標左營
遊擊其所遺騰越鎮標中營遊擊員缺即以呂
飛鵬調補與該員原籍相距在伍百里以外均
屬與例相符謹會
題請
旨

雲貴總督林則徐等奏摺　**請仍以朱德璲調補貴陽知府所遺黎平府缺以朱逢莘補授**

請仍以朱德璲調補貴陽守由

林則徐等

奏

十月二十四日

二九

雲貴總督林則徐等奏摺　請仍以朱德璲調補貴陽知府所遺黎平府缺以朱逢莘補授

道光二十八年九月二十一日

雲貴總督臣林則徐
貴州巡撫臣喬用遷跪

奏爲揀調貴陽首府一缺現經部駁謹據實陳明仰祈

聖鑒事竊照貴陽府員缺前經臣等以黎平府知府

朱德璲請調欽奉

上諭林則徐等奏揀員調補省會要缺知府一摺

據著照所請貴州貴陽府知府員缺准以朱德璲

調補欽此旋據吏部咨行以此缺在先議定選

係八年屆滿查與請調之例不符具奏

令臣等另揀請調奉

旨依議欽此臣等查黔省知府十二缺

內請

旨簡放四缺苗疆升調四缺部選四缺邊遠即補因爲時現任

雲貴總督林則徐等奏摺　請仍以朱德璲調補貴陽知府所遺黎平府缺以朱逢莘補授

道光二十八年九月二十一日

各員復行詳加揀擇或現居要缺或人地不宜
其苗疆中多歷俸未滿並有甫經題補尚未
接准部覆者惟黎平府知府朱德璲以循良老
成辦事實心在黔三十餘年熟悉通省情
形循聲素著以之調補貴陽府實堪勝任
雖該員八年邊俸於四月內居滿與貴陽府出
缺日期互相比較計短三月有餘但臣等具奏請
調實在四月內且該員調之後迄今又歷數月
查腹俸之缺與邊俸定例本不相同其實貴
州一省在在皆屬苗疆而要缺揀員尤須審慎
臣等為首郡需人起見不敢不據實陳明合無
仰懇

二九 雲貴總督林則徐等奏摺 請仍以朱德璲調補貴陽知府所遺黎平府缺以朱逢莘補授

道光二十八年九月二十一日

天恩俯准仍以朱德璲調補貴陽府知府實於要缺
有裨如蒙
俞允所遺黎平府缺並
旨即以朱逢莘補授臣等謹合詞恭摺具奏是否有
當伏乞
皇上聖鑒訓示謹
奏
道光二十八年十月二十四日奉
硃批另有旨欽此
九月二十一日

雲貴總督林則徐奏摺　署雲南元江營參將春普任性妄為請旨革職

道光二十八年九月二十一日

雲貴總督林則徐奏摺　**署雲南元江營參將春普任性妄為請旨革職**

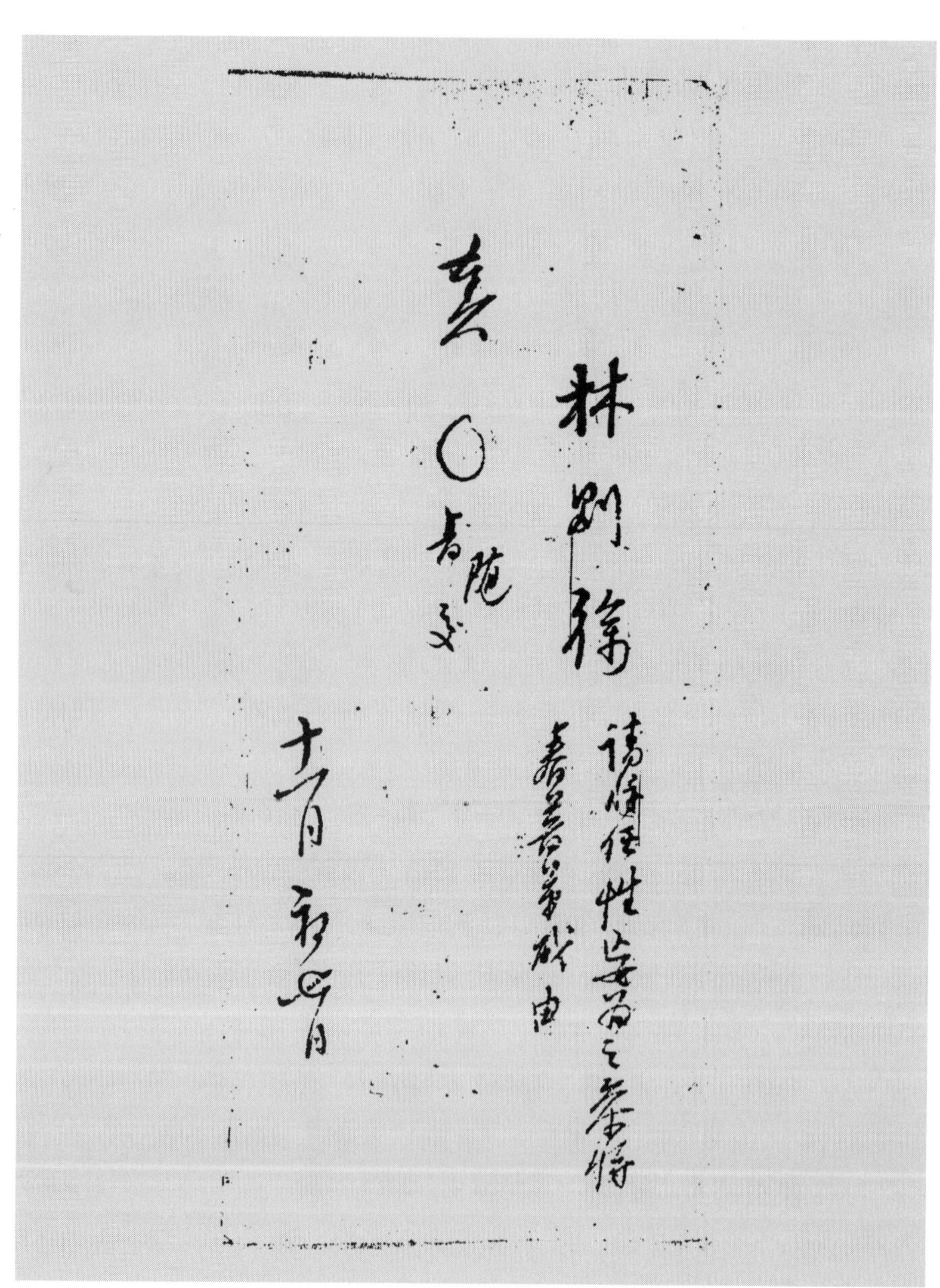

林則徐

請將任性妄為之參將

春普革職由

奏

○旨隨交

十月初四日

二九　雲貴總督林則徐奏摺　署雲南元江營參將春普任性妄為請旨革職

道光二十八年九月二十一日

雲貴總督臣林則徐跪

奏為特參任性妄為之參將請

旨革職以肅營伍事竊照將領管轄弁兵必須勤於

訓練賞罰公平足服兵弁之心乃可整頓營務

茲有署理雲南元江營參將准補督標中軍

參將春普年三十四歲[illegible]二十六年揀發

來滇上年十二月間經前督臣委署元江營參將

迨九月內臣赴臨安校閱營伍向例將該

參將調來考驗見其年力正壯弓馬頗可觀

應對亦俱明晰正擬足資委任適有雲南督標

中軍參將缺出當即會商撫臣程矞采以該員

題補旋於本年九月接准部覆已將劄付發給收領

雲貴總督林則徐奏摺　署雲南元江營參將春普任性妄為請旨革職
道光二十八年九月二十一日

硃　硃　硃

尚未飭赴新任，仍在元江革署。臣前日逐細訪
查，始知該參將初到元江，為知縣協查搶劫，
以及將見往兇乘時，因夏秋之間，元江地方瘴
氣盛行，常赴距城二十里之三家村避瘴，此
猶情有可原，乃執傳令弁兵多名隨往伺候，且將
細故差遣往來，相距於道，猶不遂意，責革隨之，
而該革遣猶又多隨意補放，不諳事不考校，既
弁革中，竟以佛騰又為畜養傷，修時事時去擬
因時大換發未久，即往界內旌，又補缺遂欲任
其自為，即往訪知，即密詢提鎮榮玉村瑩孩
前三晚元鎮提兵來約日適去，皆可風聞察
查屬實，應即據情揭參，並在檢稟糧商向外商

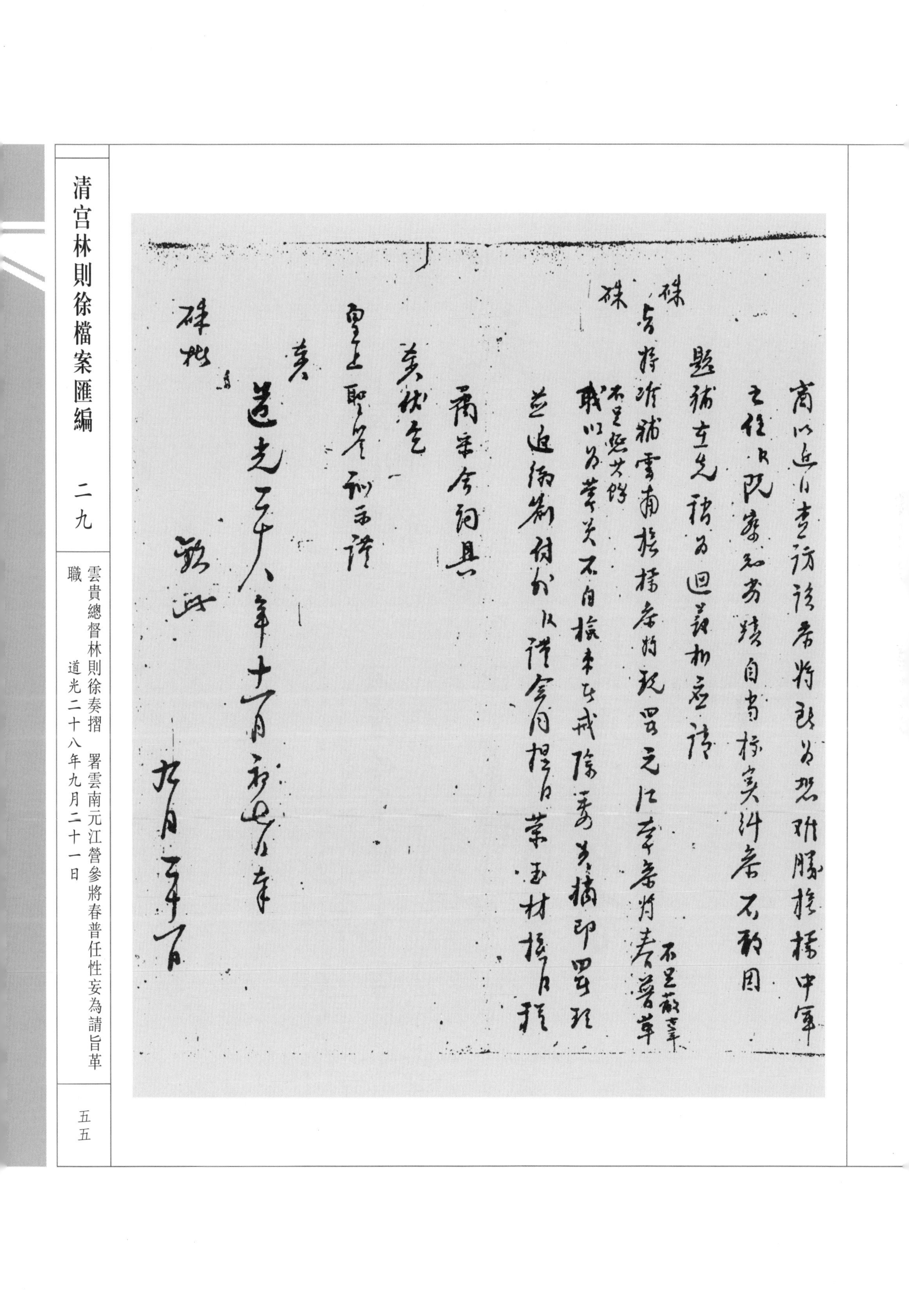

雲貴總督林則徐奏摺　署雲南元江營參將春普任性妄為請旨革職

道光二十八年九月二十一日

二九

雲貴總督林則徐奏摺　遵保保山軍務出力並拏獲歷年永順剿散餘犯勞績尤著各員

道光二十八年九月二十一日

雲貴總督林則徐奏摺　**遵保保山軍務出力並拏獲歷年永順剿散餘犯勞績尤著各員**

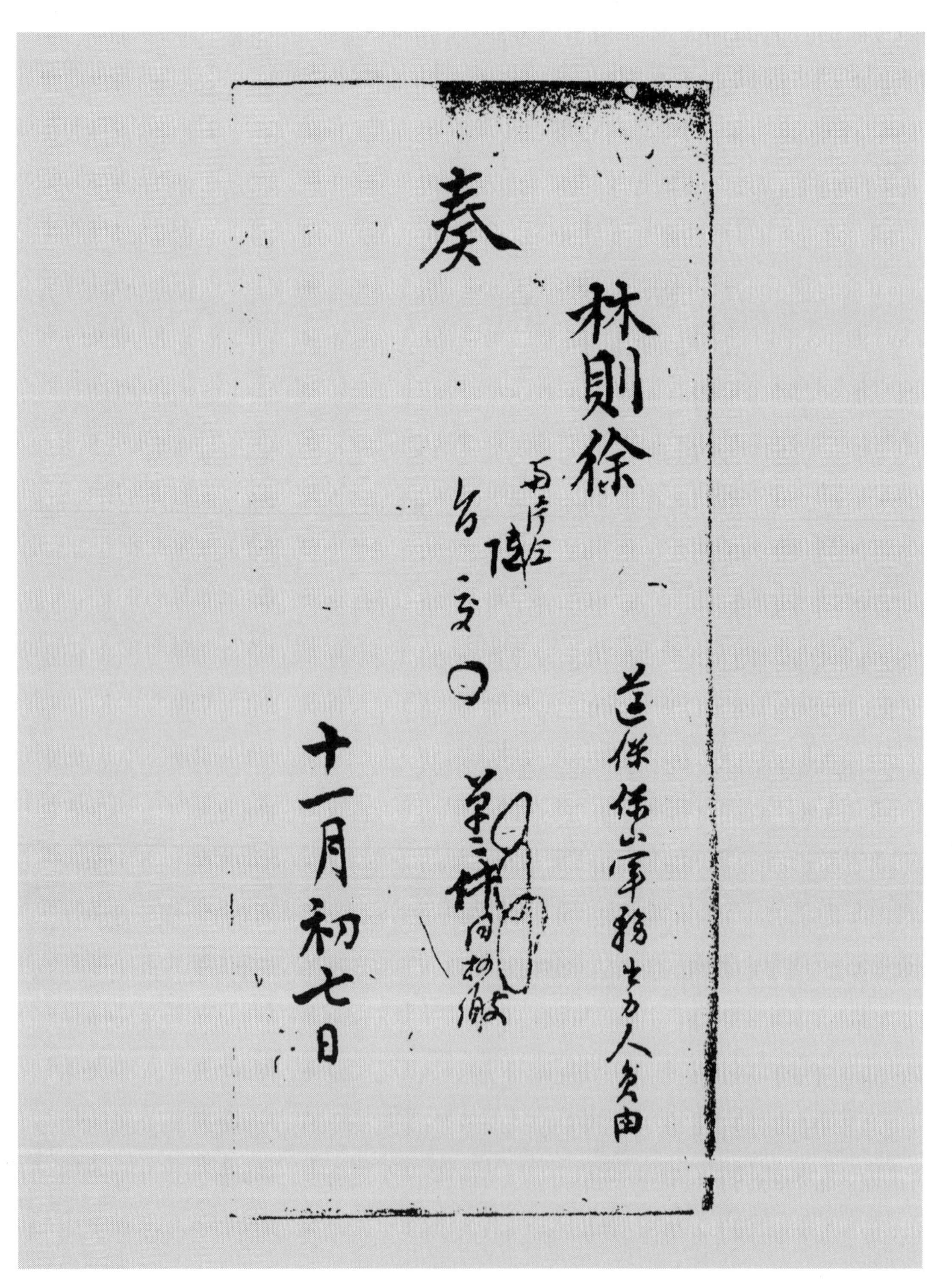

奏

林則徐

遵保保山軍務出力人員由

十一月初七日

二九 雲貴總督林則徐奏摺 遵保保山軍務出力並拏獲歷年永順剿散餘犯勞績尤著各員 道光二十八年九月二十一日

雲貴總督臣林則徐跪

奏為查明保山軍務出力並業擒獲歷年永

順剿散餘匪勞績尤著各員弁擇實保

奏仰懇

天恩分別獎勵以昭激勸事竊臣前奏懇辦永昌

匪黨一案欽奉

上諭林則徐奏現辦保山善後並究辦倡亂匪

徒及分別酌撤官兵各一摺覽奏均悉另片奏查

有員弁其亦微勞者著擇其尤為出力者據實

保奏候朕施恩毋稍冒濫等因欽此仰見

聖主激勵戎行有勞必錄至意曷勝欽感臣查保山之

哨久以凶橫著名幾不知有官員並不知有刑

二九 雲貴總督林則徐奏摺 遵保保山軍務出力並拏獲歷年永順剿散餘犯勞績尤著各員 道光二十八年九月二十一日

法此次仰賴
聖謨廣運准調雲貴兩省重兵既恃以壯威之盛又遥
仗寬良于文告復得弥度勝仗大震先聲嚐匪
胆落心驚從而献俘之舉然若各屬文武稍以逆
就為心則所獻者非止一身或無首要挪或以數
十名至百餘名搪塞了事雖尚虛于抗拒究
難靖夫地方幸蒙
訓諭周詳遂使員弁同心士卒用命悍黨若皆家
人所共棄殊戮者皆罪惡之貫盈先以怨而四
百數十名並無一人稱為冤屈者而地方耕耘貿
易不異尋常市肆村庄絕無蹂躪自此遍之
以漢回多極安靜不似前之結衅尋雠雖久遠

尚不敢知而現在實皆畏服又保山之施甸永平
之由硐蒙化之大小圍埂順寧之右甸猛庭趙
册之下關紅崖華藏寺濱邑村祁家營多竹寨
匪徒之凶悍直與猺獞無殊今乘凱撤大兵搜敉
積年逸匪審明正法又及數百犯之多誠如
聖諭大快人心永昭炯戒是營伍中無一非磨刃枕戈
之士即帷幄中亦無一非同仇敵愾之人惟是
人員過多不敢濫行列請查營中催兵籌餉
皆總局藩司趙光祖臬司蒋泰鼎道王路
推鹽道樓史玆著及雲南府知府桑春榮最為勤
知縣賈洪詔始在總局中隨同擬辦程商采悉心
籌辦費既撙節而事遲延且算需不敢作正請

二九

雲貴總督林則徐奏摺　遵保保山軍務出力並拏獲歷年永順剿散餘犯勞績尤著各員

道光二十八年九月二十一日

錯由本省自行籌補，應否酌加獎勵，出自

聖主鴻慈。其帶兵大員，首以提臣榮玉材爲統率，此外

總兵四員，則雲南昭通鎮劉定遠、鶴麗鎮者往

布、臨元鎮李能臣、貴州安義鎮秦鍾英，均屬

不遺餘力，惟臣亦皆居當間，非臣所敢代請

恩施。至騰越鎮搭桂、迤西道王發越，雖亦極辛勞，

惟例有應得處分，已于另摺核請議處，即使功堪抵

過，亦不敢于單內濫登。其餘文武中擇其尤

爲出力大員，及在事而又捐資以助軍費，並本

省紳衿實能集練擒渠，功效顯著者，分別酌擬

獎敘，繕具清單，恭呈

御覽，如荷

天恩俯准量加鼓勵不特身受者倍深感激即各屬
亦相率奮興凡遇一切差遣更可收指臂之效
至各營弁兵人等有應由臣奬拔者即自行存
記隨時遇缺拔補其以仍由軍營出力陸續報部備
查亦不敢概登薦牘再查保山案內並無陣亡弁
兵而查辦歷年滋事逸匪有被火藥轟斃及
拒捕受傷者例應給予賞卹並軍前賞給虛
銜頂戴之員弁兵丁均宜照例造冊咨部查核合
併陳明所有查明軍務出力人員遵
旨酌保緣由謹會同撫臣程矞采提臣榮玉材合詞
恭摺具
奏伏乞

二九 雲貴總督林則徐奏摺 遵保保山軍務出力並拏獲歷年永順剿散餘犯勞績尤著各員

道光二十八年九月二十一日

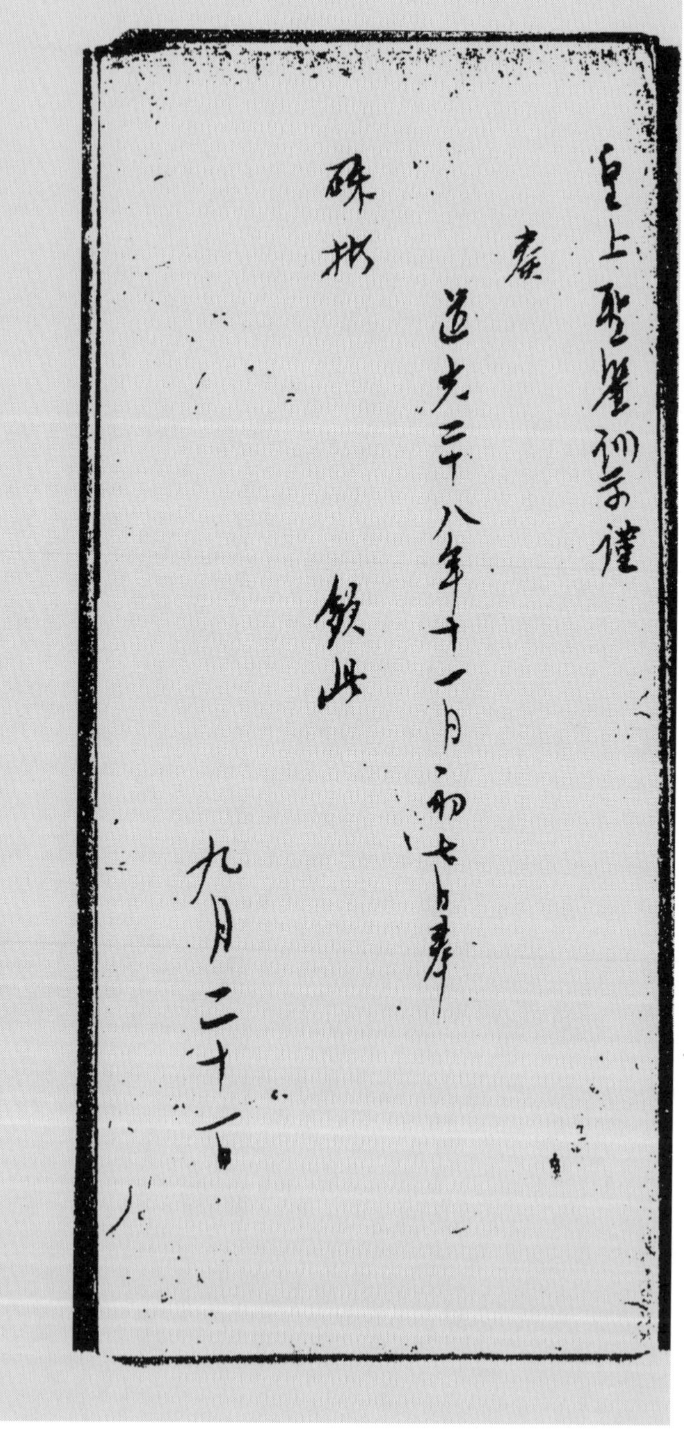

皇上聖鑒訓示謹

奏

道光二十八年十一月初七日奉

硃批 欽此

九月二十一日

辦理保山軍務出力文職各員暨滇省紳士清單

軍務出力文職各員清單

二九　云贵总督林则徐清单　辦理保山軍務出力文職各員暨滇省紳士清單　道光二十八年九月二十一日

謹將辦理軍務並拏獲要犯出力文職各員暨
滇省紳士銜名繕具清單恭呈
御覽
大理府知府唐惇培
查大理為由省赴永昌適中之地該府管理
支應軍需局務叢實周詳又督屬獲到歷年
逸匪多名率同委員訊辦並捐經費銀二千
兩叢與知府加捐雙月道員銀數相符應請
賞加道銜仍交部從優議敘
題補開化府安平同知署蒙化直隸同知張錦
該員勇於任事頗有膽識蒙化俗尚剽悍而
大小圍埂回莊庇匿同教尤屬梗頑該員以

同制回篤馭得法選擇公正回紳馬綸等為

總甲長雇練督拏探知歷年滋事戕官之回

匪馬無二等聞拏逃竄入境正欲結盟抗拒

立卽先往圍捦格殺拏獲重犯共十四名復

與各文武會獲數十犯洵能殲除巨慾擬請

賞戴花翎以知府升用先換頂帶

署永昌府龍陵同知准補蒙化同知汪之旭

該員委辦寧臺銅廠就近調赴行營差委拏

獲匪犯三名又捐經費銀一萬兩冣與例定

同知加捐知府並離任指省銀數有盈無絀

擬請開缺以知府留於雲南不論繁簡補用

永昌府騰越同知彭崧毓

騰越界連緬甸為永昌後路該員一聞永昌
哨匪滋事即派募差練實力防堵俾匪徒不
得竄逃復委令會辦安插回戶事宜認真妥
協又捐經費銀三千兩洵屬急公擬請
賞加知府銜仍交部從優議敘
代理永平縣知縣景東廳經歷沈保恆
查永平為永昌咽喉自瀾滄江橋被匪拆板
文報隔絕該員募練繞路時常探報情形兼
安撫本境漢回鎮靜有法迨大兵雲集供支
彈壓肆應裕如並拏獲滋事匪犯多名悉心
研鞫洵屬始終出力擬請
賞戴藍翎以知縣酌量補用

題補安寧州知州俞良傑署賓川州知州李崢嶸
試用通判沈傳經順寧縣知縣楊覲同知銜署
太和縣知縣熊家彥候補知縣嚴鉷普洱府猛
戛經歷陸萬鵬即補府經歷縣丞謝德淳
該員等拏獲歷年滋事拒殺官兵逸匪各三
四五名不等又承審要犯數百名均能悉心
研鞫俞良傑熊家彥楊覲均請以同知升用
楊覲並請先換頂帶李崢嶸前獲首要已蒙
賞戴藍翎今又續獲罪應斬梟斬決要犯多名擬請
賞換花翎沈傳經請以通判遇缺即補嚴鉷請加同
知銜陸萬鵬請開本缺謝德淳免補本班均
請以知縣不論繁簡即補

署順寧府知府鎮沅同知潘如棟署廣西直隸州知州胡昌燧署雲龍州知州沈承恩平彝縣知縣楊汝芝請升中甸同知陸篠候補知縣王秀毓鄭自燿俸滿府經歷高翀張樹穜

該員等或就近派司支應或管解糧餉到營先後委訪匪蹤研審要犯均能認真奮勉勞瘁不辭俱請交部從優議敘

廣南府經歷童楷東川府經歷顧笏蒙化廳經歷朱美鏐試用府經歷周子彬嚴榮春試用縣丞杜浩儘先升用府經歷縣丞周錫桐郭貞廉聶瀔捐輸府經歷江川縣典史胡紹曾捐輸按察司經歷盧廷燮試用按察司司獄蔡家珍署

蒙化廳南澗巡檢河陽縣典史李克猷

該員等或辦支夫馬口糧或管運銀米軍火

或隨同審案或協拏匪徒均係急公出力杜

浩於捐輸案内捐足不論雙單月知縣本應

赴部候選請歸部儘先選用童楷顧芳朱美

鏐李克猷請各以應升之缺升用郭貞廉聶

斆均係應升府經歷縣丞之員請於升補後

再以應升之缺升用盧廷燮周子彬嚴榮春

胡紹曾蔡家珍請各儘先補用周錫桐綜辦

糧臺覈實撙節任怨任勞在佐貳中尤為得

力請於升補府經歷縣丞後即以知縣升用

署永平縣典史劉秉衡太和縣典史馬景奎

查此次先後拏獲哨匪四百三十餘名又獲歷年拒敵官兵等項要犯二百四十餘名分禁永平太和縣監尚不能容復添房屋羈禁各犯既桀驁成性囹圄復擁擠異常該典史等晝夜梭巡毫無疎失劉秉衡係候補未入流擬遇缺卽補馬景奎擬儘先升用均請

賞加六品銜

揀選知縣舉人馬綸俸滿羅平州學正傅士珍

查馬綸傅士珍均係滇省道光五年舉人居鄉皆有聲望馬綸雖係回人不但不沾積習並力挽其護教分類之風經同知張錦選為總甲長常以約束回衆剔除匪黨為務此次

與傅士珍集練先將其族中滋事回匪公同捆送到官大小圍埂匪徒始皆畏服故能獲犯至六十餘名之多寘重典者過半該舉人等皆通達治體絕不瞻顧鄉情馬綸已揀選知縣例得赴部投供請以本班知縣儘先選用傅士珍於教職俸滿時卽經前督撫臣保
題堪膺民社已奉部覆與例相符擬請歸部以知縣遇缺卽選

保山縣文舉人盛毓華吳嗣仲文生員王思誠當哨匪滋事之時保山柴米均被攔阻入城人心洶洶鎮道各官以該舉人等為眾所推服令其招集城鄉甲長宣曉大義指陳順逆

利害匪黨始漸解散城池得以安全勞績實
屬眾著該舉人等平日勵品植學有志觀光
未便請給外任官職盛毓華吳嗣仲可否均
賞給翰林院典簿職銜王思誠請以復設訓導選用
之處伏候
聖裁
書吏施愷張爾德黃採芝楊順吉
施愷張爾德係臣衙門稿書隨赴行營半載
漏夜攢辦文案繕錄各起犯供辛勤出力黃
採芝係雲南提督衙門書識楊順吉係昭通
鎮衙門書識營務諳練勤慎辦公均請作為
滿吏以未入流歸部儘先選用
另有旨

雲貴總督林則徐清單

辦理保山軍務出力武職各員弁清單

軍務出力武職各員弁清單

謹將軍務出力武職各員弁繕列清單恭呈
御覽
題升雲南龍陵協副將愛興阿
奏升貴州定廣協副將李瑞保舉堪勝總兵貴州
永安協副將趙萬春
查愛興阿李瑞二員屢經出師著績蒙
恩賞戴花翎並先經廣東湖南督撫臣各遵
旨以曉暢營伍緩急可靠保舉在案趙萬春由侍衛
出身亦經出師貴州仁懷廳此次該員等帶
兵永昌約束嚴明督緝匪犯不遺餘力趙萬
春又馳赴蒙化趙州一帶拏獲要犯多名該
員已於保舉堪勝總兵案内遵

旨送部引
見所有軍營出力之處請
交部從優議敘愛興阿李瑞帶兵多次疊著軍功似
　均堪膺專閫之寄如俱准升副將可否於引
見時由兵部將臣現保該員等堪勝總兵之處繕單
　聲明恭候
欽定
　署順雲營參將永昌協都司巴揚阿署景蒙營
　游擊揀發都司懷唐阿大理城守營都司韋中
　魁新嵩營守備施嘉祥
　　查巴揚阿於錫腊地方匪徒出沒之區拏獲
　歷次軍營勦散逸匪懷唐阿於大小圍埂一

帶會同派往文武疊獲要犯多名韋中魁將
已斃賊首張富之大頭目羅萬喜首先拏獲
又疊獲應斬匪犯多名施嘉祥除零獲匪犯
不計外首先拏獲倡亂之奸匪金混秋尤為
出力查該四員均以軍功先蒙
賞戴藍翎應請各予
賞換花翎懷唐阿遇有都司缺出儘先補用巴揚阿
韋中魁施嘉祥各以應升之缺儘先升用
題升貴州提標叅將王夢麟長壩營游擊瑪克塔
春雲南永北營守備和鑑貴州提標守備楊忠
保雲南撫標千總狄椿騰越鎮千總王萬祥提
標把總張慶曾督標外委施嘉瑞吴錫泰大理

城守營外委蕭迎春昭通鎮外委朱兆麒

查王夢麟在永昌查拏哨匪並協獲奸匪金

混秋及其護身匪黨勇敢向前瑪克塔春等

分路查拏歷年戕害官兵劫奪焚殺要犯各

獲多名王夢麟請

賞戴花翎瑪克塔春和鑑楊忠保狄椿王萬祥張慶

曾施嘉瑞吳錫泰蕭迎春朱兆麒均請

賞戴藍翎

雲南龍陵協副將升授四川建昌鎮總兵福炘提

標叅將存住元江營叅將恆權昭通鎮游擊劉思

禮貴州古州鎮游擊張萬吉雲南楚雄協都司呂

盛元雲南城守營守備鄭錦芳曲尋協守備古維

藩貴州威寧鎮守備李上達永安協守備唐德
查福炘先由龍陵帶兵赴永昌保護城池劉
思禮在保山永平交界堵截巡緝存住等分
起帶兵前往會拏各匪均著勞績福炘已蒙
簡放總兵請與存住恆權劉思禮張萬吉呂盛元鄭
錦芳古維藩李上達唐德俱交部議敘
題補雲南鶴麗鎮都司陳得功維西協都司楊遵
揀發都司巴哈布尋霑營守備王國才昭通鎮
守備李廷楷掣補雲南撫標守備鶴麗鎮千總
楊長桂順雲營千總陳國樑騰越鎮千總賀朝
崗曲尋協千總張鍾祥大理城守營千總陳章
貴州安義鎮千總馬連科雲南臨元鎮把總張

元謨楚雄協外委袁得華景蒙營外委柳應祥
查陳得功等均屢派帶兵勦捕或拏獲要犯
多名或事竣留防日久陳得功王國才已蒙
恩儘先升用請各先换升銜頂帶巴哈布請儘先補
用楊遵李廷楷楊長桂陳國樑賀朝崗張鍾
祥陳章馬連科各以應升之缺升用先换頂帶
張元謨袁得華柳應祥均請以千總儘先拔補

武生米萬選
該武生係蒙化廳回人能知大義不護同教
經同知張錦選充甲長與紳士馬綸等團集
練勇將歷年滋事回匪拏獲多名使匪類不
敢窩聚請以營千總歸入提標差遣

騰越明光隘土守備左大雄
該土備累立戰功由土把總擢至今職並蒙
賞戴花翎此次帶練至永昌守護城池並拏獲著名
要犯洵為得力查滇省土司有宣撫使名目
係從四品該土備左大雄擬請
賞加宣撫使銜以示鼓勵
另有旨

雲貴總督林則徐奏摺

遵旨核擬永昌鎮道等員應得輕重處分

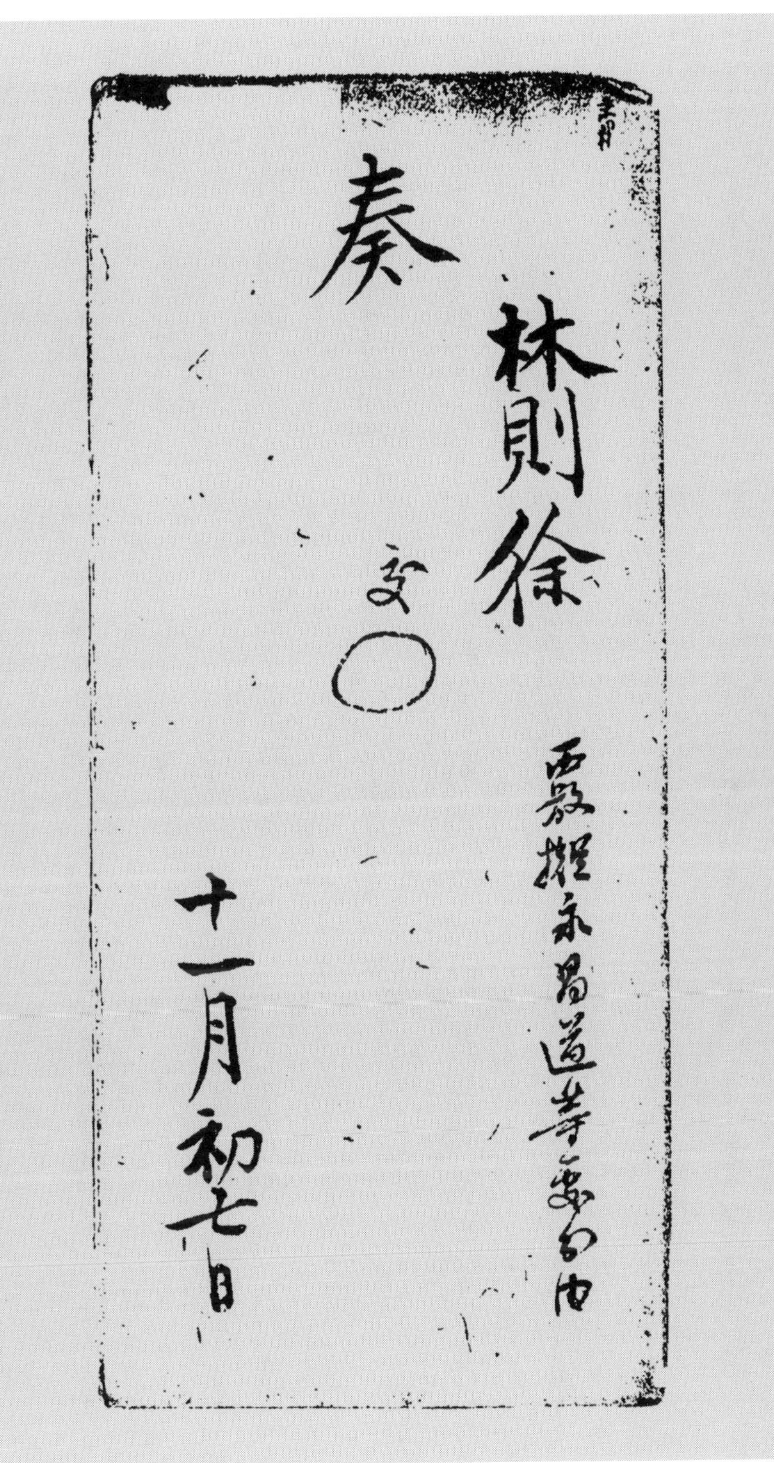
奏

林則徐

交

覈擬永昌道等處分由

十一月初七日

二九 雲貴總督林則徐奏摺 遵旨核擬永昌鎮道等員應得輕重處分
道光二十八年九月二十一日

雲貴總督臣林則徐跪
奏為遵
旨核擬永昌鎮道等員應得輕重處分恭摺具
奏仰祈
聖鑒事竊臣前在迤西辦案奏保山哨匪一案遵查鎮道
各員辦理不善緣由欽奉
上諭永昌鎮道等已據查明並非甘心因循亦無激變情
事竟其諸罪其應得處分著該督核其輕重定擬具
奏等因欽此仰見
聖主執中持平至意欽服難名臣復逐查騰越鎮
總兵本係駐劄騰越所迤西道王發越本係駐
劄大理府均不與永昌府同城因上年漢回

平定，並奏赴永駐郡查辦，其時已有回民京控之案奉
旨交臣等審擬，應將被控人證提省質訊，飭令該鎮
道督率府縣查提起解，而猶遲延，香匪逃人皆限到
省，以致辦案商謀，恃衆奪犯抗官，大起釁之由。
奏無他故。迨臣親到永昌查辦此案，該鎮道捏
偕王發越與永昌府知府李恒謙、署保山縣知縣
知縣韓捧日協同各員弁皆前往訪獲要犯四百
餘名，均經辦理具奏在案。
恩諭：此案乃起倉猝，衆寡不敵，竟能迅速蕆事，不致
老師糜餉，該處文武員弁應得處分失察之
職名，着加恩免議。等因。欽此。惟因奸匪金混秋
妖言惑衆，雖已拏獲審明，其實重典，而先前地

方僅止驅逐出境不即拏辦是以另摺
廷寄欽奉
上諭兹已查明參奏自應將道府以
諭旨經核各該員應得處分酌擬輕重分別辦理
查吏部處分則例內載凡邪教案內只係傳
徒行盟誓並無叛逆不法之犯並無干緣坐者仍
應照邪教惑衆斂錢例議處等語又邪教惑衆
斂錢係內載不行查拏之州縣官降二級調用
府州降一級留任道員罰俸一年係公罪如州縣
官能訪獲破案者免議或由上司訪拏該員隨
同獲犯者照本例減等議處各等語此案奸匪
崔泯秋本係游方打卦為生因沈振達起意糾夥

享控人私與丈占卦該犯知案內被控人衆欲
藉以哄騙取財妄稱打卦上吉可以攔阻其控禀
又種法術誘惑愚民布施祈福並賺為斂錢起
見並無謀為不軌實情是以定案時備細
奏明比照叛逆例從重凌遲處死家屬交其緣坐
核與斂錢惑衆條例相符且當格鬥之時因
係尚與提之犯遂即員弁設法擒拿但先經探知
該犯全混秧陷帶護身之人皆有過人膂力若
遽行動手恐致走脫必須四路佈置周密方
免疏虞惟時多文武亦係兵役前往擒拿
該犯就擒後將其行李物件封貯飭遞到前據內亦已
奏明在案是自鎮道以下文武俱係在場並未敢

置身事外迨而逆王蒙越又隨同府研訊查明款
將搶逃調遣降兵藏家款錢等情逐一究出雖
該鎮道等究係先事失于覺察即隨同督審亦
有應得處分應請
敕交吏兵二部照例議處再查永昌府知府李恒
謙先經臣等以其性近優柔辦事未能果決會摺
奏請甄別原因地方不靖蹤跡詭秘之犯該員不能
嚴密譏且尋常游民驅逐難勝要知府之任
業經奉
旨撤銷道銜降為同知留滇候補核之此例處分
已屬從重可否免其重科之處伏候
聖裁至署保山縣知縣錦揆曰係進士即用知縣選

光二十年到滇二十六年因軍務出力保奏奉
旨歸標以遊擊補缺以同知直隸州儘先升用先
換頂帶欽此前因其辦事勤能輿情並孚
不協是以在任省視致茲已將其撤去署任
雖係鄉叔至失察奸匪潛匿在境各營員雖
亦隨同緝拏究有應得處分所有專職係永
昌協左營左哨千總調補開化鎮右營右哨千
總李銓兼轄官係署永昌協中軍都司滕懋
鎮左營守備劉席珍統轄官係署永昌協副將
署順雲營參將楊林理合一併附參聽候
旨核擬緣由謹會同雲南撫臣程矞采提臣榮玉材
奏摺具

雲貴總督林則徐奏摺 遵旨核擬永昌鎮道等員應得輕重處分
道光二十八年九月二十一日

奏伏乞

皇上聖鑒訓示謹

奏

道光二十八年十一月初七日奉

硃批該部議奏欽此

九月二十一日

雲貴總督林則徐奏摺 恭謝天恩加太子太保銜並賞戴花翎

奏
○
林則徐謝賞保花翎具摺
十一月初旨

雲貴總督林則徐奏摺 恭謝天恩加太子太保銜並賞戴花翎
道光二十八年九月二十一日

二九　雲貴總督林則徐奏摺　恭謝天恩加太子太保銜並賞戴花翎

道光二十八年九月二十一日

雲貴總督臣林則徐跪
奏為恭謝
天恩仰祈
聖鑒事竊臣齎摺差回恭讀七月十九日內閣奉
上諭奏辦查勦擒殲彌渡匪徒出力員弁懇請獎勵一摺雲
南保山哨匪滋事前經該督等調集各路重兵進勦
中途一聞彌渡警報即先以騎兵剿擒將弁同心士
卒用命不但將彌渡匪徒立予殲除且大振軍
威俾保山民人咸畏懾誠不敢恃其負隅之勢且
辦理善後事宜甚臻妥協洵屬調度有方林則徐
著加恩賞太子太保銜並賞戴花翎以示優獎等
因欽此臣跪誦之下感激悚惶莫能名狀當即恭

二九

雲貴總督林則徐奏摺　恭謝天恩加太子太保銜並賞戴花翎
道光二十八年九月二十一日

伏乞聖鑒
闕叩謝
天恩伏念臣一介庸愚未嫻軍旅去歲仰蒙
寵命畀任滇黔正值迤西漢回連年結釁本冀愚衷心化
導庶積餘之餘馴詎知積習冥頑仍鴟張之未
革妄逞負嵎之抗雖寬脅從之誅幸經仰奉
訓謨兩省咸徵兵勤旅遂使數新壁壘萬軍鐃抵安邊
城方降弭度之妖氛已懾保山之奸魄獻俘獲醜痛
懲惑眾之邪謀乘勝分驅疊殲稽誅之餘燼盡此類
仗夫月捷覆由遠馨之
天威至於轄屬徵兵則撫臣籌維備至陳師鞠旅則提臣
之鎮率克勤臣雖身側行間實愧才疏偏兹乃荷

雲貴總督林則徐奏摺　恭謝天恩加太子太保銜並賞戴花翎
道光二十八年九月二十一日

隆施下逮
懋賞逾恒
寵賁宮銜凜鵷果于崇秩
恩加翎飾晰鴻羽之威儀仰感倍切于縷胸悚益深於浹背
臣惟有加修戎政彌勤防邊宣
威溢于遐陬期萬里長靖鷙擬勵翮飭於武衛俾六師
共奮鷹揚酬微臣感悚下忱謹繕摺叩謝
天恩伏乞
皇上聖鑒謹
奏
道光二十八年十一月初七日奉
硃批知道了欽此

雲貴總督林則徐奏摺　恭謝天恩加太子太保銜並賞戴花翎
道光二十八年九月二十一日

雲貴總督林則徐等奏摺　**續獲姚州永昌順寧彌渡永平等處滋事逸犯審明分别定擬**

奏

二九

雲貴總督林則徐等奏摺 續獲姚州永昌順寧彌渡永平等處滋事逸犯審明分別定擬

道光二十八年九月二十四日

雲貴總督臣林則徐
雲南巡撫臣程矞采跪

奏為續獲姚州永昌順寧彌渡永平等處滋事逸
匪審明分別定擬將情罪重大各犯恭請
王命正法以昭炯戒會摺奏祈
聖鑒事竊查姚州匪徒糾衆燒搶慘斃多命要犯尚
多竄匿並彌渡永平等處前此匪徒屯聚焚掠
擾害居民兼有歷年永順雲緬剿散餘匪竄入
趙州蒙化一帶欲圖勾結臣等以此種窮兇極
惡必須趕緊設法剪除以杜蔓延滋患當乘
奏調官兵剿辦保山哨匪之際臣林則徐親駐迤
西督飭次第圍捕除殲斃外統計保山彌渡永
平蒙化順寧趙州姚州前後縛獻捦拏共獲匪

犯一千八十餘名疊經就地提審並解省會同
臣程矞采審明分別定擬先後具
奏在案該匪等或稔惡已多或兇暴昭著經此懲
創雖渠魁已伏駢誅而餘黨不無竄逸臣等未
敢因軍務已竣境地綏安稍形鬆懈仍飭屬嚴
密偵緝期於除惡務盡庶幾邊圉肅清旋據署
姚州吳嘉思署大姚縣袁風清楚雄縣彭克偁
代理雲南縣陸萬鵬署景東同知官昕原任府
經歷顧壬濬署普洱州判袁榕派出丁役會同
營兵陸續拏獲姚州滋事逸犯偰俊得馬增科
偰洸玉偰銘馬六三馬老白蛇偰茂材楊中材
楊鍾保楊二不動張盈受馬灼何三楊琦馬蘇

雲貴總督林則徐等奏摺　續獲姚州永昌順寧彌渡永平等處滋事逸犯審明分別定擬

道光二十八年九月二十四日

魯倮有受倮添葸倮得受楊友魯士明彌渡滋事逸犯倮滐永平滋事逸犯何興潰等共二十二名並據署普洱府崔紹中會同思茅同知吳開陽署寧洱縣瑺岳拏獲永昌滋事逸犯馬自樑馬得柱二名署雲州胡道驥拏獲順寧滋事逸犯馬潰滐一名内馬六三馬老白蛇倮茂材三名據姚州訊明該犯等俱係回民馬六三於上年八月間聽從已正法之回匪倮八伊模糾約燒搶漢村殺斃漢民一命馬老白蛇倮茂材亦聽從倮八伊模搜山搶奪各斃事主一命屬實該犯等帶病到案旋俱在監病故業經委驗詳報其倮俊得等二十二名先後提解至省飭

委雲南府桑春榮等審辦據該委員等審明馬潰滎一犯係雲州回民道光二十六年十二月間已正法之回匪海連升馬幗海馬效青並已被官兵殺斃之張富率領回衆多人闖入雲州商同拒敵官兵焚燒街市劫放獄囚邀該犯入夥該犯不允海連升等稱須殺害該犯被脅勉從僅為守屋煮飯並未隨同拒敵焚殺後來海連升等被官兵擊敗該犯乘隙逃走二十七年五月初三日潛回窮乏是夜獨竊卜姓衣物數件因查拏嚴緊復又逃避嗣獲案解省該犯帶病進監旋即病故亦經驗報並將偰俊得等二十一犯由藩臬兩司覆審解勘前來臣等親提

會鞫據回匪倮倰得供認上年八月十三日因回民沙汶英家藏頓軍器不服搜查致倮小老將王開汶殺傷身死漢民馬致禾不依糾衆共毆傷斃沙汶英一家九命並燒殺山腳官莊二處回寨已正法之回民倮八伊模藉稱報復起意燒殺漢村搶掠財物糾伊同馬幗良等多人前往白塔街洋派北關官屯等村燒搶伊用矛戳傷一漢婦肚腹登時身死倮八伊模等亦各殺斃漢民多命搜搶財物將各村房屋一併燒燬因漢民逃避康郎等處山箐帶有銀物牲畜倮八伊模復糾伊同倮小三頭等多人搜山搶奪伊又用矛戳傷一漢民脊背致斃據回匪馬

增科倮洸玉倮銘楊友供認倮八伊模糾衆燒
搶漢民村寨伊等並未同行嗣聽從倮八伊模
糾約搜山搶奪馬增科用矛戳傷一漢婦左後
肋身死並另將漢婦右臂膊右腿戳傷倮洸玉
倮銘搶獲漢民衣物跑走後因事主邀人搜拏
各自拒捕倮洸玉用矛戳傷一捕人左腿並用
矛桿毆傷一捕人左膀復被一捕人撲攏奪矛
倮洸玉戳傷該捕人胸膛跌地身死倮銘被事
主用刀劃傷右手奪刀回戳該事主右肋復被
一捕人揪住不放倮銘戳傷該捕人肚腹倒地
斃命楊友搶奪水牛三隻牽回並未拒捕傷人
該犯等搶獲各贓俱已變賣花用據回匪楊中

材楊鍾保楊二不動漢匪張盈受回匪馬灼何
三楊琦馬蘇魯俁有受俁添蒽俁得受供認上
年八月間俁八伊模糾衆燒搶漢民村寨並搜
山搶奪伊等均未同行十八日楊中村等趕街
轉回路過胡家莊該村漢民齊出辱罵回教並
喊捉拏伊等分辯被一漢民用刀向楊中村撲
砍楊中村將刀奪獲該漢民揪住楊中村髮辮
按毆楊中村用刀戳傷其肚腹楊鍾保被一漢
婦持棍向毆拔身帶柴刀將棍格落該漢婦撞
頭拚命楊鍾保閃側用刀戳傷其左腰眼楊二
不動被一漢民用鏢向戳接過楊鍾保柴刀將
鏢格落該漢民彎身拾鏢楊二不動用刀砍傷

其脊背張盈受被一漢民用刀亂砍拾鏢回抵致傷該漢民肚腹馬灼被一漢民揪衣拳毆順拔身帶小刀戳傷該漢民右手腕該漢民仍不放手馬灼又戳傷其左乳均倒地先後殞命該村民等不依將楊中材等圍住欲毆何三楊琦馬蘇魯㑇有受㑇添蒽㑇得受等聞知各持刀械前往幫護一漢民向何三撲毆楊琦馬蘇魯趕攏各用刀戳傷該漢民右臂膊右手腕何三亦用鏢戳傷該漢民右膀楊琦被一漢民用刀向砍㑇有受㑇添蒽攏護各用刀背毆傷該漢民左肩甲左胳膊楊琦亦用刀戳傷該漢民左腿馬蘇魯被一漢民用刀背毆傷左手腕伊用

刀回戳傷該漢民右臂膊俱有受被一漢民踢傷左腿伊用刀回戳傷該漢民左胯俱添蒽被一漢民持刀撲砍俱得受趕攏用刀戳傷該漢民左臂俱添蒽亦用刀戳傷該漢民左腿俱得受被一漢婦用棍毆傷額角伊用刀回戳傷該漢婦左胯與楊中材等脱身跑走該漢民等均傷輕平復據漢匪魯士明供認上年八月十三日漢民王開汶因回民沙汶英家藏頓軍器盤查口角被俱小老殺傷身死已正法之漢民馬致禾不依糾衆共毆傷斃沙汶英一家九命並拆毀沙姓房屋伊並未在場後因山腳官莊回民欲行報復馬致禾起意糾衆燒殺該二處回

寨邀同畢老五等多人前往放火燒殺伊僅止
聽糾同行並未下手燃火傷人並究出馬增科
復於本年二月二十六日因在甸心溝私放田
水與高毓口角爭鬧馬增科忿起殺機用鋤毆
傷高毓頂心致死核與姚州驗報相符據回匪
馬得柱馬自㮚供認伊等與已被官兵殺斃之
回民張富及已正法之馬效青等均係交好二
十六年二月間前往永昌同在水寨山紮營三
月初六日張富要毀江橋向領兵駐守飛石口
之守備趙姓央其讓路被趙守備辱駡抽箭射
中張富唇吻有頭目羅萬喜等率同馬得柱馬
自㮚等與官兵接仗各將官兵殺斃並將趙守

備揜至長灣被馬無二等支解挖取心肝炒食
同將江橋燒斷馬得桂又隨同張富等在大力
哨與官兵打仗復殺斃兵練三人並隨同搶掠
不記次數據回匪偰濚供認本年正月十八日
聽從已被官兵殺斃之回民沙金隴在彌渡北
關五顯宮歃血結拜總共六七百人伊列為滿
大後沙金隴等率衆焚搶抗拒官兵派伊看守
房屋伊不應允被沙金隴等逼脅勉從旋經乘
間逃避僅止聽從結拜並無隨同焚搶拒敵情
事據漢匪何興潰供認本年正月間在永平曲
硐地方聽從回民土老姜並不識姓名三人搶
奪趙姓布疋二十餘件伊分得布二件當即逃

逸此外並無搶劫别案臣等查核各供與節次
奏辦各案情節俱相脗合研詰委無另犯爲匪不
法别情案無遁飾查𠋫俊得聽從𠋫八伊模糾
約燒搶殺斃漢婦一命除另犯搶奪傷斃事主
罪止斬決不議外請照强盜殺人放火例擬斬
立決梟示馬得柱馬自樑隨從張富等屢次打
仗殺斃兵練並搶擄帶兵守備燒燬江橋實屬
兇惡均比照謀叛不分首從律擬斬立決加以
梟示案係比照問擬請免緣坐馬增科聽糾搜
山搶奪拒殺事主一命除另刃傷事主一人並
另案故殺一命均罪止斬候不議外請照搶奪
殺人例擬斬立決該犯等均情罪重大未便稍

稽顯戮恭請

王命飭委臬司等將偰俊得馬得柱馬自樑馬增科等四犯押赴市曹監視處決應梟示者將首級分別解赴犯事地方懸竿示衆以昭炯戒偰洸玉偰銘從搶得贓事後被事主邀人搜拏各自拒殺捕人一命除另傷捕人輕罪不議外均請照犯罪拒捕殺所捕人律擬斬監候楊中材楊鍾保楊二不動張盈受馬灼因口角爭鬭各斃漢民一命訊無謀故均請照鬭殺律擬絞監候與偰洸玉等俱秋後處決偰濼聽從沙金隴等歃血結拜其於沙金隴等焚搶村寨抗拒官兵之時聽派看守房屋訊係被脅勉從旋經乘間

逃避並無隨同焚搶及拒敵官兵情事照謀叛減等及結拜為從罪止軍流第先經聽糾結盟後復被脅入夥亦殊藐法請從重發新疆給官兵為奴該犯係屬回民照例調發何三楊琦馬蘇魯與有受與添蒽與得受持械共毆致傷漢民平復查該犯等均係回民請照回民結夥三人以上執持器械共毆不分首從例俱發雲貴兩廣極邊烟瘴充軍楊友聽從搶奪得贓查該犯亦係回民請照回民搶奪結夥在三人以上不分首從例發雲貴兩廣極邊烟瘴充軍仍盡盜牛本法照例枷號魯士明於馬致禾糾衆燒殺回寨僅止聽從同行並未下手燃火傷人若

照為從擬以繯首未免與下手燃火者無所區
別請於為從商謀下手燃火絞候例上量減一
等擬杖一百流三千里何興潰聽從回民土老
姜搶奪得贓查該犯係屬漢民請仍照搶奪人
財物杖一百徒三年為從減一等律擬杖九十
徒二年半應刺字者照例刺字分別定地發配
折責安置馬六三聽從偰八伊楧在姚州燒搶
漢村殺斃人命罪應斬梟馬老白蛇偰茂材亦
聽從搜山搶奪各斃事主一命罪應斬決馬潰
濼於海連升等在雲州滋事被脅守屋煮飯並
未隨同拒敵焚殺照謀叛量減應發新疆給官
兵為奴均已在監病故應毋庸議馬六三仍照

例戮屍刑禁人等並無淩虐亦毋庸議該犯等
俱帶病進監身故監斃職名例免查議臣等仍
督飭所屬無分畛域一體嚴密查拏勿任餘匪
竄逸漏網續有弋獲另行審擬具
奏除備錄犯供咨部外謹將續獲各案逸匪審擬
緣由恭摺會
奏伏乞
皇上聖鑒訓示謹
奏
刑部議奏

雲貴總督林則徐等奏摺　續獲姚州永昌順寧彌渡永平等處滋事逸犯審明分別定擬　道光二十八年九月二十四日

道光二十八年九月　二十四　日

二九 雲貴總督林則徐等奏摺 請以軍營出力之候陞知縣嚴錤補授寶寧縣知縣 道光二十八年九月二十四日

雲貴總督林則徐等奏摺　**請以軍營出力之候陞知縣嚴錤補授寶寧縣知縣**

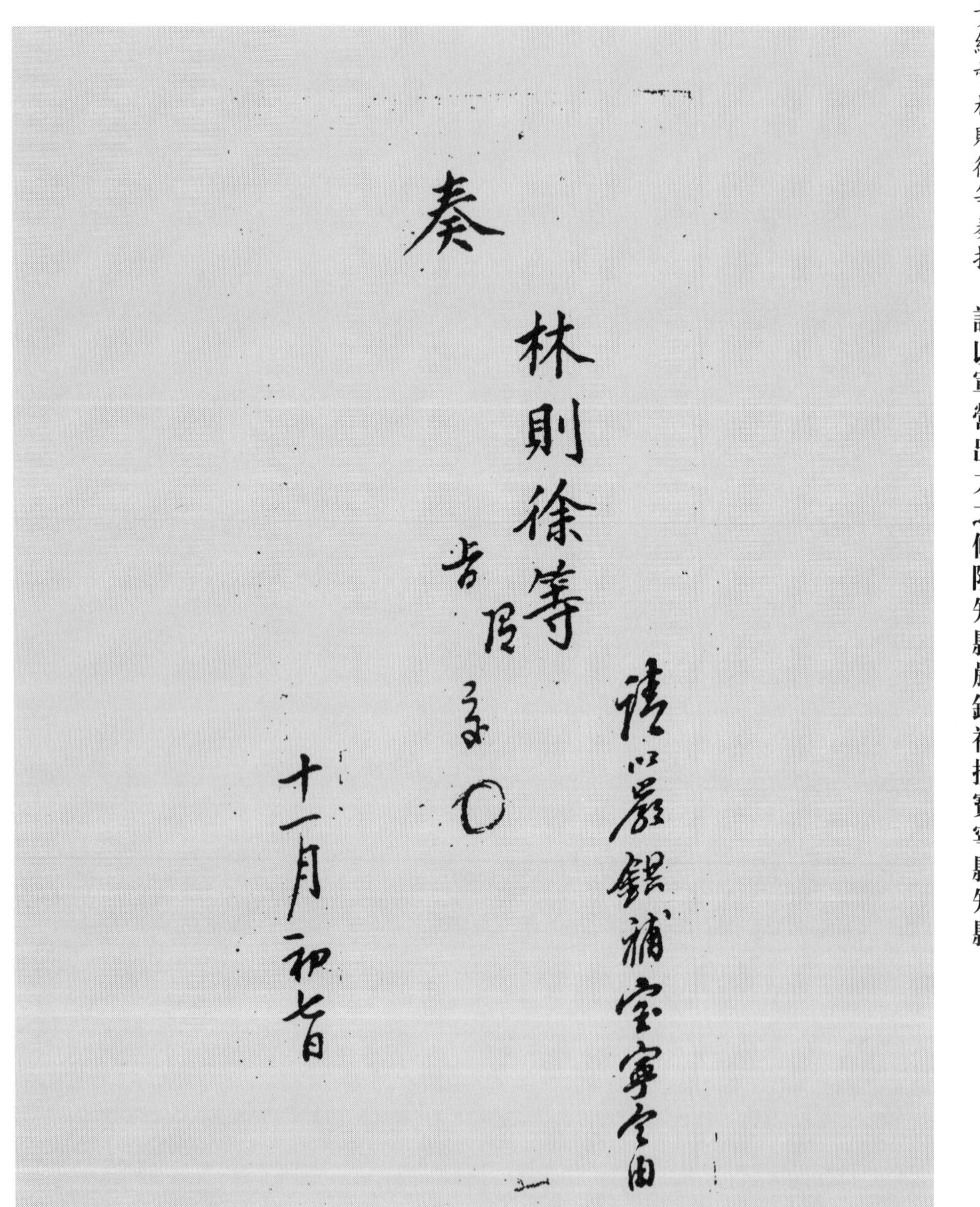

奏

林則徐等

請以嚴錤補寶寧缺由

十一月初七日

二九　雲貴總督林則徐等奏摺　請以軍營出力之候陞知縣嚴鉷補授寶寧縣知縣

道光二十八年九月二十四日

雲貴總督臣林則徐
雲南巡撫臣程矞采跪
奏為邊疆要缺知縣題調之員仰懇
聖恩俯准升補以重地方事竊照雲南寶寧縣知縣
沈炳揆准部覆補授鎮南州知州所遺寶寧縣
係夷疆題調要缺例應在外揀員請補該縣地
當邊隅漢夷雜處必須精明幹練熟悉邊情之
員方足以資治理查定例知縣題調缺出俱准
升調並行該督撫酌量具題又應題缺出係
補缺人准於應升人員內揀選題升各等語今
寶寧知縣係題調要缺臣等與藩臬兩司於通省
簡缺知縣及候補人員內逐加遴選或歷俸未
滿或人地不宜於邊疆要缺難期勝任惟查有

雲貴總督林則徐等奏摺　請以軍營出力之候陞知縣嚴鉷補授寶寧縣知縣
道光二十八年九月二十四日

軍營出力之候陞知縣嚴鉷年二十八歲浙江
監生遵例報捐府知事加捐縣丞分發雲南
試用道光二十四年九月到滇委署江那縣丞因
永昌回匪滋事委赴軍營差遣出力保
奏於二十六年七月奉
旨候補縣丞嚴鉷著免補本班以知縣升用欽此嗣
經題請升補富民縣知縣經部議以富民縣
係繁劇遺缺祇准以軍營出力候補人員補用
不准以應升人員升補仍令遴員另補等因隨
將富民縣缺另行揀補外查現出之寶寧縣係
准升調兼行之繁缺該員嚴鉷才明心細力可
勤練兼悉邊地夷情且係軍營出力奉

雲貴總督林則徐等奏摺 請以軍營出力之候陞知縣嚴錤補授寶寧縣知縣 道光二十八年九月二十四日

旨以知縣升用之員以之升補寶寧縣事理要缺實
堪勝任惟本省尚有候補人員今以應升之員
請升恐與人地相需之例未符具
奏合無仰懇
天恩俯念邊疆知縣員缺緊要准以軍營出力升用知
縣嚴錤補授寶寧縣知縣實於要缺有裨如蒙
俞允俟部覆到日照例給咨送部引
見茲據藩臬兩司具詳前來謹合詞恭摺具
奏伏乞
皇上聖鑒訓示謹
奏
道光二十八年十月初七日奉

二九 雲貴總督林則徐等奏摺 請以軍營出力之候陞知縣嚴鉷補授寶寧縣知縣

道光二十八年九月二十四日

硃批

欽此

九月廿四日

上諭 署雲龍州事准補鄧川知州沈承恩辦銅出力著准以同知陞用

道光二十八年九月二十六日内閣奉

上諭林則徐等奏廠員辦銅出力懇請鼓勵一摺雲南署雲龍州事准補鄧川州知州沈承恩於所管大功白羊二廠一年之中計額外多辦銅觔一百萬以上實屬奮勉出力沈承恩著准其以同知升用該部知道欽此

上諭　林則徐等奏請簡放雲南迤南道員缺著桑春榮補授

道光二十八年九月二十七日内閣奉

上諭林則徐等奏邊要道缺揀調乏員擬列正陪請

簡一摺雲南迤南道員缺著桑春榮補授該部知

道欽此

著准林則徐奏請仍以李瑞陞補貴州定廣協副將

道光二十八年九月二十七日内閣奉

上諭林則徐奏題升苗疆副將經部議駁仍請升補

一摺貴州定廣協副將員缺著仍准以李瑞升補

照例送部引見該部知道欽此

上諭　林則徐奏參之貴州鎮遠鎮中營遊擊榮麟著送部引見

道光二十八年九月二十七日内閣奉
上諭林則徐奏叅營員等語貴州鎮遠鎮中營遊擊
榮麟著送部引見欽此

雲貴總督林則徐題本

請准石天星承襲已故定番州屬金石長官司石希舜所遺土職

該部議奏

題

雲貴總督林則徐題本　請准石天星承襲已故定番州屬金石長官司石希舜所遺土職

道光二十八年十月初三日

太子太保兵部尚書兼都察院右都御史總督雲貴二省等處地方軍務兼理糧餉臣林則徐謹

題爲承襲土職事據貴州布政使羅繞典詳稱竊照定番州屬金石長官司石希舜係奉部頒給號紙准其承襲之弁前於道光貳拾年叁月內病故當經取結詳請咨部並飭查合例之人承襲去後茲准糧儲道孫起端移據貴陽府知府朱德璲申據定番州知州童翬詳稱查得該應襲石天星實係已故土官石希舜嫡長子現年叁拾陸歲人頗明白夷衆悅服請以承襲土職與例相符取具宗圖各結及原領號紙詳送等情由府申道移司覆查無異相應詳請查核具題頒給號紙准其承襲並聲明此案應以道光貳

雲貴總督林則徐題本　請准石天星承襲已故定番州屬金石長官司石希舜所遺土職
道光二十八年十月初三日

拾年叁月貳拾貳病故之日起限扣至是年玖
月貳拾貳日限滿茲據該州詳稱因應襲石天
星染患癱症延醫調治至今始獲痊愈是以請
襲遲延等情到臣該臣看得貴州定番州屬金
石長官司石希舜前因病故取結咨部並飭查
合例之人承襲去後茲據貴州布政使羅繞典
詳稱查得該應襲石天星實係已故土官石希
舜嫡長子現年叁拾陸歲人頗明白夷眾悅服
請以承襲土職與例相符取具宗圖各結及原
頒號紙由司詳請具
題頒給號紙承襲前來臣覆查無異除圖結號紙
送部外謹會同貴州撫臣喬用遷合詞恭疏具

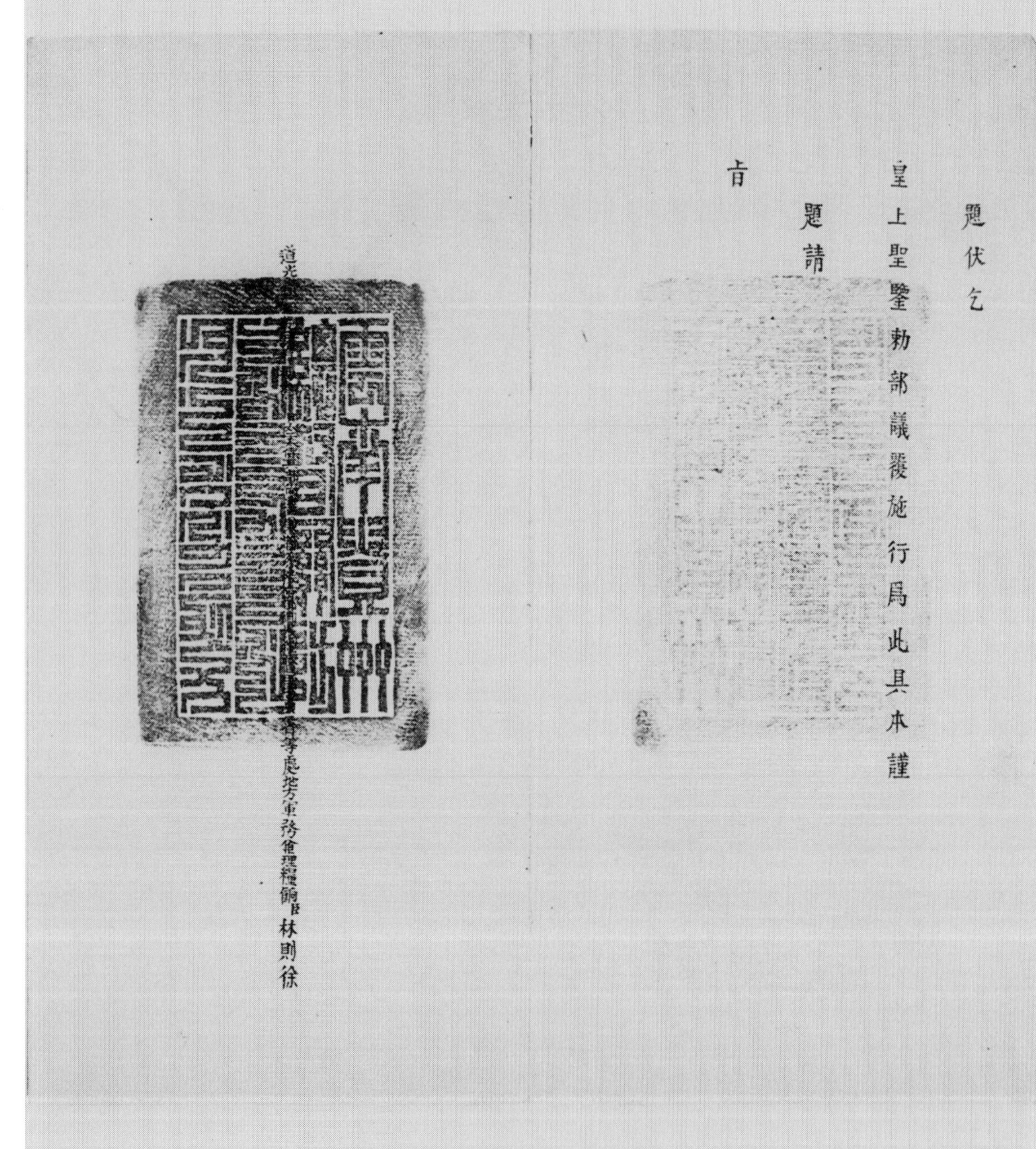
题伏乞
皇上圣鉴敕部议覆施行为此具本谨
题请
旨
道光……臣林则徐

二九 雲貴總督林則徐題本 請准石天星承襲已故定番州屬金石長官司石希舜所遺土職

道光二十八年十月初三日

太子太保兵部尚書兼都察院右都御史總督雲貴二省等處地方軍務兼理糧餉臣林則徐謹

題為承襲土職事。該臣看得貴州定番州屬金石長官司石希舜前因病故，取結咨部，並飭查合例之人承襲去後。茲據貴州布政使羅繞典詳稱，查得該應襲石天星實係已故土官石希舜嫡長子，現年叁拾陸歲，人頗明白，夷眾悅服，請以承襲土職，與例相符，取具宗圖各結及原領號紙詳請具

題前來。臣覆查無異，除圖結號紙送部外，謹會

題請

旨

雲貴總督林則徐題本　委荔波營遊擊彭壽護理周鳳岐原署都勻協副將事

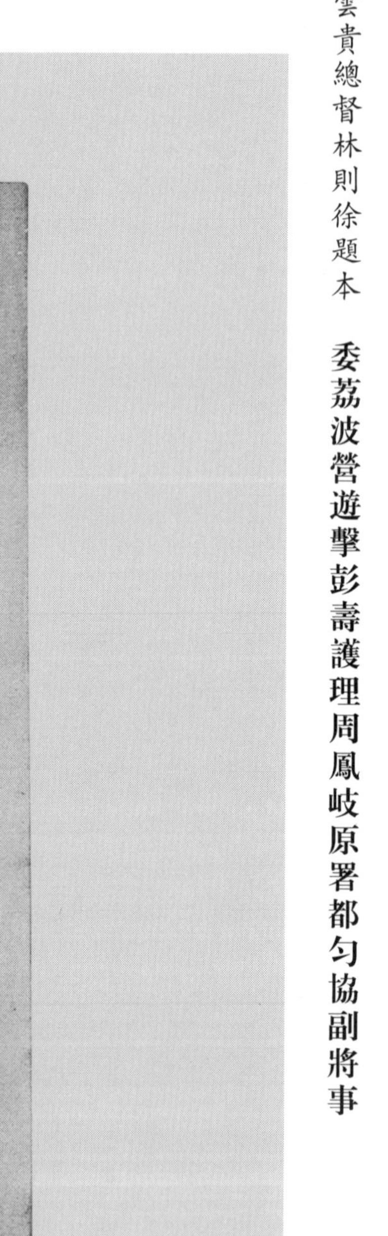

二九 雲貴總督林則徐題本 委荔波營遊擊彭壽護理周鳳岐原署都勻協副將事

道光二十八年十月十六日

太子太保兵部尚書兼都察院右都御史總督雲貴二省等處地方軍務兼理糧餉臣林則徐謹

題為委護副將循例具

題事竊查定例副將遇有陞遷事故懸缺需員署

理如委署在壹年以內者該督撫恭疏具題等

語今現署貴州都勻協副將事丹江營參將周

鳳岐於奉

旨補授平遠協副將案內應行給咨赴部引

見所遺原署副將事務查有荔波營遊擊彭壽年壯

才明營務諳熟堪以護理除檄飭遵照外所有

委護副將緣由理合循例恭疏具

題伏乞

皇上聖鑒勅部查照施行為此具本謹具

二九

雲貴總督林則徐題本 委荔波營遊擊彭壽護理周鳳岐原署都勻協副將事

道光二十八年十月十六日

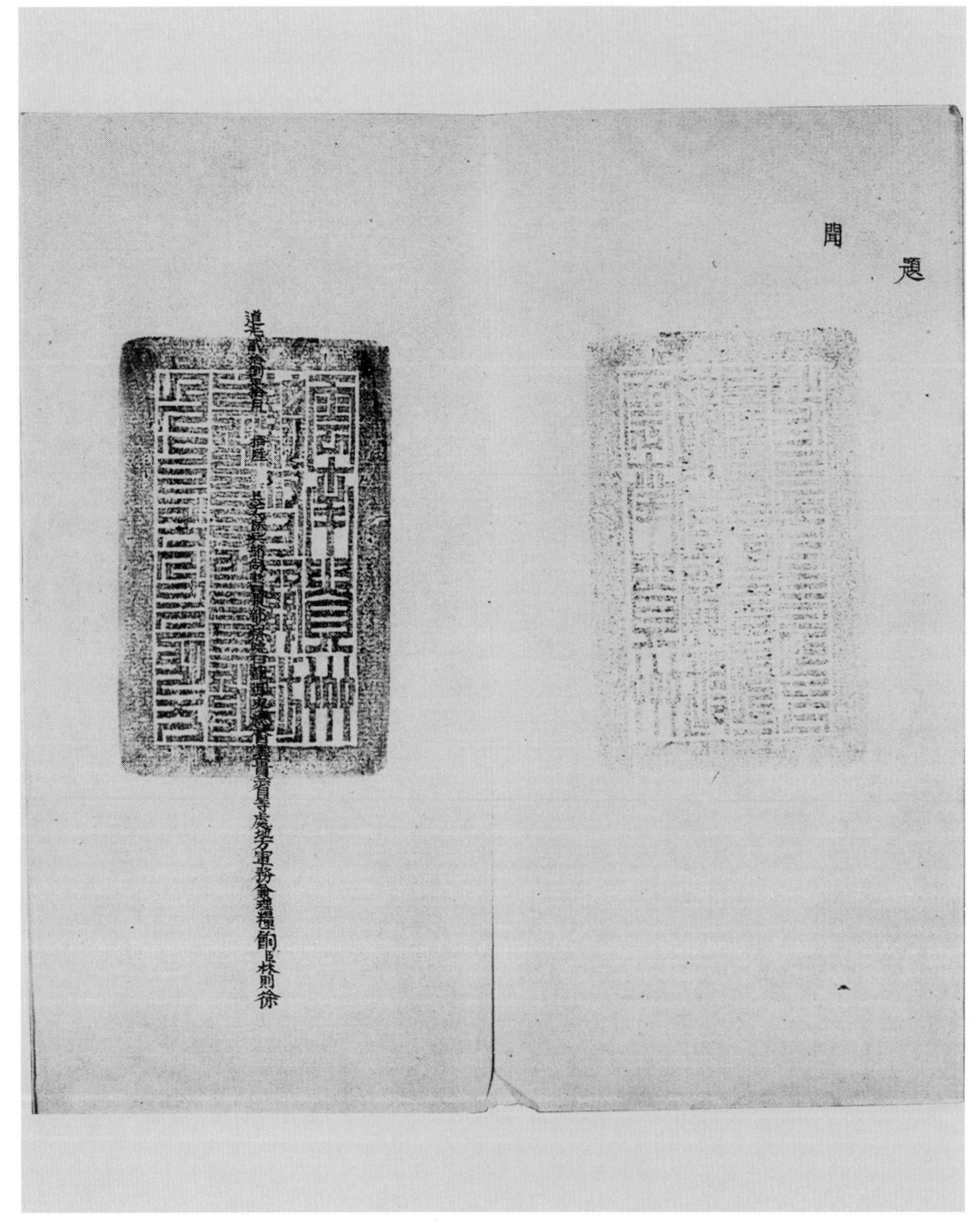

題

聞

道光貳拾捌年拾月拾陸日太子太保兵部尚書兼都察院右都御史總督雲貴等處地方軍務兼理糧餉臣林則徐

二九

雲貴總督林則徐題本　委荔波營遊擊彭壽護理周鳳岐原署都勻協副將事

道光二十八年十月十六日

太子太保兵部尚書兼都察院右都御史總督雲貴二省等處地方軍務兼理糧餉臣林則徐謹

題爲委護副將循例具

題事竊查定例副將遇有陞遷事故懸缺需員署

理如委署在壹年以內者該督撫恭疏具題等

語今現署貴州都勻協副將事丹江營參將周

鳳岐於奉

旨補授平遠協副將案內應行給咨赴部引

見所遺原署副將事務查有荔波營遊擊彭壽年壯

才明營務諳熟堪以護理除檄飭遵照外所有

委護副將緣由謹具

題

聞

雲貴總督林則徐題本 陞署貴州清江協副將伊克坦布赴部引見委遊擊那丹珠護理

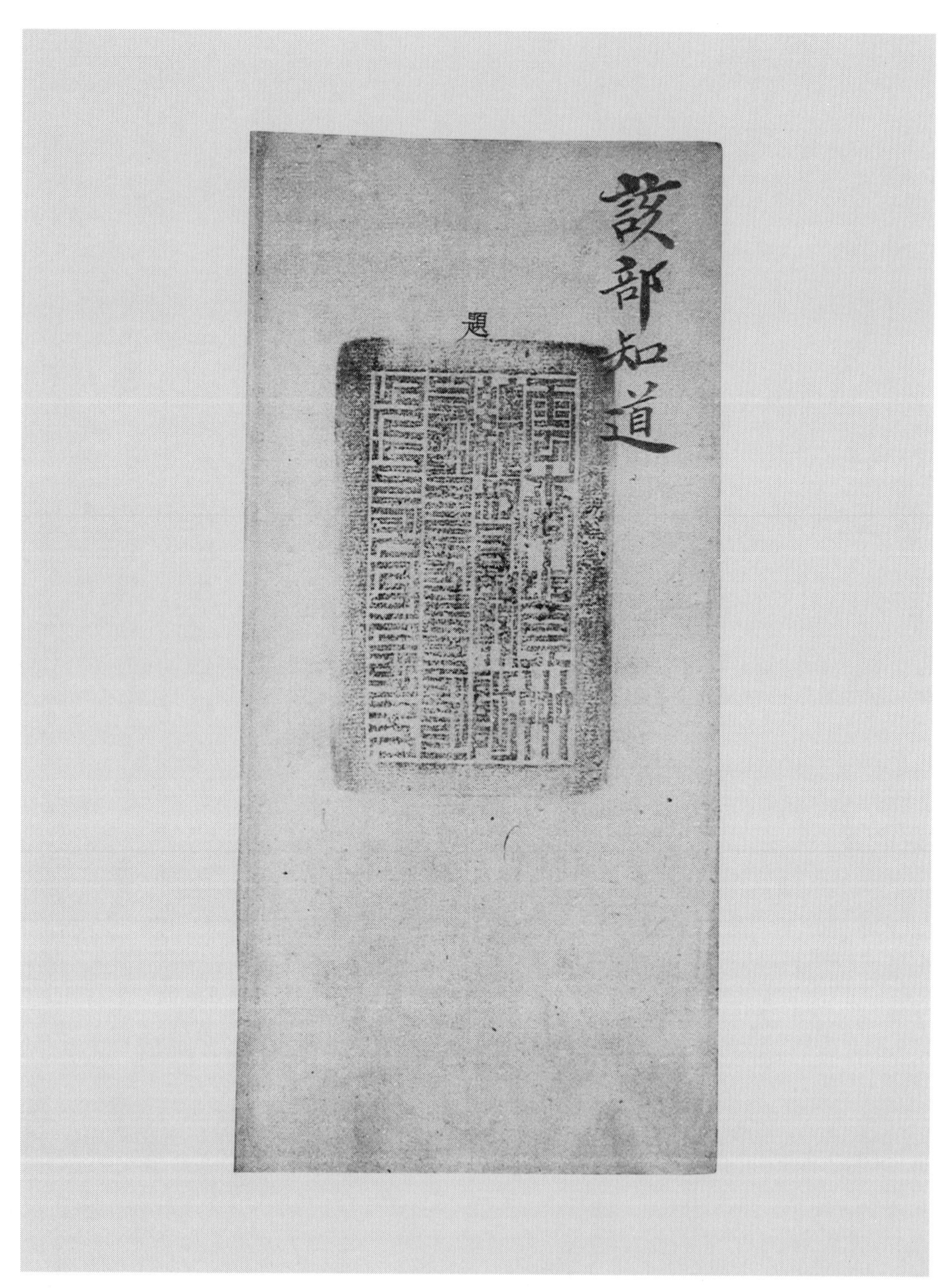

該部知道

題

二九　雲貴總督林則徐題本　陞署貴州清江協副將伊克坦布赴部引見委遊擊那丹珠護理

道光二十八年十月十六日

太子太保兵部尚書兼都察院右都御史總督雲貴二省等處地方軍務兼理糧餉臣林則徐謹
題為委護副將循例具
題事竊查定例副將遇有陞遷事故懸缺需員署
理如委署在壹年以內者該督撫恭疏具題等
語今陞署貴州清江協副將伊克坦布於奏陞
案內應行給咨赴部引
見所遺貴州清江協副將事務查有該協右營遊擊
那丹珠年力壯強操防勤慎堪以護理除檄飭
遵照外所有委護副將緣由理合循例恭疏具
題伏乞
皇上聖鑒勅部查照施行為此具本謹具
題

二九

雲貴總督林則徐題本　陞署貴州清江協副將伊克坦布赴部引見委遊擊那丹珠護理

道光二十八年十月十六日

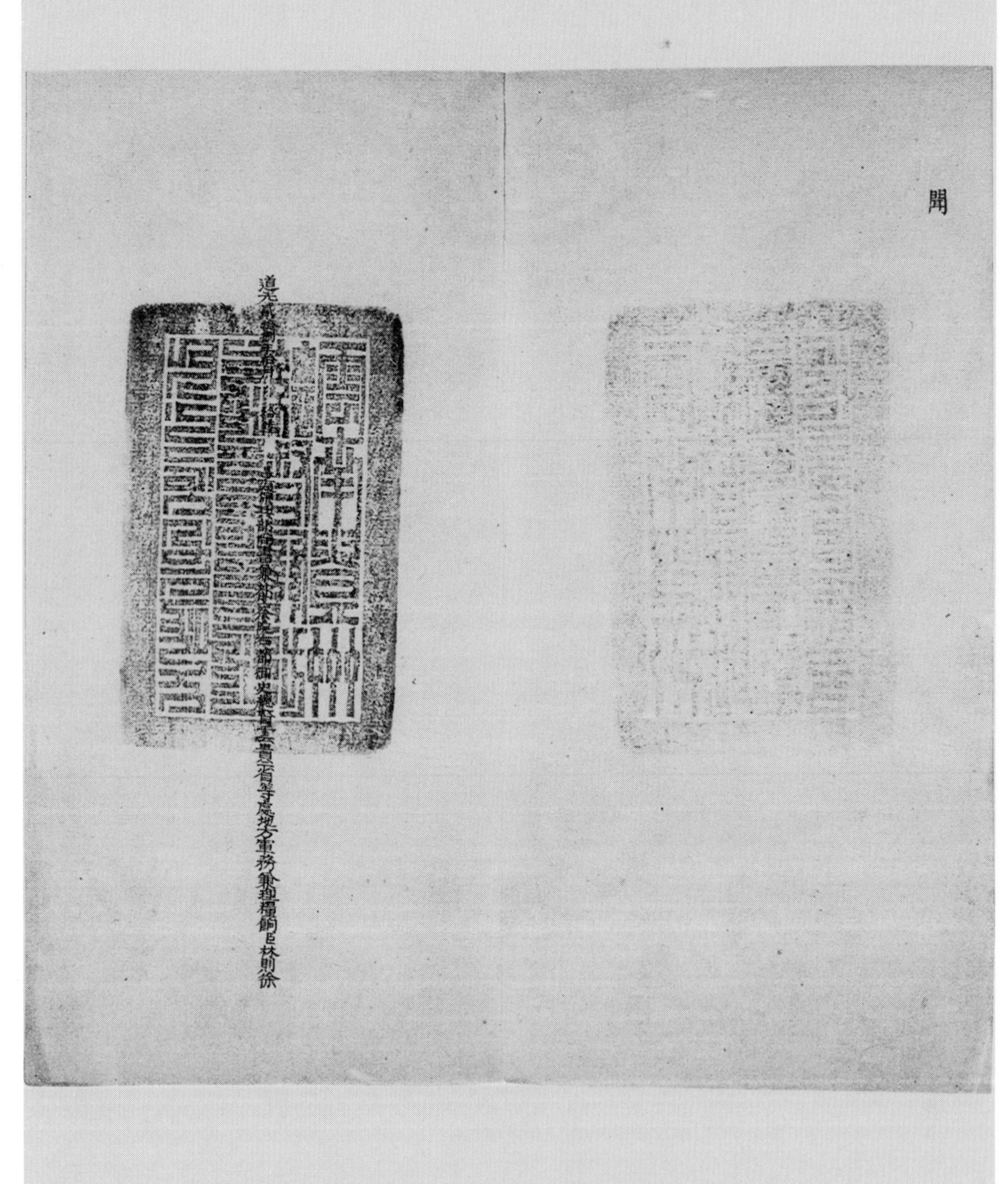

雲貴總督林則徐題本　陞署貴州清江協副將伊克坦布赴部引見委遊擊那丹珠護理

道光二十八年十月十六日

太子少保兵部尚書兼都察院右都御史總督雲貴二省等處地方軍務兼理糧餉臣林則徐謹

題為委護副將循例具

題事竊查定例副將遇有陞遷事故懸缺需員署

理如委署在壹年以內者該督撫恭疏具題等

語今陞署貴州清江協副將伊克坦布於奏陞

案內應行給咨赴部引

見所遺貴州清江協副將事務查有該協右營遊擊

那丹珠年力壯強操防勤慎堪以護理除檄飭

遵照外所有委護副將緣由謹具

題

聞

雲貴總督林則徐題本　**題參署姚州汛右哨千總袁得華等疎防命案限滿兇犯未獲**

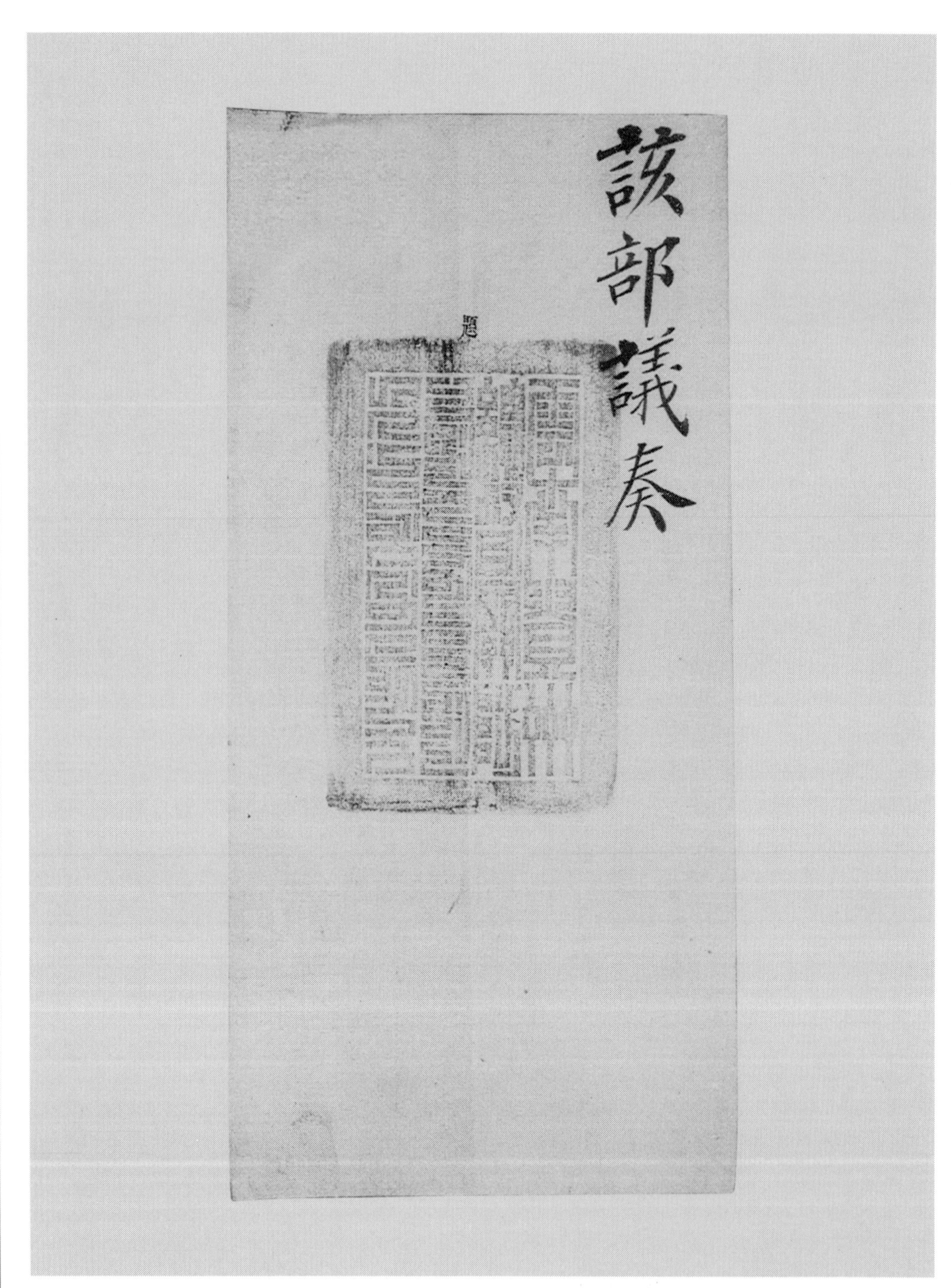

二九 雲貴總督林則徐題本 題參署姚州汛右哨千總袁得華等疏防命案限滿兇犯未獲

道光二十八年十月十六日

太子太保兵部尚書兼都察院右都御史總督雲貴二省等處地方軍務兼理糧餉臣林則徐謹

題爲

題參疏防職名事據雲南按察使普泰詳稱案據

署姚州知州吳嘉愚詳道光貳拾捌年肆月貳

拾日據鄉約李福英報據民婦楊毛氏投稱本

月拾捌日伊夫楊美堤驢瓜頭赴西界大麥地

山馱柴不知被何人戳傷身死失去驢隻並馱

架皮條等語往看屬實理合報請勘驗緝兇等

情並據屍妻楊毛氏開單報同前由據此查大

麥地距城伍拾里隨即會營帶領刑仵馳詣勘

得該處係荒僻山區附近並無居民亦無塘汛

撥臺勘畢飭令將屍移放平地如法相驗據仵

二九 雲貴總督林則徐題本 題參署姚州汛右哨千總袁得華等疏防命案限滿兇犯未獲 道光二十八年十月十六日

作孫国欽喝報已死楊美問年伍拾肆歲驗得仰面致命右太陽穴壹傷圍圓伍分深入骨柒分皮捲血汚係鐵錐戳傷餘俱無故委係受傷身死報畢親驗無異兇犯在逃無憑查起兇器比對傷痕當場填圖取結屍飭棺殮傳紀估計失贓共值庫平紋銀伍兩陸錢除選差幹役關移鄰封營邑一體嚴緝兇犯務獲究報外合將勘驗緣由具文通報等情詳奉批司飭緝查參去後茲准雲南楚雄協副將常祿移稱此案既有失物情形自應照盜案扣限開參計自道光貳拾捌年肆月拾捌失事之日起扣至捌月拾捌日肆個月疏防限滿兇犯未獲所有疏防武

職專管汛官係署楚雄協分防姚州汛右哨千總事左哨外委千總袁得華自失事之日起至捌月拾陸日奉文不准超拔千總退回外委本任交卸止計承緝叁個月零貳拾捌日係署事之弁不復回汛應請議結接緝專汛官調補姚州汛右哨千總余開春即於是日到汛應俟接緝壹年限滿有無獲犯再行查參兼轄官係不同城署楚雄協中軍都司事鶴麗鎮標中營守備嚴珍統轄官係不同城署楚雄協副將事候補遊擊尚宗慶自失事之日起至柒月初壹日署武定營參將交卸止計督緝兩個月拾叁日係署事人員不復回任應請議結接督緝統轄

官副將常祿飭於是日到任飭接督緝之員倒
無庸分職名邀免開送再失事地方並無塘汛
撥臺合併聲明等情移司覆查無異除仍移飭
嚴緝兇犯務獲究報外相應詳請查核
題參等情到臣該臣看得雲南姚州民楊美在州
屬大麥地被無名兇犯戳傷身死失去驢一
案先據署姚州知州吳嘉恩會營勘驗詳報當
經批司飭緝查參去後茲據雲南按察使普泰
查明此案既有失物情形自應照盜案扣限開
參計自道光貳拾捌年肆月拾捌失事之日起
扣至捌月拾捌日肆個月疏防限滿兇犯未獲
所有疏防武職專管汛官係署楚雄協分防姚

州汛右哨千總事左哨外委千總袁得華自失
事之日起至捌月拾陸日奉文不准起拔千總
退回外委未任交卸止計承緝叁個月零貳拾
捌日係署事之弁不復回汛應請議結接緝專
汛官調補姚州汛右哨千總余開春即於是日
到汛應俟接緝壹年限滿有無獲犯再行查參
兼轄官係不同城署楚雄協中軍都司事鶴麗
鎮標中營守備嚴珍兼轄官係不同城署楚雄
協副將事候補遊擊尚宗慶自失事之日起至
柒月初壹日署武定營參將交卸止計督緝兩
個月拾叁日係署事人員不復回任應請議結
接督緝兼轄官副將常祿即於是日到任係接

督緝之員例無處分職名邀免開送並聲明失
事地方並無墻汛墩臺等情詳請
題參前來臣覆查無異除飭嚴緝兇犯務獲究報
外臣謹會同雲南巡撫臣程矞采雲南提督臣
榮玉材恭疏具
題伏乞
皇上聖鑒勅部議覆施行爲此具本謹
題請
旨

二九　雲貴總督林則徐題本　題參署姚州汛右哨千總袁得華等疏防命案限滿兇犯未獲

道光二十八年十月十六日

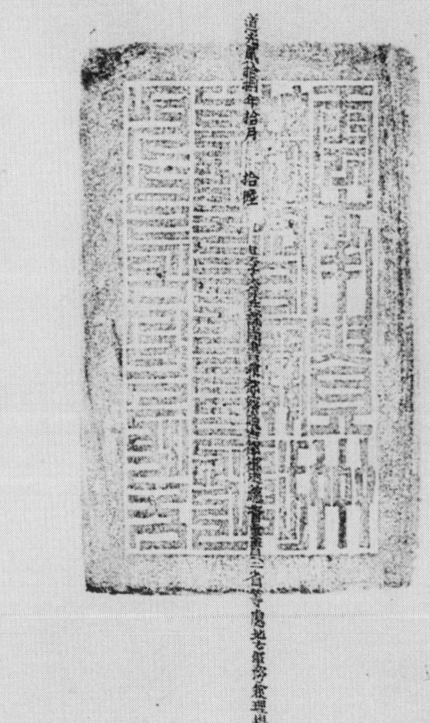
道光貳拾捌年拾月拾陸日
太子太保兵部尚書兼都察院右都御史總督雲貴等處地方軍務兼理糧餉臣林則徐

太子太保兵部尚書兼都察院右都御史總督雲貴等處地方軍務兼理糧餉臣林則徐謹

題為

題參疏防職名事該臣看得雲南姚州民楊美在州屬大麥地被無名兇犯戳傷身死失去驢物一案先據署姚州知州吳嘉思會營勘驗詳報當經批司飭緝查參去後茲據雲南按察使善泰查明此案既有失物情形自應照盜案扣限開參肆個月疏防限滿兇犯未獲所有疏防武職專管汛官係署楚雄協分防姚州汛右哨千總事左哨外委千總袁得華兼轄官係署楚雄協中軍都司事鶴麗鎮標中營守備羅珍統轄官係署楚雄協副將事候補游擊尚宗慶等情詳請

題參前來臣覆查無異謹會

題請

旨

二九

雲貴總督林則徐等奏摺　辦理姚州及白井軍務尤為出力各員請分別獎勵

道光二十八年十月二十三日

雲貴總督林則徐等奏摺　**辦理姚州及白井軍務尤為出力各員請分別獎勵**

二九

雲貴總督林則徐等奏摺　辦理姚州及白井軍務尤為出力各員請分別獎勵

道光二十八年十月二十三日

雲貴總督臣林則徐
雲南巡撫臣程矞采 跪

奏為查明懲辦姚州及白井匪徒擒獲首要數百名兼獲歷年永順軍營剿散匪犯尤為出力各員弁據實保

奏仰懇

天恩分別獎勵以昭激勸事竊臣等前奏拏獲姚州及白井滋事匪徒審明定擬一案欽奉

上諭林則徐等奏審擬姚州匪徒及白井練民糾衆滋事一摺此案在事出力文武員弁著該督等擇其尤為出力者核實保奏候朕施恩毋許冒濫等因欽此仰見

聖主激勵官常有勞必錄至意曷勝欽感伏查姚州

所屬回寨較多素稱強悍上年八月因與漢民
搆衅糾集各寨回衆藉報復為名肆行燒搶殺
斃漢民男婦八百五十命燒燬漢村房屋三千
一百三十一間剽掠銀錢牲畜衣物難以數計
羣匪逞其兇燄妄肆鴟張倉猝未能禁遏緣急
則鋌而走險勢致負嵎緩則竄於他方必多漏
網且恐隨處勾結尤為滋蔓難圖臣等據報飛
委文武各員馳往彈壓先行設法解散一面檄
飭附近州縣營汛扼要嚴堵並飭該管府協州
營會同委員督率弁兵差役奮力掩捕旋據陸
續拴獲匪犯一百數十名因查首要尚多避逸
姑作緩兵之計令其乘間潛回若非今春大壯

軍威各寨仍貽後患遂於彌渡保山等處事竣
撤兵之便密派弁兵探明該匪來蹤去路先於
要隘處所安設重兵預為堵截隨飭文武併力
兜拏並押令回寨頭人自行捆獻復經獲犯一
百餘名計先後共獲二百數十名不特為姚州
案内焚搶殘殺之兇徒且多係歷年永順剿散
拒敵官兵殺斃兵練之惡匪置以凌遲斬梟斬
決絞決重典者至一百三十餘名其餘擬以斬
絞監候等犯亦為數甚多若在事文武稍失機
宜難免不另滋事變稍遺餘力即無以悉獲渠
魁今仰仗
天威員弁靡不同心士卒亦皆用命殲除慭惡已無

遺孽之留綏輯善良尤無秋毫之犯經此一番
懲創人心實深懾服地方咸就敉安其先後調
往查辦之鶴麗鎮總兵音德布昭通鎮總兵劉
定選督領弁兵窮搜密緝調度有方洵屬宣勤
著績惟皆職居專閫未敢代請
恩施此外在事文武員弁或鎮壓頑民撫綏難戶或
遍歷山箐起驗各屍或購線疊擒首要或隨時
研鞫犯供均屬實心實力不辭勞瘁除其次出
力者由臣等自行存記未敢濫登外謹擇尤為
出力勞績顯著各員分別酌擬獎敘繕具文武
清單恭呈
御覽如蒙

二九 雲貴總督林則徐等奏摺 辦理姚州及白井軍務尤為出力各員請分別獎勵 道光二十八年十月二十三日

恩俯准量加鼓勵身受者固倍切奮興即凡僚屬亦
莫不同深觀感遇有差遣更得以收實效而靖
地方所有查明出力人員遵
旨酌保緣由謹合詞恭摺具
奏伏乞
皇上聖鑒訓示謹
奏
另有旨

雲貴總督林則徐等奏摺　辦理姚州及白井軍務尤為出力各員請分别奬勵　道光二十八年十月二十三日

道光二十八年十月　二十三　日

雲貴總督林則徐等清單　辦理姚州軍務出力武職各員弁清單

謹將辦理姚州軍務出力武職各員弁繕具清

單恭呈

御覽

鶴麗鎮總兵音德布昭通鎮總兵劉定選

查總兵音德布於上年八月姚州回匪滋事

即先調往帶兵督辦查拏要犯多名該回匪

頗懾軍威不敢肆行燒殺旋因永昌哨匪滋

事復馳往解散其時姚州回匪首要尚多在

逃本年三月總兵劉定選由永昌軍營事竣

帶領官弁馳赴姚州先行探明回匪出没蹤

跡及往來隘口分兵扼要堵截派撥備弁密

授機宜分赴各寨誘拏訪緝不致玉石俱焚

紀律嚴明秋毫無犯所有燒殺逞兇各犯均
經獻馘捦渠實屬調度有方勤勞丕著惟均
膺專閫不敢由臣等擬請恭候

聖主恩施

貴州永安協副將趙萬春

奏陞貴州定廣協副將李瑞

查該員等帶兵前赴姚州均歸昭通鎮總兵
劉定選統率能明申號令暗合機宜將各著
名回寨併力兜圍兇徒不敢恃其負嵎之險
該員等身先士卒多獲渠魁尤為膽壯心雄
擬均請

賞加巴圖魯名號以示優獎

署武定營叅將督標中軍副將文俊
查該員於上年八月姚州回匪挾仇燒殺並
欲蔓延白井經該將帶兵馳往駐防晝夜彈
壓半載有餘所獲皆斬梟斬決重犯井地得
以安全實屬辛勞丕著擬請
賞戴花翎
署楚雄協副將題補普洱鎮中營遊擊尚宗慶
查該員於上年八月姚州回匪滋事即帶兵
馳往彈壓嗣官兵前集該員巡查險要來往
奔馳並率同備弁緝捕要犯多名均置重典
洵屬不憚勤勞擬請以應陞之缺儘先陞用
鶴麗鎮標中營守備嚴珍昭通鎮標右營守備

段凱准陞臨元鎮標新嶍營守備施嘉祥題陞
昭通鎮標中營守備李廷楷提標中營千總燕
陞雲昭通鎮標左營左哨千總蕭雲鰲拔補楚
雄協千總袁得華楚雄協右哨千總佘開春撫
標左營把總施嘉賓昭通鎮標中營把總楊景
興鶴麗鎮標左營把總趙朝謨楚雄協把總龍
翔武定營把總馮世典
查該備弁等帶兵前往各回寨震懾兵威諭
知利害俾首要得以就地獻捦内嚴珍燕陞
雲袁得華佘開春首先拏獲要犯尤多均問
斬梟斬決重罪且於所管汛地嚴密巡防所
解匪徒數百名處處分兵護送毋稍疎虞捕

務極為得力段凱隨同總兵劉定選總理行
營諸務約束緊嚴請將嚴珍段凱各以都司
儘先陞用燕陞雲袁得華佘開春各以守備
儘先陞用均請先换頂帶施嘉祥李廷楷均
請交部議叙蕭雲鰲請以守備陞用先换頂
帶施嘉賓楊景興趙朝謨龍翔馮世興均請
以千總陞用先换頂帶此外尚有在事出力
之督標額外外委黄成章提標外委沙國瑞
昭通鎮標外委徐浦馬文秀額外外委劉助
禄鶴麗鎮標額外外委周詰楚雄協外委丁
尚久李國良額外外委樊永泰均請
賞給六品頂帶仍由外存記儘先拔補

雲貴總督林則徐等清單　辦理姚州軍務出力武職各員弁清單
道光二十八年十月二十三日

另有旨

雲貴總督林則徐等清單　辦理姚州軍務拏獲要犯文職各員清單

謹將辦理姚州軍務拏獲要犯文職各員繕具

清單恭呈

御覽

署楚雄府開化府知府寶俊

查該員前在雲緬軍營辦事出力曾蒙

恩賞加道銜上年八月姚州回匪滋事馳往督辦時

鶴麗鎮總兵音德布帶領弁兵來姚駐紮該

員綜理支應籌備周詳先後督獲凌遲斬梟

斬決絞決絞候軍徒要犯二百餘名犯既衆

多性尤狡黠該員率同委員晝夜研鞫悉得

確供均能無枉無縱擬請

賞戴花翎

署姚州知州委用知縣吳嘉思
該員由拔貢以知縣用分發來滇題署定遠
縣知縣丁憂起復歷署呈貢羅次富民姚州
等州縣篆務卓有政聲上年八月姚州回匪
肆行燒殺兇燄甚張因該員曾任姚州民情
愛戴委往查辦即令接署該員到州立將匪
衆解散脅從者盡心開導被難者設法撫綏
會營誘捦要犯搜捕匪徒先後首獲斬梟四
十一名斬決三十三名斬候二名絞決一名
絞候三十二名軍徒三十六名查辦不遺餘
力撫理亦甚得宜實為勞績最著該員本係
已補知縣兹起復委用輪補亦届到班請於

補缺後即以同知直隸州不論繁簡儘先補
用並請
賞戴花翎
楚雄縣知縣彭克偁
該員於姚州起事時即委令星馳前往彈壓
一面傳集紳士解散兇頑禁止燒殺事定趕
回本任會營堵緝先後首獲斬梟匪犯一名
斬決三名絞候一名擬軍三名該縣係附郭
首邑捦拏各犯二百餘名俱解赴該縣寄監
該員隨同本府晝夜熬審均能訊出實情實
屬奉公勤奮擬請
賞加同知銜仍交部議叙

通海縣知縣袁風清候補知縣王秀毓
該員等委令馳往姚州履勘漢回村寨查出
漢民被殺男婦八百五十名口被燒房屋三
千一百三十一間並分赴各山箐勘驗屍骸
將回匪燒殺情形訪查確鑿訊取供詞據實
造册詳報旋即委赴楚雄隨同該府研訊首

要數百名犯供均屬不辭勞瘁袁風清委署
大姚縣知縣復獲斬絞匪犯二名擬均請
賞加知州銜
奏陞迤南道雲南府知府桑春榮兼攝白鹽井提
舉楚雄府知府裴驄准陞景東廳同知昆明縣
知縣賈洪詔署賓川州知州李崢嶸廣通縣知

縣潘銘恩候補布政司經歷彭衍墀
該員桑春榮於委審姚州解省匪犯一百數
十名連日悉心研鞫均能確得實情不致狡
展延案審斷洵屬詳明裴驄委署麗江府尚
未到任路過姚州適值該處回匪滋事白井
近隸州屬札飭該員前往彈壓正回匪逞兇
燒殺之時雇練籌防鎮靜有法並督率各井
大使認真捕緝獲犯甚多井地不致騷擾商
竈得免墮煎誤課賈洪詔首獲斬梟要犯一
名李崢嶸首獲斬決要犯一名絞候一名潘
銘恩首獲斬決要犯二名絞候一名均能不
分畛域捕務宣勤彭衍墀在於楚雄隨同該

府審鞫多犯核實周詳亦屬不辭勞瘁擬俱
請交部從優議叙
試用通判沈傳經
奏陞寶寧縣知縣嚴鉷即補府經歷縣丞謝德淳
該員等前在彌渡永昌軍營出力已分别開
單請
獎此次又復捐貲購線沈傳經嚴鉷各首獲斬梟匪
犯三名謝德淳首獲斬梟匪犯二名斬決一
名均屬始終奮勉擬請交部議叙
捐加五品銜按察司經歷吳榮昌
奏請開復東川府巧家經歷顧壬濬
該員吳榮昌前在雲緬軍營出力頗著辛勤

曾蒙

恩儘先補用茲復捐貲購線首獲斬梟要犯二名擬

請以知縣補用顧壬濬前在彌渡永昌軍營

差遣出力奏懇

恩施茲又先後首獲斬梟匪犯一名斬決二名斬候

一名擬請俟補缺後以應陞之缺陞用

前代理鎮南州試用府經歷借補馬龍州吏目

劉祖崑前署白鹽井大使試用直隸州州判汪

梅前署安豐井大使試用直隸州州判閔譽振

該員等正值姚州滋事之時認真防堵設法

巡查劉祖崑首獲斬梟匪犯一名斬決二名

紋候二名汪梅首獲斬梟匪犯一名斬決二

名絞候二名軍徒五名閔譽振首獲斬梟斬
決匪犯各二名斬候一名絞候二名軍徒二
名均屬緝捕勤能劉祖崑擬請以應陞之缺
陞用汪梅閔譽振擬請儘先補用

鎮雄州吏目茹承志署姚州吏目南安州吏目
黄受祿

該員茹承志係卓異應陞人員兹復捐貲購
線拏獲斬梟匪犯一名斬決二名擬請開本
缺以府經歷縣丞即補黄受祿於收監要犯
數百名晝夜巡查毫無疎失又復飭差拏獲
斬梟匪犯二名斬決一名擬請以府經歷縣
丞補用此外尚有首先拏獲擬軍人犯二名

之署景東廳同知官昕擬流人犯一名之代
理雲南縣陸萬鵬擬遣人犯一名之署普洱
州判袁榕紋候人犯二名擬軍人犯三名之
姚州吏目董為霖署苴卻巡檢吳學曾均擬
請交部分别議叙

鶴麗鎮衙門書識李重典

查該書識跟隨總兵音德布前往行營辦理
文稿晝夜辛勤繕寫最為詳慎擬請以未入
流歸部儘先選用

另有旨

雲貴總督林則徐等奏摺　雲南石膏井續加溢課一項可否仍照各井舊章一律儘徵儘解

奏

二九

雲貴總督林則徐等奏摺　雲南石膏井續加溢課一項可否仍照各井舊章一律儘徵儘解

道光二十八年十月二十三日

雲貴總督臣林則徐
雲南巡撫臣程矞采跪

奏為石膏井續加溢課試辦有年竈力日形疲乏
請照各井章程儘徵儘解以歸核實而免墮銷
恭摺奏祈
聖鑒事竊查滇省鹽法向係分井煎鹽辦課各視行
銷之豐嗇定以煎鹽之多寡按數發給引票分
限銷徵如於年額外尚有盈餘即照關稅事例
儘徵儘解歷經
奏定章程惟井地衰旺靡常必須隨時酌核庶免
臨事周章茲查石膏井在山箐之中所產係屬
礦礁由井民自備工本報請開採共三十七戶
原歸普洱府知府經管於嘉慶年間定額歲徵

雲貴總督林則徐等奏摺 雲南石膏井續加溢課一項可否仍照各井舊章一律儘徵儘解 道光二十八年十月二十三日

課廉等銀九千五百三兩零嗣又撥補抱母井缺額及煎銷開化文山二府縣改食井鹽共課廉等銀六千五十七兩零後因該井出礦豐旺復議加溢課銀一萬八千兩計每年應徵正溢課銀共三萬三千五百六十兩零遞年徵解開支多寡靡定均經入册造報嗣於道光六年各路滯銷經前督撫臣奏委署迤南道林紹龍接辦填封私井其時石膏井出礦本豐銷鹽益暢遂飭令於額徵正溢課銀外加辦溢課銀四萬兩俟試行一二年後再為酌量情形辦理本屬勉强計該井每年共解正溢課銀七萬三千五百六十兩零遇閏照加是試辦溢課較之定額

不止增至一倍自道光七年試行後雖於奏銷
前催儹不遺餘力竈戶已屬難支迨至道光二
十四年該井竈民疲憊不堪同行赴省稟求展
限當經批飭不准而遞年徵解稽遲儹辦益加
竭蹶每逢奏銷期近該井民多方借墊負累難
償悉行變產作抵若不變通辦法勢必至正溢
全虧於公私兩難措手據鹽法道史致蕃會同
布政使趙光祖署迤南道黃中位詳請具
奏前來臣等伏查石膏井所出礦碪從前本極豐
旺近因開挖日久磚硐益深窩路愈遠竈民所
需工本費甚不貲且近處已乏柴薪買運倍增
價脚兼之碪塊夾雜土砂必須加工煎煉苦於

物力維艱並查該井產於極邊全賴後路思茅
宣慰司所屬之内五猛外八猛十三版納各土
司及前路之臨元等屬地方為該井行銷之路
近年外夷土井漸開漸多因例准其自煎自食
祇能杜夷鹽之私充内地不能禁各猛之不食
土鹽至臨安元江二府州自道光十五六年以
來時疫流行民居遷徙商販裹足不前以致存
倉者鍋鹽逐漸耗消挖礦者工本久經積壓辦
課全資借貸必致愈墮愈深竈户勢將歇業相
應據實奏
聞請將石膏井課銀每年除額徵正溢三萬三千五
百六十兩零照舊銷解毋許絲毫蒂欠外其續

加溢課一項可否仍照各井舊章一律儘徵儘解免致貽悞奏銷如蒙

聖恩准予變通即請自道光二十八年為始飭令遵照辦理固不准多為裁減亦毋任其稍有侵虧倘數年後竈力稍舒仍當體察情形量行加辦應由司道嚴飭該地方官於外夷邊界實力緝私毋令充入內地並即札飭迤南道督同普洱府認真稽查以杜弊端而肅鹺政再溢課一項除該井之外如黑鹽等井均有徵銀係留為報部聽撥及本省備充邊費之需若該井續加溢課稍為酌減於竈戶無虞畏累悞公而於經費亦不致過形支絀合併陳明臣等實為舒竈恤

商起見是否有當謹合詞恭摺具

奏伏乞

皇上聖鑒訓示謹

奏

戶部議奏

道光二十八年十月　二十三　日

雲貴總督林則徐等奏摺

上年十月至本年九月雲南各屬交代案内存銀俱已解清

二九 雲貴總督林則徐等奏摺 上年十月至本年九月雲南各屬交代案內存銀俱已解清

道光二十八年十月二十三日

雲貴總督臣林則徐
雲南巡撫臣程矞采 跪

奏為查明雲南各屬交代案內實存銀兩俱已完
解清楚循例開單具
奏仰祈
聖鑒事案准戶部議奏通行嗣後各省交代令將徵
存應解之款以初次限滿扣起勒限兩個月掃
數提解藩庫隨時專案報部逾限不完即將結
報之員參辦統於年終開單奏報一次明列交
代幾案每案有無徵存限滿有無欠解曾否參
辦一一註明等因又於奏咨本案內聲明嗣後
均以上年冬季起截至下年秋季底止按年奏
報奉部覆准在案茲值一年奏報之期除各屬

雲貴總督林則徐等奏摺 上年十月至本年九月雲南各屬交代案内存銀俱已解清 道光二十八年十月二十三日

交代册造經徵條丁等項錢糧俱係年清年款已於奏銷時入册收造外所有自道光二十七年十月初一日起至二十八年九月底止共咨辦過各屬交代七十四案内並無實存銀兩者二十三案其餘五十一案共計實存税契銀二萬二千七百五兩八錢零除從前清查並特參案内追辦銀一萬四千四百四十一兩四錢零另歸各案辦理外尚應存銀八千二百六十四兩三錢零俱經提解司庫先後入册報撥並無限滿未解銀兩據藩司趙光祖詳請具

奏前來除另造細册咨送户部查核外臣謹會同

督臣林則徐恭摺具

奏並繕清單敬呈

御覽伏乞

皇上聖鑒謹

奏

戶部知道清單併發

道光二十八年十月　二十三　日

雲貴總督林則徐等奏片　上年十月至本年九月雲南各屬交代各案均無限滿未解銀兩

再本年六月十九日欽奉

上諭各屬接收交代亦照山東省章程依限結報自本年為始每年統於歲終開單彙奏等因欽此臣等查滇省所屬經徵錢糧向係年清年款其商牲稅契等項亦俱按限提解入册報撥並無存留屬庫惟交代册造或因款目舛錯經上司駁查由後任轉移前任查明聲覆另行造册申報不免往返稽時尚無侵挪情事今查自上年十月初一日起至本年九月底止共咨辦過各屬交代七十四案均無限滿未解銀兩循例另摺

奏報外自九月以後各案交代現在上緊嚴催次第結報容俟截至歲底再行遵

雲貴總督林則徐等奏片　上年十月至本年九月雲南各屬交代各案均無限滿未解銀兩
道光二十八年十月二十三日

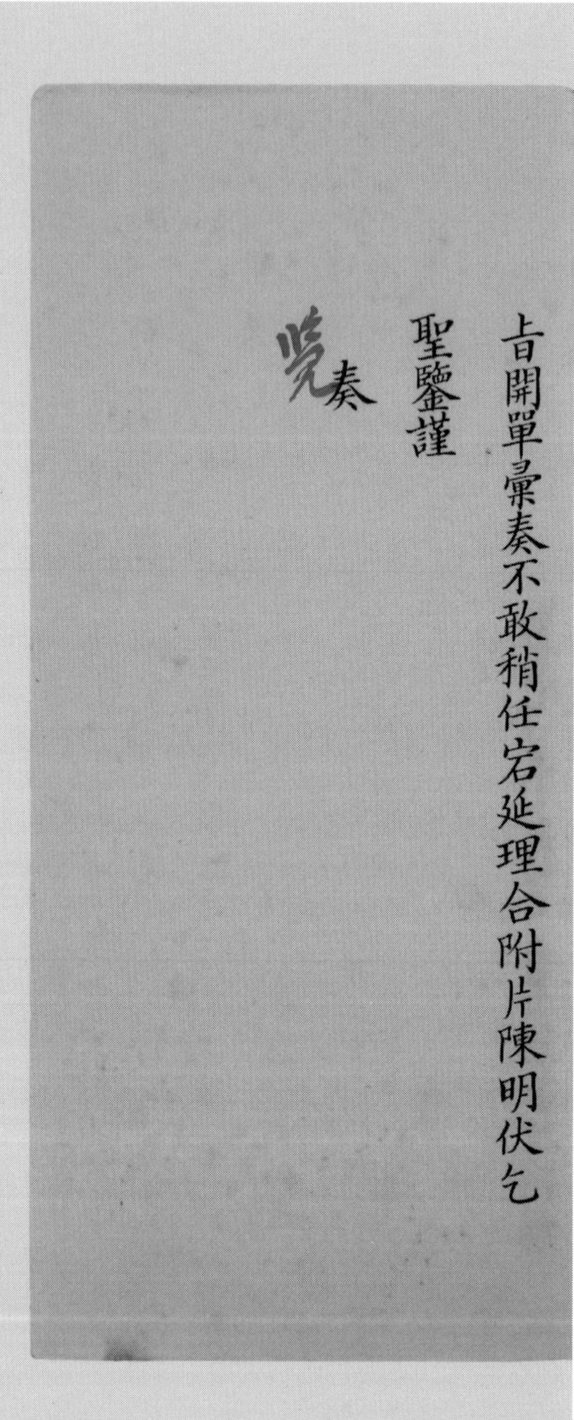
旨開單彙奏不敢稍任宕延理合附片陳明伏乞
聖鑒謹
奏
覧

上諭　著仍准朱德璲調補貴陽知府所遺黎平府缺以朱逢莘補授

道光二十八年十月二十四日内閣奉

上諭林則徐奮用遷奏首府要缺請仍准調補一摺貴州貴陽府知府著仍准以朱德燧調補所遺黎平府知府員缺即著以朱逢莘補授該部知道欽此

二九

雲貴總督林則徐等奏摺 辦理迤西善後添改營汛兵丁處所及籌辦經費情形

道光二十八年十月二十四日

雲貴總督林則徐等奏摺 **辦理迤西善後添改營汛兵丁處所及籌辦經費情形**

雲貴總督林則徐等奏摺　辦理迤西善後添改營汛兵丁處所及籌辦經費情形

道光二十八年十月二十四日

雲南巡撫臣程矞采
雲貴總督臣林則徐
雲南提督臣榮玉材　跪

奏為迤西甫就乂安地方實形遼濶擬於善後案內添移營汛兵丁及酌派換防處所將經費由外籌辦以聯聲勢而重巡防恭摺奏祈

聖鑒事竊照滇省之永昌順寧大理三府暨蒙化一廳並楚雄府所轄之姚州皆處迤西邊境山深箐密道阻且長雜處漢回易藏奸宄本年自春至夏先在彌渡用兵繼由保山永平遞及蒙化之大小圍埂終而辦至姚州皆籍所調大兵分投緝匪除勦殺不計外先後獲犯一千餘名均已分別訊明寘之於法經此一番懲創閭閻始能安枕商旅乃得通行惟地段綿延各營汛相

二九 雲貴總督林則徐等奏摺 辦理迤西善後添改營汛兵丁處所及籌辦經費情形

道光二十八年十月二十四日

距既遙卽有鞭長莫及之勢迨聞焚搶刦殺兵
至而賊已遠颺是以今夏軍務竣時雖將全師
凱撤而猶酌留兵弁分段駐防入秋以來仍陸
續報獲逸犯多名地方益臻靜謐惟各處情形
不一有須互相鈐制者自宜以客兵換防有須
永固藩籬者又宜以土兵駐守為久遠計不得
不相度要隘移汛添兵以期巡察周詳互相犄
角臣林則徐前在迤西駐劄時卽與臣榮玉材
率同迤西道王發越隨處查勘公同酌議迨回
省後復與臣程矞采暨在省司道節次籌商如
永昌地方最稱扼要在
國初原設永順鎮總兵統轄中左右三營迨後改

鎮為協祗畱左右二營左營兼中軍都司一員
右營守備一員均駐永昌府城内自城外至大
理府五百餘里路途險阻而實為來往通衢乃
僅有把總外委汛地並未駐有千總以上之武
職殊屬非宜今擬將永昌存城之右營守備一
員移駐緊要之永平縣城其自瀾滄江北岸之
杉木和汛直至東北大路之漾濞汛皆應歸於
右營管轄查永平原駐把總一弁帶兵三十四
名未免單薄今擬添募兵八十六名連原駐之
兵合共一百二十名駐劄永平以為永昌門戶
又永平轄之永定站亦係大路距城約及百里
為盜賊出没之所向未駐兵今擬添募兵五十

名撥一外委督巡作為永定汛又龍街距城一百二十里回民多而且悍向來亦未駐兵今擬添募兵四十名撥一外委管帶作為龍街汛又漾濞雖在蒙化廳界内而距廳城約二百里其汛地本係永昌右營所轄但向來僅以額外外委帶兵三十二名駐劄相近之柏木鋪而於漾濞上下兩街煙戶極多之處雖有巡檢分駐並無武弁專防殊不足以資巡緝今擬移撥永昌千總一弁添募兵八十名令其管帶駐守其柏木鋪原駐兵弁即作為漾濞汛協防統歸右營守備管轄又永昌左營之姚關汛壤接夷地距城一百六十里原設把總一弁駐兵六十名今

擬添募兵四十名共成一百名駐守要隘又舊乃汛距城四百五十里本係右營汛地今應改歸左營其原設代防外委一弁駐兵三十名在昔足敷防守今將保山回民安插於官乃山巳有二百餘戶而尚有回民續求赴彼居住者該山係舊乃汛所轄防範稽查更關緊要擬改撥把總一弁添募兵五十名以資彈壓又永昌坡距城一百八十里地形險要向只駐兵十二名今擬添募兵六十二名移把總一弁赴彼管帶以資防守至永昌協左右營汛地前因都守均在本城故分汛頗有錯雜今既將守備移駐永平應按各汛地勢分別改隸兩營如姚關舊乃

永昌坡蟒水枯柯河潞江猛岗戥子鋪猛賴栗
柴壩觀音山十一汛應歸左營都司管轄杉木
和竹魯凹燕子河北冲河灣永平城永定龍街
柏木鋪漾濞十汛應歸右營守備管轄此永昌
一帶添改備弁兵丁之情形也但永郡最為險
要者莫過於瀾滄江橋往年回子之燒橋上冬
哨匪之拆板皆謂此橋一斷官兵即不能渡江
以致匪類恃為負嵎之固查向來該橋一帶只
派兵丁八名輪巡固屬無益今即添營移汛若
僅守以本處兵丁仍恐其與哨匪勾通緩急究
難盡恃臣林則徐前於永昌閲兵摺内業經先
陳大概兹復公同商議似此咽喉之地宜以客

兵換防擬由提標派出千總一弁帶兵一百名駐劄瀾滄南岸之平坡該處踞險憑高四面皆堪瞭望以之守禦折衝自當倍形得力每屆半年調換一次俟接防者到彼准原駐者回營以均勞逸但客兵於地形未盡熟悉仍須主兵協同守望不任置若罔聞此後擬將江橋地方作為永昌左右兩營公汛如該處失事將永昌都守與派防之提標千總一體懲處以期各顧考成此又酌擬主客互防之原委也至順寧府地方南北相去七百餘里從前營伍原隸永順鎮標迨後改為順雲營以叅將一員管轄駐劄緬寧廳城内離順寧府城三百餘里而所轄之錫

腊等處接連夷地回匪每與夷眾勾結爲奸且距營既遥恐參將難於遠馭查龍陵協副將一缺雖處邊隅而地方現甚安静且龍陵距騰越鎮不遠該鎮總兵堪以隨時策應今擬將順雲營參將與龍陵協副將兩缺互相調换作爲順雲協副將龍陵營參將並龍陵中軍都司亦改爲順雲協中軍都司均移駐緬寧廳城將該協錢糧歸都司經管其順雲營左軍守備仍駐順寧府城右軍守備則須移駐錫腊查錫腊原只外委一弁帶兵十八名駐劄今情形大非昔比夷回均須防範兵力不可太單數年以來皆有留防弁兵三百名現擬以守備帶兵久駐其地

所需兵額酌定二百四十名除原駐兵十八名外尚應添兵二百二十二名又右甸一城介在永順兩府之間是以永昌協與順雲營皆有右甸汛名目然該處距順寧府城衹一百四十里而距永昌府城二百一十里今既於永昌坡添兵駐守則永昌協不必再立右甸汛之名自應歸於順雲專轄查右甸城毗連猛庭寨漢回雜處屢啓衅端原駐把總一弁帶兵四十三名為數本少近年多事之際添駐防兵每及數百名今匪類多已就擒仍須時加防範擬酌添守兵三十七名連原駐之四十三名共成八十名並添撥額外外委一名隨同把總管帶又阿魯史塘

亦係犬牙交錯處所原設塘兵五名不敷稽察今擬改塘為汛添兵三十五名應撥順雲營存城外委一弁管帶以上三汛共應添兵二百九十四名查順雲之兵分汛多而存城少龍陵之兵分汛少而存城多除右甸阿魯史二處所添兵數仍於順雲存城兵内改撥外所有錫臘應添兵數即於龍陵存城兵内改撥作為新設順雲協額兵不必另行招募千總以下各弁均不更動惟其中軍都司既改歸順雲協應將龍陵右營守備改為中軍守備並將左右兩營改為左右哨由該備督率兩哨千總經理營務此順寧一帶酌改營制之情形也至大理府為提督

駐劄之所復有城守一營似兵力已屬充足但
城守營汛地綿亘三縣四州而額兵僅七百餘
名逐日解犯護餉等差絡繹不絕勢難再行裁
撥其提標中左右三營之兵皆為徵調而設若
將標兵改汛殊與營制不符現查太和趙州交
界之下關商旅輻輳向無員弁駐劄亦屬非宜
今擬添募兵一百名撥大理城守營存城之右
哨千總一弁移赴下關駐防作為該千總汛地
其原設巡防上下兩關汛之右哨把總即令專
駐太和縣城毋庸兼管並另派左哨外委千總
前往上關駐劄以專責成又彌渡地方甫經戡
定原駐外委一弁帶兵四十名尚覺單薄今擬

添募兵四十名又紅崖一處亦匪類聚集之區向無駐劄弁兵今擬添募兵四十名撥城守左哨二司外委在紅崖駐劄巡防與趙州彌渡上下聯絡統歸大理城守都司管轄其餘各汛悉仍其舊此大理一帶移汛添兵之情形也又蒙化一廳最多回户而其汛地係景蒙營游擊管轄該游擊向駐景東廳城距蒙化廳城已有四百七十里而自蒙化廳至扼要之三勝站又七十餘里中間未設塘汛實恐疎虞今擬將景蒙營存城之右哨二司把總移駐三勝站由該營撥兵八十名隨同駐劄並巡查大小園埂及茅草哨等處以免空虛至楚雄原有楚姚鎮標自

裁鎮改協之後其分駐姚州者惟千總一弁帶兵六十七名除分布二十二塘計兵四十五名外存城者僅兵二十二名如上年該處漢回焚殺之事在城兵丁即不敷彈壓今擬添募兵五十三名連各塘共成一百二十名俾其防守城池巡緝附近匪類此又蒙化姚州二處改汛添兵之情形也以上所改協營汛地凡駐防各員弁均於存城内酌量移撥毋庸增添惟兵丁除撥抵外計應添募守兵六百四十一名無閏之年需餉銀七千六百九十二兩有閏加增銀六百四十一兩兵米每名每月例支三斗今擬槪以折色散放每月折銀三錢無閏之年需米折

銀二千三百七兩六錢有閏加增銀一百九十
二兩三錢但思
國家經費有常曷敢以添餉增兵復由部中於正
餉之外另籌撥款惟當於本省自行籌畫庶足
以資久遠而節度支查滇省鹽務課款中因銷
數暢旺於正溢課外尚有溢餘銀數萬兩道光
八年前督臣阮元奏請按年據實造報以一半
歸部報撥一半畱存本省以備邊費各項例不
准銷之款就此支銷奉
旨允准在案今因迤西漢回甫定邊地綿長移伍添
兵實善後中必不可緩之務合無仰懇
聖恩准於本省鹽課溢餘項下每年儘先動撥銀一

萬兩遇閏加增八百三十二兩九錢作為新添
兵餉米折之用此款開除之外尚應存溢餘若
干再照
奏定章程以一半歸部充公一半畱存本省邊費
每年估撥兵餉之時即先將增添餉銀米折數
目聲明扣除毋庸請撥以清款目至移駐都守
應蓋衙署及千把外委兵弁均須建蓋汛房經
費頗繁亦未便開銷款項現據大理府知府唐
惇培捐銀二千兩准升蒙化同知汪之旭捐銀
一萬兩騰越廳同知彭崧毓捐銀三千兩共銀
一萬五千兩堪以分撥估建如尚不敷再由臣
等另行籌給此項工程既係捐辦應

奏明請免造冊報銷至永昌江橋換防弁兵鹽菜
口糧每年約需銀一千五百兩並往返軍裝擡
費即由本省邊費內支放毋庸另籌如此一挹
注間於
帑項既可不糜而營伍堪資實用總期久安長治
以仰副
聖主整飭營伍綏靖邊陲之至意所有添募兵丁現
即豫飭各營汛先行認真挑募務擇其年力强
壯技藝可觀者方准應募由該管將備逐層考
驗報查不許以老弱一名充數俟奉
俞允後即於二十九年正月起一體到汛值防以免
拖前搭後其餘未盡事宜另容隨時確覈分别

奏咨辦理除將添改營汛處所另繕清單恭呈
御覽並分咨户兵兩部外謹將臣等會同籌辦緣由
合詞恭摺具
奏伏乞
皇上聖鑒飭部覈覆施行謹
奏

軍機大臣會同該部議奏
單併發

道光二十八年十月　二十四　日

雲貴總督林則徐等清單　迤西移改協營汛地添撥員弁兵丁酌派換防清單

謹將雲南迤西一帶移改協營汛地添撥員弁兵丁並酌派換防事宜開具清單恭呈

御覽

計開

永昌協添改事宜

一永平縣原駐把總一弁帶兵三十四名今擬將永昌右營守備一員移駐永平縣城並添募兵八十六名連把總原帶之兵共成一百二十名作為永平城汛

一永定站原未駐兵今擬添募兵五十名並移撥外委一弁督巡作為永定汛

一龍街原未駐兵今擬添募兵四十名並移撥

外委一弁管帶作為龍街汛

一漾濞本係永昌、營所轄向未駐兵今擬添募兵八十名移撥、總一弁管帶作為漾濞汛

一姚關汛原駐把總　弁帶兵六十名今擬添募兵四十名連原帶、兵共成一百名

一舊乃汛原駐代防外委帶兵三十名今擬改撥把總一弁並添募兵五十名以資彈壓

一永昌坡原駐兵十二名今擬移撥把總一弁並添募兵六十二名

一瀾滄江橋最為險要今擬由提標派千總一弁帶兵一百名駐劄南岸之平坡每屆半年一換仍作永昌兩營公汛

以上永昌協地方共移駐員弁六人添募
兵四百八名又換防兵一百名

順雲營添改事宜

一順雲營叅將擬改為順雲協副將即將龍陵
協副將改為龍陵營叅將其龍陵都司改為
順雲協中軍都司與副將同駐緬寕廳城經
管順雲協錢糧將龍陵右營守備改為中軍
守備左右兩營改為兩哨其順雲協守備以
下員弁移撥三處餘皆依舊所添汛兵即就
順雲龍陵二協營酌量改撥不必另募

一錫腊地方原駐外委一弁帶兵十八名今擬
移駐順雲右軍守備一員添撥龍陵兵二百

二十二名加入原带顺云之兵共成二百四
十名以资防守
一右甸汛原驻把总一弁带兵四十三名今拟
添移额外一名并改拨顺云协存城兵三十
七名前往驻防连原带之兵共成八十名
一阿鲁史塘原驻兵五名今拟添移外委一弁
并改拨顺云协存城兵三十五名前往驻防
连原带兵共成四十名
以上顺云龙陵互改协营计移驻员弁三
处改拨兵丁二百九十四名毋庸添募
大理城守暨景蒙楚雄协营添改事宜
一下关原未驻兵今拟添募兵一百名移拨大理

城守營千總一弁帶往駐防作為該千總汛地

一彌渡地方原駐外委一弁帶兵四十名今擬添募兵四十名連原駐之兵共成八十名

一紅崖原未駐兵今擬添募兵四十名移撥外委一弁帶往駐防

一蒙化三勝站原未駐兵今擬由景蒙營撥兵八十名移撥把總一弁帶往駐防作為該把總汛地

一楚雄協姚州汛原駐千總一弁帶兵六十七名今擬添募兵五十三名連原帶之兵共成一百二十名

以上五處應移千把外委各一弁應添募

兵二百三十三名

通計各協營汛共移撥十六員弁添募兵六百四十一名又換防千總一弁兵一百名

覽

雲貴總督林則徐等奏片

雲龍州抽撥弁兵添設汛防招募壯丁並應支月糧情形

奏 林則徐等片

再前因大理府屬之雲龍州自道光二十四年
边外傈僳野夷突入滋擾經該州文武詳請於州境
之三七地方派撥弁兵扼要堵禦由本省募捐
銀三千兩以資經費嗣察看該處情形防兵
竟不可撤因議改設汛地移駐把總一員添派
兵八十名方足長資保障當于大理城守營
存城把總內派撥一弁帶兵前往劄守所添
之兵先就本營裁撥二十名其餘鶴麗
鎮十名曲尋協十二名楚雄協九名武定營
七名尋霑營六名新嵩劍川兩營各八名共足
八十名之數即於原營裁減名糧歸雲龍州

雲貴總督林則徐等奏片 雲龍州抽撥弁兵添設汛防招募壯丁並應支月糧情形
道光二十八年十月二十四日

招募壯丁充補外額至該州原有駐防外委一
員並兵五十名仍舊駐箚州城作為協防弁兵額
並無增損該處業已建蓋兵房弁兵足敷棲
止不必另建衙署添設塘房以省糜費其應支
月糧即於雲龍州應征米折數內改為本色俾
支仍於減額各營內撥除改於其裁存兵房
照例估變解司報撥至減兵所遺軍裝器械
等項即除新添之兵分別欽用所有抽撥弁兵添設
汛防招募各緣由日期由司分款造冊詳咨聲
明歸入永昌善後事宜案內具
奏辦理除分冊咨送部聽候核覈外理合附片
陳明伏乞

二九

雲貴總督林則徐等奏片　雲龍州抽撥弁兵添設汛防招募壯丁並應支月糧情形

道光二十八年十月二十四日

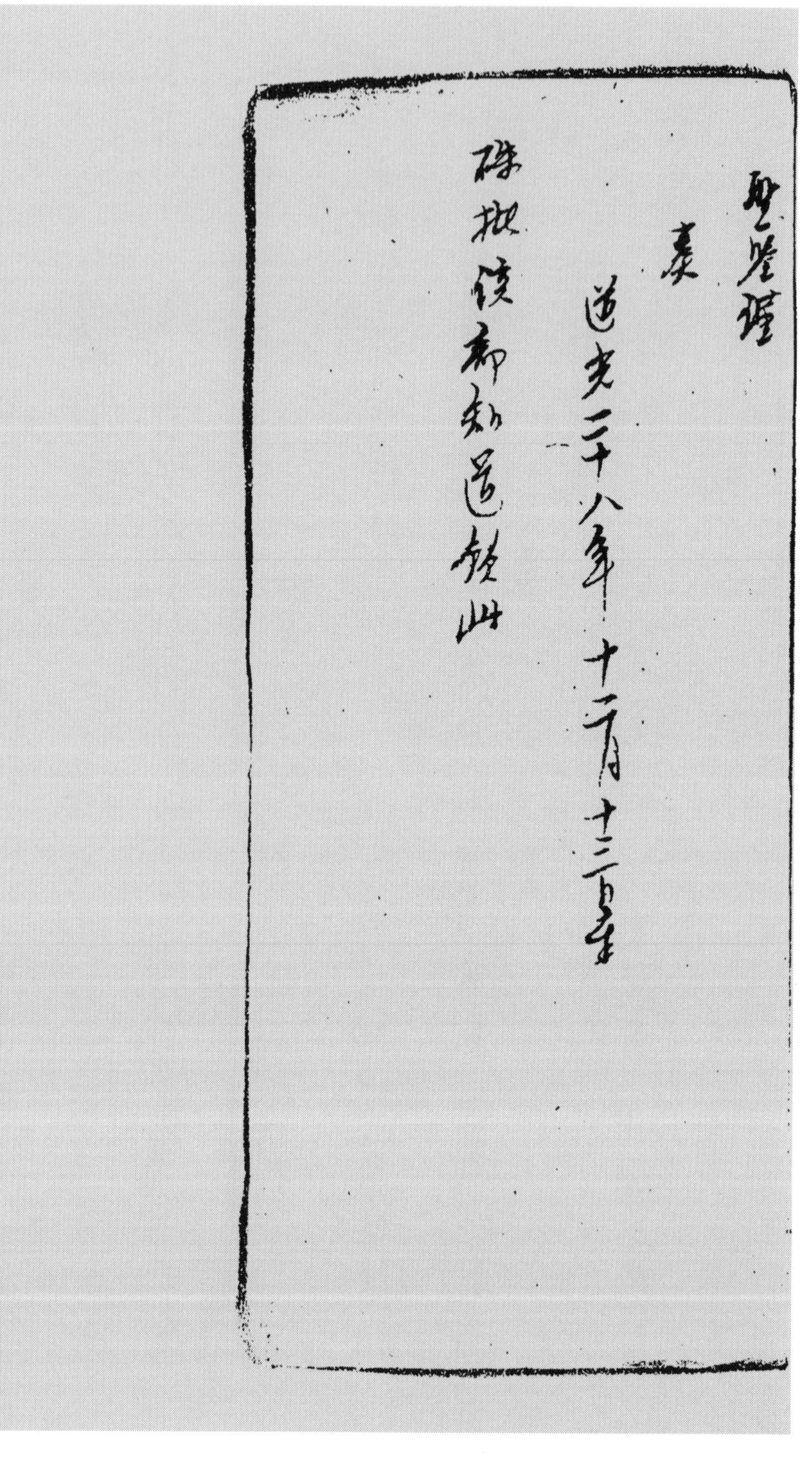

聖鑒謹

奏

道光二十八年十一月十三日奉

硃批該部知道欽此

雲貴總督林則徐等奏摺　續獲迤西滋事逸犯分別審擬並將重犯即行正法

二九

雲貴總督林則徐等奏摺　續獲迤西滋事逸犯分別審擬並將重犯即行正法

道光二十八年十月二十四日

雲貴總督臣林則徐
雲南巡撫臣程矞采跪

奏為迤西大兵撤後仍飭各屬文武搜拏匪徒續據報獲滋事逸犯多名審明分別定擬將重犯卽行正法邊圉益見肅清恭摺奏祈

聖鑒事竊臣等前將拏獲迤西一帶歷年滋事漢回匪犯一千一百餘名審擬分別懲辦先後繕摺

奏報在案並以距省窵遠之區解犯種種受累尤防匪黨中途劫奪易致疎虞而人犯之患病受傷者每因提解往來倖逃顯戮擬請將州縣拏獲此類積匪審明批解道府覆審定擬移司具詳臣等覈明情罪允當卽咨行附近提鎮恭請

王命就地正法俾資震懾而免稽延其尋常命盜各

案仍照例逐層勘審，不准援引辦理等情，附片具

奏在案。伏思滇省迤西之永昌、順寧兩府離省最遠，其次則大理、蒙化，亦相距十三四程。自二十五年漢回搆釁以來，焚殺搶擄，殆無虛歲，漢匪之不法，莫過於永昌七哨及順寧右甸地方，近自嚴辦以來，澆風甚形斂戢。回匪則雜居各屬，此拏彼竄，歷年勦捕未淨，皆恃各回寨均有土匪可以勾結窩藏。本年大振軍威之後，分飭地方官選擇公正紳耆作為甲長，漢回皆深知警悚，良莠各不能相容，聞有匪類逃回，即指引兵役圍拏，故逸犯較易弋獲。且大兵撤後，復於各處要隘酌留防兵，以資搜捕。計此數月之内，節

據護順雲營叅將巴揚阿順寗縣知縣楊覲署
經歷周子彬禀報查拏右甸地方詟殺回民多
命已經正法之范小黑餘黨獲到李小苟等四
名又范小黑之姪范琨一名於被拏時畏罪服
毒自盡復查拏已經殲斃之張富餘黨獲到姚
升潰等八名並格殺龍阿老一名又據永昌府
知府張亮基報獲張富之胞弟張二張小老二
名又據大理府知府唐惇培督同署太和縣知
縣熊家彥會營拏獲歷年為張富等主謀滋事
傳寫揭帖書信糾眾斂錢之朱煥章及逸犯馬
玉華等共九名又酉防永平之署游擊陳得功
會同署永平縣知縣沈保恒率領營弁派帶兵

役先後報獲馬豹子矢等四十六名又署彌渡通判俞良傑會同都司楊遵守備陳章府經歷張樹種先後報獲楊四得卜等十五名又署蒙化同知張錦景蒙營游擊懷唐阿報獲馬克提六等九名内馬克提六一名拒捕被格身死又署賓川州李崢嶸報獲魏老五等五名又署雲龍州知州沈承恩率同吏目章德生拏獲馬定九等二名又署雲州胡道驥會營拏獲馬明興等二名又署龍陵同知汪之旭拏獲馬聯法一名以上所拏漢回各匪内除范琨龍阿老馬克提六三名當時格殺服毒身死外計實獲人犯一百二名均據該廳州縣等訊供稟送當經臣

二九

雲貴總督林則徐等奏摺 續獲迤西滋事逸犯分別審擬並將重犯即行正法 道光二十八年十月二十四日

等批令解交該管之永昌順寧大理等府覆審解道由迤西道王發越先後按名提勘明確分別定擬移司茲據臬司普泰覈詳請

奏前來臣等覆加查覈内李小苟朱小二杜小六彭小科四犯係聽從已正法之范小黑與張小沅李廷玉李九舟嚴萃濚孫幅沅等藉團練為名糾衆前赴右甸街及猛庭寨搶劫圖利李小苟殺斃回民十七命内有兩家皆係一母懷抱兩子均屬一家三命朱小二殺斃回民九命内二命係屬一家杜小六殺斃回民二命彭小科殺斃回民一命嗣首犯范小黑被獲解官該匪等又復糾衆打奪杜小六彭小科各拒斃練勇

一命又回匪朱煥章係太和縣已革生員道光二十五年永昌漢回互相仇殺經已殲斃之首匪張富黄巴巴等邀該犯入夥主謀該犯寫造揭帖以各處回民皆係一類斷不能任漢人欺凌須糾衆同赴永昌報仇等情於沿途回莊粘貼並多寫書信徧邀各處回教令其助力助財代為報復若得永昌回産加倍酬償等語且計官兵勦捕必由永順兩府之瀾滄江橋經過主令各回匪將橋梁燒燬即可抗拒官兵此朱煥章代張富等主謀糾衆滋事之情形也其姚升潰等犯或與張富黄巴巴等素相熟識或經回子糾邀希圖報復洩忿焚搶獲利紛紛往應於

二十五六等年疊赴枯柯河丙麻營小松寨飛石口蓮花寺官坡大力哨烏鴉河猛庭寨雲州等處隨同滋事抗官殺傷弁兵練勇焚搶村寨致斃平人並强姦擄搶婦女靡惡不為内姚升潰一犯殺斃兵練六命婦女一命馬八事馬七二馬豹子矢馬阿七張小老五犯各斃五命姚小發馬老三馬玉美三犯各斃四命馬玉華楊四得卜李阿老馬白老四馬六八馬盛有陳起法馬老二魏老五何學名施罄潰十一犯各斃三命黄五九馬來保易占熊馬幅木老四何正揚馬阿六馬四沅馬二衣廢馬雙沅馬三吴阿揚楊泳發楊老十馬阿老頭馬成馬小羊頭馬

五四徐開汰十九犯各斃二命馬明興馬毛三張四馬小五馬喜馬五代李三隴馬成美馬歪認馬三沅馬陳典六楊幅馬蔚馬揚名馬雙六雲五九馬老廣閑馬洪馬聯法馬八六馬阿三馬定九麻雙喜馬潰麻小真保馬六斤伍四馬幗成張萬才馬幗滐楊長生三十一犯各斃一命馬連升等二十七犯於二十六年出外尋工遇著黄巴巴張富等或被逼脅或受雇資往來永昌順寧代其燒火煮飯挑送器械看守行李打仗時未經動手惟搶得財物各有分贓以上各犯情節叠經縣府審解由道勘轉並經臬司覈詳似無遁飾查律載凡殺一家非死罪三人

者凌遲處死財產斷付死者之家妻子流二千里又例載殺一家非死罪二人者擬斬立決梟示酌斷財產一半給被殺之家養贍又律載凡謀叛但共謀者不分首從皆斬又例載强盜殺人俱斬決梟示各等語此案李小苟殺斃回民十七命内有兩家均屬母子三命應照殺一家非死罪三人律凌遲處死朱小二殺斃回民九命内有一家二命應照例擬斬立決梟示該二犯有無妻子財產飭查照例辦理杜小六彭小科二犯因搶劫村寨各殺斃回民一二命又奪犯拒捕各斃練勇一命均應照强盜殺人例擬斬立決梟示朱煥章主謀寫造揭帖書信糾約

回眾報仇滋事即屬謀叛已行應與拒敵官兵
各殺斃兵練民人一命至七命之姚升潰馬八
事馬七二馬豹子矢馬阿七張小老姚小發馬
老三馬玉美馬玉華楊四得卜李阿老馬白老
四馬六八馬盛有陳起法馬老二魏老五何學
名施馨潰黃五九馬來保易占熊馬幅木老四
何正揚馬阿六馬四沅馬二衣麼馬雙沅馬三
吳阿揚楊泳發楊老十馬阿老頭馬成馬小羊
頭馬五四徐開汰馬明興馬毛三張四馬小五
馬喜馬五代李三龍馬成美卽黃腊馬歪認馬
三沅馬陳典六楊幅馬蔚馬揚名馬雙六雲五
九馬老廣閑馬洪馬聯法馬八六馬阿三馬定

九麻雙喜馬潰麻小真保馬六斤伍四馬幗成
張萬才馬幗滐楊長生共七十一犯均照謀叛
律擬斬立決加以梟示案係比照問擬應免緣
坐內朱煥章魏老五馬蔚馬定九麻雙喜楊長
生六犯帶病解審在途在監病故應與服毒格
殺之范琨龍阿老馬克提六均照例戮屍馬連
升馬白九馬長受楊阿三馬城每張二馬非馬
才保李四隴馬源馬啞叭沅馬成功楊沅潰馬
阿四穆玉才沈阿宜陳覲保楊順發馬罄沅馬
五十六黃阿五馬七一馬阿有馬阿裹馬阿沅
馬阿世馬阿培等二十七名或被脅看守行李
或受雇帮挑器械並未隨同抗拒官兵殺傷兵

練民人應於朱煥章等斬罪上量減一等擬發
新疆給官兵為奴內陳觀保楊順發馬阿沅三
犯在監病故應毋庸議現犯照例刺字發遣以
上漢回各犯除已斃外現犯應凌遲者一名斬
梟者六十八名發遣者二十四名因為數眾多
程途又極窵遠若概令解省審辦易致疎虞茲
經臣等查照前督臣李星沅原辦緬雲軍務就
地正法之案於覈明後咨會提臣榮玉材會同
迤西道王發越將罪應凌遲斬梟之犯恭請
王命即行正法傳首犯事地方懸竿示眾遣犯分寄
迤西各監聽候部覆到日請咨起解至罪應斬
梟之朱煥章等六犯擬遣之陳觀保等三犯帶

病在途在監病故監斃職名請免查取仍飭該
地方文武隨時嚴緝逸匪務獲懲辦總使根株
淨絶以靖地方除另繕犯名事由清單恭呈
御覽並將各供暨獲犯職名咨部外所有審明續獲
迤西漢回匪犯分别定擬將重犯先行就地正
法緣由謹合詞繕摺具
奏伏乞
皇上聖鑒敕部覈覆施行謹
奏
刑部議奏單併發

道光二十八年十月 二十四 日

雲貴總督林則徐等清單　續獲迤西逸犯清單

道光二十八年十月二十四日

續獲迤西匪犯清單

謹將迤西續獲漢回匪犯一百二名分别罪名
開具簡明事由清單恭呈
御覽
計開
凌遲匪犯一名
李小苟聽從已正法之范小黑劫掠右甸猛庭寨殺斃回民十七命內有兩家均係母子三命
斬梟匪犯七十四名
朱小二聽從已正法之范小黑劫掠右甸猛庭寨殺斃回民九命內二命係一家
杜小六　彭小科均聽從劫掠村寨各殺斃回民一二命復聽從在途奪犯各斃練丁一命
朱煥章代已斃回匪張富主謀寫造揭帖書信糾眾赴永昌緬雲燒燬江橋抗拒官兵
姚升潰在永昌緬雲等處抗拒官兵殺斃兵練六命婦女一命焚搶得贓
馬八事在飛石口官坡大力哨等處抗拒官兵殺斃兵練各一命漢民男婦三人

馬七二 在猛庭抗拒官兵殺斃練勇三命隨同燒搶殺死漢民二人

馬豹子夭 在飛石口官坡等處抗拒官兵殺死練勇四命漢民一人

馬阿七 在飛石口等處抗拒官兵復隨同燒搶殺斃漢民男婦五命

張小老 隨同該犯胞兄張富在永昌緬雲等處抗拒官兵殺斃練勇五命

姚小發 在永昌緬雲等處抗拒官兵殺斃兵練三命復隨同燒搶殺死漢民一人

馬老三 在枯柯河丙麻小松寨等處抗拒官兵殺斃練勇四命復隨同燒搶分贓

馬玉美 在飛石口官坡猛庭等處抗拒官兵並焚村寨殺斃練勇二命及婦女幼孩各一人

馬玉華 在大力哨猛庭等處抗拒官兵殺斃練勇三命

楊四得卜　李阿老 在飛石口官坡大力哨等處抗拒官兵各斃練勇三命

馬白老四 在飛石口官坡大力哨等處抗拒官兵殺斃練勇二命復隨同燒搶殺死婦女一人

馬六八　馬盛有 均在大力哨烏鴉河等處抗拒官兵各斃練勇三命馬六八復隨同燒搶村寨

陳起法　馬老三　魏老五均在大力哨抗拒官兵各斃練勇三命陳起法復隨同燒搶村寨

何學名　施罄潰均在大力哨抗拒官兵復隨同燒搶村寨各殺漢民三命

黃五九在飛石口烏鴉河抗拒官兵殺斃練勇二命

馬來保在飛石口大力哨抗拒官兵復隨同燒搶村寨殺斃幼孩二命

易占熊在枯柯河大力哨抗拒官兵殺斃練勇二命

馬　幅在大力哨烏鴉河抗拒官兵殺斃練勇二人

木老四在飛石口官坡等處抗拒官兵殺斃練勇漢民各一命復隨同燒搶村寨强姦婦女已成

何正揚在永昌緬雲抗拒官兵殺斃練勇二命復隨同燒搶村寨

馬阿六　馬四沅　馬二衣麽均在猛庭抗拒官兵馬阿六馬四沅各殺練勇二人馬二衣麽殺死練勇一人復與馬阿六燒搶致斃漢民一命

馬雙沅　馬　三　吳阿揚均在烏鴉河抗拒官兵馬雙沅馬三

各殺練勇二人吴阿揚隨
同燒搶殺斃漢民二命
楊泳發　楊老十　馬阿老頭　馬　成均在大力哨抗
拒官兵楊泳發楊老十馬阿老頭各殺
練勇二人馬成殺斃練勇漢民各一人
楊老十馬阿老頭
復隨同燒搶村寨
馬小羊頭　馬五四均在飛石口抗拒官兵馬小
羊頭殺斃練勇二命馬五四
殺死練勇一人復隨同燒
搶村寨致斃婦女一人
徐開汰　馬明興均在永昌雲州抗拒官兵徐
開汰殺傷各二人馬明興殺
死練勇一命
戳傷二人
馬毛三在官坡大力哨猛庭抗拒官兵復隨同
燒搶村寨致斃漢民一命强姦婦女已成
張四　馬小五　馬喜　馬五代　李三龍均在
烏鴉河抗拒官兵各斃練勇一命
馬喜馬五代復隨同燒搶村寨
馬成美即黄腊　馬歪認　馬三沅　馬陳興

楊幅　馬蔚均在大力哨抗拒官兵各斃練勇一命馬歪認馬三沅馬陳典六復隨同燒搶村寨

馬揚名　馬雙六　雲五九　馬老廣閑　馬洪

馬聯法均在猛庭抗拒官兵各斃練勇一命馬雙六馬老廣閑馬聯法復隨同燒搶村寨

馬八六　馬阿三　馬定九　麻雙喜　馬潰

麻小真保均在枯柯河抗拒官兵各斃練勇一命馬八六馬定九馬潰復隨同燒搶村寨

馬六斤　伍四　馬幗成　張萬才　馬幗濚

均在飛石口抗拒官兵復隨同燒搶村寨馬六斤殺死幼女一人伍四等各殺漢民一命

楊長生在枯柯河大力哨等處抗拒官兵殺死練勇一人

發遣新疆人犯二十七名

馬連升　馬白九　馬長受　楊阿三　馬城

每　張二　馬非　馬才保　李四隴　馬源

馬啞叭沅　馬成功　楊沅潰　馬阿四　穆玉
才　沈阿宜　陳覩保　楊順發　馬馨沅
馬五十六　黃阿五　馬七一　馬阿有　馬阿
裹　馬阿沅　馬阿世　馬阿培
以上各犯俱係被脅受雇服役分贓並無隨
同抗拒官兵殺傷人命

覽

雲貴總督林則徐奏摺 **審擬降調知縣廣和京控案大概情形請旨將其先行革職**

二九 雲貴總督林則徐奏摺 審擬降調知縣廣和京控案大概情形請旨將其先行革職 道光二十八年十月二十四日

雲貴總督臣林則徐跪

奏為降調知縣列款京控審有大概情形仍復恃符狡展報病拖延請

旨先行革職並將所控結盟之職員斥革以便提同案內人證嚴行審訊事竊照刑部咨據前任雲南富民縣知縣降補府經歷縣丞廣和以庇匪妄參等情赴都察院具控訊供覆奏一案道光二十八年六月初九日奉

上諭刑部奏降補知縣列款訐控一案請飭交審辦等語此案前任雲南知縣降補府經歷縣丞廣和呈控該管上司各款當交刑部訊明有無實據據

奏該參員多不能指實惟證佐俱未在京是否挾

嫌捏告抑或該省藩司等實有辦事不公及虧短
帑項等情虛實均應澈底根究著交林則徐親提
人證卷宗秉公查辦該督經朕簡畀封圻素所信
任諒不敢因呈詞稍涉牽連意存迴護且該參員
呈控各款多係該督到任以前之事既無所用其
引嫌更不必代人受過著即將呈內各情逐款秉
公研鞫據實查明定擬具奏原告廣和著該部照
例解往備質該參員原呈十件又刑部摺片二件
一併遞發欽此旋於十月初九日准兵部將該參
員廣和遞解到滇臣以此案控關重大人證衆
多在省司道府縣各員多被牽涉未便委審當
經札調上年來滇向不在省駐劄之迤東道潘

雲貴總督林則徐奏摺　審擬降調知縣廣和京控案大概情形請旨將其先行革職　道光二十八年十月二十四日

揩解運京銅甫經回滇銷差之順寧府知府嚴
廷玨來臣署中居住嚴密關防隨同覈卷查訊
俾該參員無所藉口一面飛提案內人證卷宗
至省分別干已不干已各條逐款推究查上年
雲南撫臣程矞采以該員廣和任性偏執聽斷
失平入於甄別案內參奏奉
旨富民縣知縣廣和著以府經歷縣丞降補歸部選
用等因欽此茲廣和京控呈內則以庇匪妄參為
詞緣其在富民縣任内有訪拏捐職劉元吉等
燒香結盟一案旋被該縣拔貢周於德武舉張
正榮等以縣書張介幅糾同楊運昌朦官害民
等情先後聯名赴府具控批發昆明縣訊係該

縣書等挾嫌誣稟屬實各上司遂皆有所見聞
維時調任督臣李星沅在滇即將廣和撤任旋
因卸事未及查辦撫臣程矞采到後訪查吏治
奏參甄別並不由兩司具詳此次廣和京控呈詞
共計十件内五件皆以訪獲燒香匪犯審虛被
參指控司道府縣揑詳縱匪是此案列砌多款
雖皆應行查訊而其緊要關鍵首以原拏燒香
之虛實定上司參劾之公私即該員之是否故
勘平人誣揭上司均應從此確切根究臣自十
月十一日起督同該道府傳提廣和到堂詰其
訪聞燒香原案訪自何處聞自何人曾否起獲
名單有無揷血焚表證據該參員不能確指只

求訊問衆人如虛認罪當將原呈所稱燒香三案年少居首之職員劉元吉提到研訊據供伊係富民縣人報捐州同職銜道光二十四年春間憑素識書吏張介幅引薦拜在廣和門下認為師生往來不記次數嗣因便衣進署被斥張介幅復從中挑唆說伊捐納頂戴比廣和還大廣和因此有氣是年臘月廣和生日伊送禮不收亦不准見面二十六年八月伊被段連甲揑控賭博經廣和傳署押在禮房一夜張介幅與書役楊運昌李濬等向伊索去銀三百兩伊心懷不甘曾欲上控時有拔貢周於德亦因其弟周於智曾被廣和濫刑勒罰均各不平揚言要

將書差控告眾人皆知十二月底伊照鄉俗宰殺年猪請客數棹旋於二十七年正月與周於德等先後有事赴省不料張介幅等疑係上控回明本官揑指伊與周於德等燒香結盟出票嚴拏並將伊家工人及平日與伊往來文武生員人等拏至縣署跴槓逼認燒香周於德等因被拏情廹纔列款訴府等語查張介幅業於上年控案提省集訊供認挾嫌誣稟妄拏屬實當照誣告人死罪未決例加等擬軍於審明後在監病故楊運昌聽從張介幅誣稟量減擬流均經臬司普泰詳由撫臣程矞采咨部覈覆在案現提楊運昌到案訊據供認前因張介幅聞知

劉元吉等紛紛赴省疑係聯名上控張介幅起意邀伊向廣和告知慫令查拏燒香嚇以重情欲令劉元吉等畏避攬散以免上控那知廣和性急即時拏人用刑逼認及至周於德等控府提省廣和復將劉元吉家工人鄒僎提到刑逼誣指結拜次序令伊做成此案卷宗二本作為把握實在劉元吉等並無燒香拜會衆所共知伊既犯罪不敢再行誣指願具切結呈案並與書役李濬等同供先因段連甲控賭一案曾向劉元吉索賍分用屬實至廣和平日遇案勒罰紳民皆相抱怨伊等原知劉元吉拜廣和為師嗣後因何拒絕不知緣故各等情當即飭據現

署富民縣楊挺蕙檢查廣和在任違例斷罰各
案銀錢數目具文呈報復據該縣紳民呈出廣
和當堂自寫罰單並起獲該參員親筆寫送劉
元吉扇對俱落師生雙款質之廣和始認平日
隨案罰錢係為修理城樓等工之用其於劉元
吉拜門一層已自認收作門生不久即又逐出
究竟先前因何拜認師生寫給扇對後來因何
嫌隙將其拒絕又因何誣拏燒香拜會各情俱
尚未肯供吐查廣和歷敘訪拏會匪之案似本
不知縣境有劉元吉其人迨集訊眾供並起獲
扇對始知早於二十四年春間與伊拜認師生
往來甚密迨不准見面之後遂有賭博控案將

其押在禮房任役索詐未幾復有訪拏拜會之
事情形本極可疑且各衙門審辦案件一案只
有一卷何以此案獨有兩卷大略相同其卷首
均有呈報劉元吉等結盟之稟俱係鄉保劉嘉
德出名亦堪詫異當將劉嘉德提到訊以果否
由伊稟首並因何連具兩稟據供伊本係富民
縣衙役因與劉元吉同村居住曾經輪當鄉保
二十七年二月奉廣縣主傳至署中問其保內
有劉元吉家燒香結盟之事何得不報伊回稱
並無其事且現已不充鄉保等語卽被縣主掌
責數十並打落牙齒一個要伊寫具報呈伊不
得已始托代書楊時若代寫將縣主所拏之十

餘人悉行列入當時被迫只具過此一稟其另卷内稟單非伊所具等語詰據廣和自認帶京一卷係為預備直揭部科憑據另備送省一卷係令楊運昌僱人照抄一分其鄉保畫押係該參員照樣代描至案内人證本經管押在署另錄一供亦令打印手摹是以一樣兩分等語質之楊運昌楊時若供亦相符並據縣差李潤供稱廣縣主叫伊承認與劉元吉等一同燒香許賞錢二十千文並賞充總役伊不敢妄行扳認致被跪鍊踹槓楊運昌寫就供單一紙硬將伊手掌摹印等情此連日所訊廣和與劉元吉先認師生後又訪作會首之大概情形也其餘不

干已各款忽而認誣忽稱有據忽又自謂心緒不清記憶不確臣詰以如果心緒不清安能自作十呈且一呈即列多款須將如何起意京控及呈内各款有何憑據據實供出該叅員一味閃爍指東畫西覈其情詞顯因誣挐燒香原案現已敗露真情故為此狡獪支飾之計且劉元吉被控賭博書役索贓已有三百兩之多難保該叅員並無得贓枉斷情事但事涉陰私劉元吉所供仍恐尚多藏掩查廣和京控第四呈自稱其門丁王貴公正無私是王貴自係廣和最所信任茲訪知該門丁現在滇省威遠廳地方業已專札密挐解省以憑切實追究而案内投

到之富民縣紳民書役約保人等不下五十名
眾供已俱脗合且紛紛遞具訴呈前來不能不
提廣和質對詎該叅員忽稱頭暈病發懇求緩
審當即派員查看果有病容准令暫行回寓撥
醫診視旋據看守廣和之委員署雲南府同知
長春等禀據醫生診得該叅員係因肝火太旺
濕痰壅滯感受風邪發狂亂語並將自帶跟役
踢打數次現經疊服平肝化痰之藥始稍安靜
惟查該叅員人本狡猾雖此時尚非揑病而痊
愈之後一經提質仍必遁飾支吾現既審有大
概情形未便任其恃符狡展致令全案拖累多
人久延時日相應請

旨將前任雲南富民縣知縣降調府經歷縣丞廣和
先行革職並將捐納州同職銜劉元吉即劉長
春一併斥革以便提同案內人證嚴行審訊務
期水落石出以成信讞至該叅員第十呈內臚
列不干己事三十六款內惟控告藩司趙光祖
虧短庫銀一百餘萬兩京銅五百餘萬觔又慫
恿臣改期緩兵等事尤為情節重大查滇省藩
庫銅銀款目業經臣與撫臣於上年八月清查
案內追溯嘉慶九年以來銅銀借墊存虧情形
據實奏明追補並非該藩司侵虧掩飾本年迆
西軍務經臣親帶重兵前往剿辦完竣迭次奏
聞均在

雲貴總督林則徐奏摺　審擬降調知縣廣和京控案大概情形請旨將其先行革職　道光二十八年十月二十四日

聖明洞鑒之中本毋庸辯但既經列控容俟將來審
定再行分晰縷陳斷不敢因呈詞稍涉牽連意
存廻護更不敢欺心自蹈瞻徇代人受過除飭
醫調治廣和務痊勒拏門丁王貴務獲原呈内
尚有應查者催令各屬趕緊查覆現到人證尚
有應訊者一面再行研訊外所有現審大概情
形及原告報病先請革審緣由理合恭摺具
奏伏候
皇上聖鑒訓示謹
奏

另有旨

道光二十八年十月　二十四　日

雲貴總督林則徐奏摺

請仍以黔西營遊擊馬善寶陞補貴州撫標中軍參將

奏

二九

雲貴總督林則徐奏摺 請仍以黔西營遊擊馬善寶陞補貴州撫標中軍參將

道光二十八年十月二十四日

雲貴總督臣林則徐跪

奏為揀員升補參將要缺恭懇

聖恩俯准補授以裨營伍事竊照貴州撫標中軍參將員缺前准部咨係題補之缺輪用應升應補人員題補經臣於本年正月間將貴州黔西營游擊馬善寶題請升補在案茲准部咨撫標中軍參將於道光二十七年八月初一日出缺游擊馬善寶扣至二十七年十一月二十四日始行俸滿係缺出在先俸滿在後所請將該員升補之處應毋庸議其撫標中軍參將員缺仍令另揀合例人員題補等因到臣查貴州撫標中軍參將員缺地屬省會為各營領袖一切訓練

二九 雲貴總督林則徐奏摺 請仍以黔西營遊擊馬善寶陞補貴州撫標中軍參將 道光二十八年十月二十四日

巡查較外營倍加繁重非年壯才明之員不足以資整飭黔省現無候補參將人員其額設游擊内雖有歷俸已滿之員而於省會參將要缺均不相宜未便稍涉遷就惟查有黔西營游擊馬善寶年四十七歲直隸定州人由武進士選補浙江嚴州協守備升補山西懷仁城都司推升今職該員勤明樸直訓練認真現署撫標中軍參將辦理裕如以之升補斯缺洵堪勝任惟查貴州撫標中軍參將於道光二十七年八月出缺維時游擊馬善寶歷俸尚短三個月有零未經扣滿係屬俸滿在後出缺在前與例稍有未符但該游擊自上年十一月俸滿之後迄今

又將一載與資輕俸淺者不同且人地實在相
需例得專摺
奏請合無仰懇
天恩俯念員缺緊要准仍以黔西營游擊馬善寶升
補撫標中軍叅將實於營伍地方均有裨益如蒙
俞允俟部覆至日照例送部引
見所有請補要缺叅將緣由謹會同貴州撫臣喬用
遷署提臣秦鍾英合詞具
奏伏乞
皇上聖鑒訓示謹
奏
另有旨

道光二十八年十月 二十四 日

雲貴總督林則徐奏片　**請以揀發候補副將色克精阿補授貴州都匀協副將**

再臣接准部洛貴州都匀協副將德恆病故遺缺係題補之缺應輪用豫保人員該省現無豫保其揀發人員尚未洛報到標行令於現任應升人員内揀選題補等因到臣查黔省額設叅將七員或准補甫經接劄或題補未准部覆或候部輪扣缺次虛懸未補並無一員合例應升

又查此缺本應輪用豫保人員豫保無人卽應輪用揀發現有揀發之候補副將色克精阿已於本年八月二十一日到黔查該員現年四十一歲係由鑾儀衛整儀尉洊升冠軍使歷俸十五年現在年力正强已委署理遵義協副將惟都匀協副將缺出係在該員尚未到標以前於

請補定例稍有未符但現在别無可補之員可
否仰懇
聖恩即以色克精阿補授都勻協副將抑或
敕部照例開單另行請
旨簡放之處臣未敢擅便理合會同撫臣喬用遷署
提臣秦鍾英附片具
奏伏乞
聖鑒訓示謹
奏

該部照例辦理

雲貴總督林則徐奏片　請以揀發候補副將色克精阿補授貴州都勻協副將
道光二十八年十月二十四日

雲貴總督林則徐奏片　請俟新任提督到黔再令暫署之安義鎮總兵秦鍾英進京陛見

道光二十八年十月二十四日

雲貴總督林則徐奏片　請俟新任提督到黔再令暫署之安義鎮總兵秦鍾英進京陛見

再貴州提督出缺業經臣於九月十一日由驛
奏報並將安義鎮總兵秦鍾英委署提篆緣由陳
明在案茲准該署提督秦鍾英咨呈先於安義
鎮任内恭摺奏請
陛見現於十月初四日奉到
硃批著來見欽此應否即行遵
旨起身之處請示前來臣思該鎮現署提督若改委
署理既多一番更動且恐一時揀委乏員計臣
前摺到京所有貴州提督員缺定已仰蒙
簡放似不久即可到黔秦鍾英可否俟新任提督到
時再行交卸起程進京
陛見臣未敢擅便理合附片具

雲貴總督林則徐奏片　請俟新任提督到黔再令暫署之安義鎮總兵秦鍾英進京陛見

道光二十八年十月二十四日

奏伏乞

聖鑒訓示謹

奏

[朱批]是

二九

雲貴總督林則徐奏片　已革道員劉晸昌堂遞親筆甘結懇請銷案請敕部照前奏議結

道光二十八年十月二十四日

再臣前於七月内遵

旨審擬貴州已革道員劉晸昌京控一案曾據劉晸昌於本案斷結之時當堂另遞親筆甘結一紙内稱革員胞兄劉景昌上年八月初十日身故胞姪劉化南以貴州問官未取胞兄花押親供泣告於革員革員到省以後即擬呈遣抱告曾貴赴都察院呈訴威逼無供在案九月二十九日遞呈十月初一日問供初五日咨回歸案本年五月不知何以尚未到黔胞姪化南見續控咨交無呈歸案自願出名請革員代擬一呈赴京呈遞行至鎮遠患病將呈交家人張發前行家人賀齡隨後趕去呈遞約七月可以到京現

在奏案人證已蒙逐層取具切結革員續控與化南補訴各情若候抱告到來原被均受延累革員情願録出續控呈底並化南補訴一呈加具切實親供懇求歸案擬結化南補訴一呈革員與化南之父係胞兄弟代化南擬呈非唆訟可比且所呈情節與革員本名所遞一呈有減無增呈內瑣碎各情均屬子虛今蒙審結定擬革員萬萬不敢再有他議胞姪劉化南補訴威逼無供一案革員未到省之前貴州問官已五次取有胞兄確供在卷革員不敢執二次未取親筆供單之說再為瀆辯自願出具切結親供實無威逼勒和之事將來二次抱告曾貴三次

抱告賀齡到案洛到呈詞如與録出二呈不合革員情甘領罪伏乞賞准審結將來抱告到轅不特革員並無他議即化南亦無翻悔化南如有翻悔情事惟革員一人是問叔姪均同認罪加具切結存案等情並據當堂默寫續控呈藁二紙面求一併結銷前來臣當詰以爾本年五

月將劉化南出名遣抱赴京呈訴以程途約計此時固未能回來惟上年九月如有抱告在都察院遞呈十月初五日洛回則距今已閲十箇月斷無尚不到滇之理恐是抱告曾貴祇圖騙得進京盤纏未去遞呈捏為已去亦未可定該革員劉晸昌聞此駭詰爽然若失隨又親筆添

寫一結内稱為情願代劉化南加結完案事上年九月革員遣抱曾貴赴京呈控一案已蒙訊明革員因一時痛兄情切懷疑悮控具有切實甘結懇請完案本年五月胞姪化南復行遣抱賀齡赴京催案前後兩呈至今未奉部文因

奏案將為奏結革員鈔呈投審均蒙訊明所有革員及胞姪所訴二呈未知是否呈遞如果均已呈遞將來咨交到案懇請註銷革員化南鵬南並無異議如有翻悔情甘坐罪所結是實等語係劉晟昌親寫親押並有劉化南之胞弟鵬南在滇亦隨同畫押立案臣覈其兩次供結雖極情詞懇切力求銷案但究竟有無續控之事並

未准到部院來咨未敢遽行冒昧附陳轉添蛇
足是以當堂諭知劉晸昌等以伊添具甘結祇
可粘卷存查如果日後見有續控明文再行覈
奏辦理茲於十月二十日准到刑部來咨欽奉
上諭此案已革道員劉晸昌前控各情業交林則徐
提訊茲復遣抱告來京具控著一併交林則徐親
提人證卷宗歸案秉公研訊按律定擬具奏抱告
賀齡該部照例解往備質欽此又於邸鈔中見有
都察院原奏內稱查上年九月十三日據劉晸
昌遣抱告家人楊升曾發以巡撫參革不公等
情具控奏奉
諭旨交雲貴總督訊辦是月二十八日將該抱告等

咨交兵部解往備質此外查無另有曾貴呈控之事所稱上年九月二十九日遞呈十月初五日起解之處實堪駭異是否該家人並未來京朦稟伊主抑或另有別情亟應歸案質訊等語是劉晸昌前結所稱本年五月伊姪劉化南出名京控一節已見明文而上年九月遣抱曾貴在都察院遞呈實無其事是否該抱告賺騙盤纏並未進京捏詞謊稟非將曾貴獲到不能水落石出而自劉晸昌前次當堂具結之後臣即密飭黔省各屬訪查曾貴蹤跡疊據覆稱曾貴係湖南人至今並未回黔查無實在下落其為賺錢朦稟已屬顯然臣思曾貴即使訪獲到案

亦祇能治以揑稟赴京遞呈之罪而呈内所控情節伊本不能知悉無可訊問其續控各情除將原呈複叙之處業已集訊明白毋庸再審外惟添控伊兄劉景昌身死一層謂因問官熬審七次氣欝身故尚應究明虚實查問官於提審控案原應詳加集訊卽使劉景昌因七次赴審氣欝身死屬實亦係死由自取與人無尤况已經劉晸昌兩具切結均稱問官已五次取有胞兄確供實無威逼勒和之事伊兄實係病故伊因一時痛兄情切懷疑誤控今當堂默寫呈稟懇求銷案並伊姪劉化南亦無異議如有翻悔均同認罪等情是續控案情亦經該革員劉晸

昌逐一結明毫無寃抑臣已將前案
奏結而續經抱告之賀齡由京解滇尚需時日若
俟解到之後再行提集人證審問仍非另有別
情徒滋延累謹將該革員疊具供結附片
奏明可否仰懇
聖慈敕部查照前奏議結以免拖延之處出自
宸裁除鈔録劉晸昌親筆甘結兩紙並黙寫呈稾兩
紙分咨軍機處刑部都察院查覈仍飭查拏曾
貴到案訊明如何揑稱進京遞呈另行究處外
謹附片據實縷陳伏乞
聖鑒訓示謹
奏

雲貴總督林則徐奏片　已革道員劉晸昌堂遞親筆甘結懇請銷案請敕部照前奏議結

道光二十八年十月二十四日

雲貴總督林則徐奏片　覆訊保山滋事楊寬等案犯請照原奏擬絞監候並自請議處

林則徐片

再臣前於四月初間在永平縣具奏訊辦保山

漢回結仇劫案一摺欽奉

上諭着照所議辦理其案犯各罪名並着刑部詳奏

單併發等因欽此茲准刑部咨稱除應清逐之

沈振達張時香張汶儒金混秋並罪應斬梟

之萬鐸等三十五犯罪應斬決之黃兆沅等十二犯罪

應絞決之李名揚阮機讀諸於審明時即恭請

王命先行正法均毋庸議外查律載謀殺人從加功者擬

監候若傷而不死從而加功者杖一百流三千里

各等語此案楊寬於小五要同金宋潮青范

老蠻楊南蠻王有陳趙華果田練等九犯伙謀

從謀殺回民傷而未死，該犯等均照謀殺人從而加功律擬絞監候等因。是其查謀殺人從而加功擬絞之律，係指已被謀殺身死者而言，若傷而不死，聽從加功之犯按律罪止滿流。該犯楊寬等均聽從謀殺回民傷而未死，不得將該犯等照謀殺人從而加功律擬絞，罪名生死攸關。現在該省並未將全案供招送部，臣部礙難懸擬，應令該督再行詳細訊明確實，擬議具奏，到日再議

等因奏奉

諭旨依議。欽此。行令遵照。當經臣查上年保山哨匪於十月二十八日糾眾攔截官坡，奪去案犯人證，其黨即於十二月初一日城門未開，忽有無數匪徒越

城擄進聚衆挾殺回匪彼時保山城內有常姓由
官指使之回民百餘人逃赴郡罪聚城救命該
漢匪追趕將回民老幼殺斃以上情節經臣親
提齊來省於本年正月十三日調集揭內情形
會
奏奉硃批臣親到保山覆核紅籍修據方點等收會
因查明所殺回子男婦一百零二名內有騰越回童
十七名又女婦十七名衆與青白有經指使之回民
家以及來省應試之騰越回童人數均相符合係
自漢匪抗官打奪人證之後回民在城內者本不
致出搆其鉤而漢匪沈振達等商謀糾衆刀械
挾殺回子本偏于盡殺乃止不留一人者青白城內

未開進器係由城缺之處蜂擁而進人眾勢凶
進回即殺無論男婦老幼靡有孑遺縱使
一人所傷者未即死亦被眾人殺斃是日事後
查明並無傷而未死之回子臣覆訊楊寬等九
犯供係一齊蜂擁入城或係隨犯致戳回民一
人當時逃跑或係隨犯戳傷後被眾人亂砍
身死均係同謀加功之犯查謀殺之案首數人
從而加功雖死其未死於此人之手而已死於他
人之手其加功之罪則同又律載若傷而不
死從而加功者杖一百流三千里等語係為被
傷之人業已得生者而言非為首下被傷未死
旋即身死者言之今查保山城內回民於上年

雲貴總督林則徐奏片 覆訊保山滋事楊寬等案犯請照原奏擬絞監候並自請議處

道光二十八年十一月初七日

十二月初間被婦匪回殺搶殺害多人不死情節
本極凶慘其立斃各命之犯均予駢誅若楊
寬等九犯雖係先後下手一傷然於此被傷滾跌
後救回甲乃至毛一至該犯等均係同謀下
手發与謀殺加功情罪似無二致是以將
楊寬等九犯照律擬絞監候惟前
于
奏內但敘傷而未死一語未將先被一傷未死隨後
俱已身死之處明晰聲敘此係臣之疎漏咎實
難辭至各犯口供業經造冊咨部所有楊寬等
九名供內此畧帽蓋范老貴楊開貴王有洪趙
草果五犯均已聲明回民受傷後被眾人亂砍

雲貴總督林則徐奏片　覆訊保山滋事楊寬等案犯請照原奏擬絞監候並自請議處

道光二十八年十一月初七日

身死惟楊寬張小五宗潮青田健四犯供內于回
民受傷逃跑後又被衆人殺死之處聲敘尚未詳
嗣經刑部
奏令再行詳細訊明核實聲敘具奏查此案監候
各犯係尚未羈禁省監自當即速照部咨檄
委雲南臬司署泰普同前來審過之雲南府知府桑
春署昆明縣知縣愛洪瑞等傳提楊寬等九犯
細心研究據該犯等同供上年沈振達等糾令
小的們入城原說務須殺盡回民不料宗潮一
箇的話小的們應允於十二月初旬到城下見
城門閉著大家都從城牆爬進見了回民
主意即各趕殺了但小的們不曾戳傷後即被

雲貴總督林則徐奏片　覆訊保山滋事楊寬等案犯請照原奏擬絞監候並自請議處　道光二十八年十一月初七日

大衆亂砍死的，並砍都已供明，也有帶傷跪往
並向又被喝衆將人捧倒砍斃，小的們認為不
真。詰以並次不敢供指失實，那日回子並無一
箇放他逃命，並供傷人未死是李就小的下手
那一會說的陸續原曉得他們回子都已殺盡
是實。並據供等與楊等又復親提各犯隔別研鞫
衆供如一，是該犯等實因攜殺人從而加功並
非傷而不死。詰及楊寬情小五畏懼無宗兩者
花老查楊開蓋等供趙草果回使九犯罪名
不容改照原奏擬絞監候伏誅
敕下
刑部核覆施行。至此次翻供擬各犯罪名請
俯據供自行翻控擬引律不當例應請

二九

雲貴總督林則徐奏片　覆訊保山滋事楊寬等案犯請照原奏擬絞監候並自請議處

道光二十八年十一月初七日

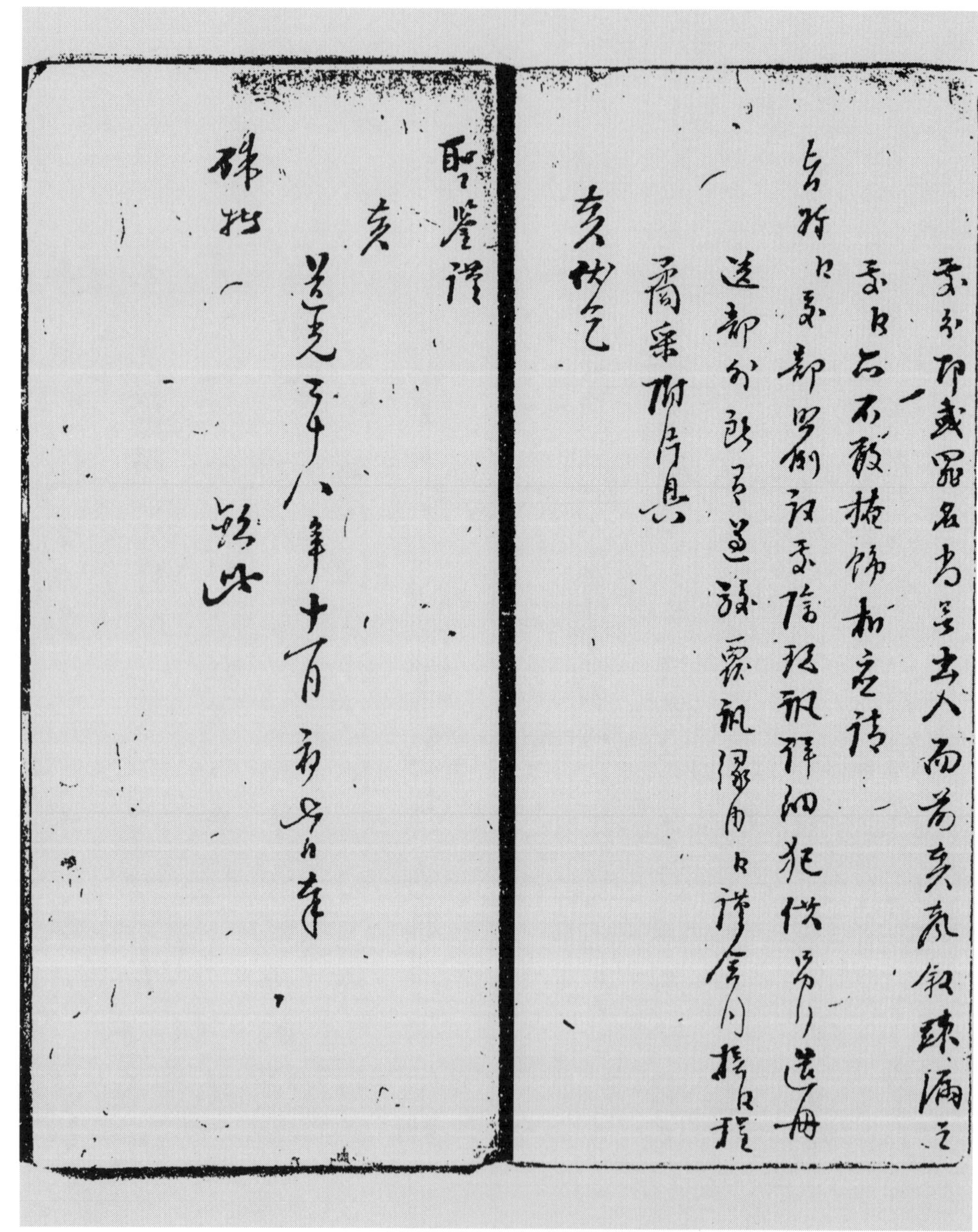

上諭　林則徐定擬保山滋事各犯罪名聲叙疏漏著照所請交部議處

道光二十八年十一月初七日内閣奉

上諭林則徐奏前奏定擬保山滋事各犯罪名聲叙疏漏請交部議處等語林則徐著交部照例議處餘著刑部議奏欽此

上諭　林則徐奏參署元江營參將春普著革職永不叙用並枷號以戒

道光二十八年十一月初七日內閣奉

上諭林則徐奏參任性妄爲之參將一摺雲南准補撫標參將現署元江營參將春普以避瘴爲名常赴距城三十里之村莊又私派弁兵服役任意責革補放衆怨沸騰復畜養優伶種種劣蹟經該提督總兵查明屬實僅予斥革既不足蔽辜且無以儆衆春普著革職永不叙用並於所署元江營地方枷號一箇月釋放以爲營員不自檢束者戒該部知道欽此

上諭　著照林則徐等所請准以嚴鈇陞補雲南寶寧縣知縣

道光二十八年十一月初七日内閣奉

上諭林則徐程矞采奏請升補夷疆要缺知縣一摺著照所請雲南寶寧縣知縣員缺准其以嚴鈇升補照例送部引見該部知道欽此

上諭 林則徐奏保雲南保山永順軍務出力各員弁著分別予以鼓勵

道光二十八年十一月初七日内閣奉

上諭前降旨飭令林則徐將雲南保山軍務出力並搜拏永順軍營剿散餘匪各員弁據實保奏茲據該督遵旨保舉並開單呈覽一摺所有在事出力人員允宜量加鼓勵以昭激勸大理府知府唐惇培著賞加道銜仍交部從優議敘安平同知署蒙化直隸同知張錦著賞戴花翎以知府升用先換頂帶蒙化同知署永昌府龍陵同知汪之旭著開缺以知府留於雲南不論繁簡補用騰越同知彭崧毓著賞加知府銜仍交部從優議敘代理永平縣知縣景東廳經歷沈保恒著賞戴藍翎以知縣酌量補用安寧州知州俞良傑順寧縣知縣楊覲

同知銜署太和縣知縣熊家彥均著以同知升用
楊觀並先換頂帶署賓川州知州李崢嶸著賞換
花翎試用通判沈傳經著以通判遇缺即補今升
知縣嚴鉷著賞加同知銜普洱府猛戛經歷陸萬
鵬著開本缺即補府經歷縣丞謝德淳著免補本
班均以知縣不論繁簡即補署順寧府知府鎮沅
同知潘如棟署廣西直隸州知州胡昌燧署雲龍
州知州沈承恩平彝縣知縣楊汝芝中甸同知陸
祿候補知縣王秀毓鄭自燿府經歷高翀張樹種
均著交部從優議敘廣南府經歷童楷東川府經
歷顧笏蒙化廳經歷朱美鏐署蒙化廳南澗巡檢
河陽縣典史李克猷均著以應升之缺升用捐輸

按察使經歷盧廷燮試用府經歷周子彬嚴榮春
捐輸府經江川縣典史胡紹曾試用按察司司獄
蔡家珍均著儘先補用儘先升用府經歷縣丞周
錫桐著於升補後以知縣升用郭貞廉聶斆著於
升補後再以應升之缺升用試用縣丞杜浩著歸
部儘先選用署永平縣典史劉秉衡著遇缺即補
太和縣典史馬景奎著儘先升用該二員均著賞
加六品銜揀選知縣舉人馬綸著以本班知縣儘
先選用俸滿羅平州學正傅士珍著歸部以知縣
遇缺即選保山縣文舉人戚毓華吴嗣仲著賞給
翰林院典簿職銜文生員王思誠著以復設訓導
選用書吏施愷張文德黄採芝楊順吉均著作為

已滿吏以未入流歸部儘先選用題升雲南龍陵協副將愛興阿奏升貴州定廣協副將李瑞前副將令升總兵趙萬春均著交部從優議敘愛興阿李瑞著兵部於該員等引見時將該督現保堪勝總兵之處聲明請旨署順雲營參將永昌協都司巴揚阿署景蒙營遊擊揀發都司懷唐阿大理城守營都司章中魁新嵩營守備施嘉祥均著賞換花翎懷唐阿遇有都司缺出儘先補用巴揚阿章中魁施嘉祥各以應升之缺儘先升用題升貴州提標參將王夢麟著賞戴花翎長壩營遊擊瑪克塔春雲南永北營守備和鑑貴州提標守備楊忠保雲南撫標千總狄椿騰越鎮千總王萬祥提標

把總張慶曾督標外委施嘉瑞吴錫泰大理城守營外委蕭迎春昭通鎮外委朱兆麒均著賞戴藍翎雲南龍陵協副將升授四川建昌鎮總兵福炘提標叅將存住元江營叅將恒權昭通鎮遊擊劉思禮貴州古州鎮遊擊張萬吉雲南楚雄協都司吕盛元雲南城守營守備鄭錦芳曲尋協守備古維藩貴州威寧鎮守備李上達永安協守備唐德均著交部議叙題補雲南鶴麗鎮都司陳得功尋霑營守備王國才均著先換升銜頂帶揀發都司巴哈布著儘先補用維西協都司楊遵昭通鎮守備李廷楷掣補雲南撫標守備鶴麗鎮千總楊長桂順雲營千總陳國樑騰越鎮千總賀朝岡曲尋

協千總張鍾祥大理城守營千總陳章貴州安義鎮千總馬連科均著以應升之缺升用先換頂帶雲南臨元鎮把總張元謨楚雄協外委袁得華景蒙營外委柳應祥均著以千總儘先拔補武生米萬選著以營千總歸入提標差遣騰越明光隘土守備左大雄著賞加宣撫使銜至省局催兵籌餉與帶兵之大員均屬著有勤勞亦宜加恩示獎雲南巡撫程矞采布政使趙光祖按察使普泰糧道王貽桂鹽道史致藩前知府令升道員桑春榮昆明縣知縣賈洪詔提督榮玉材總兵劉定選音德布李能臣前總兵令升提督秦鍾英均著交部從優議敘又片奏協獲要犯及行營差遣出力各員

請予恩施等語改捐知州桂恒著以知州歸部遇
缺即選已革代理雲州知州東川府經歷顧士濬
著開復府經歷已革雲州吏目鈕鳴皋著開復州
吏目均留滇省補用降補守備安如嵩著賞還都
司留於滇省遇缺酌補以觀後效餘著照所擬辦
理單片併發該部知道欽此

究明永昌戕官要犯姚老五實已殲斃

交口

補錄附片

再臣前於辦理永昌哨匪事竣，分派弁兵緝獲歷年
滋事戕官之羅義善、馬年二、楊咸馬、蔡帽興、黃把
案出二十七年間與姚老五即姚大喜同燒永昌
江橋戕害守備趙發元支解挖心各情。除羅義善
喜等均經審明後即行正法外，惟據各犯僉供姚
老五前在雲州打仗已被官兵擊斃，雖據與前督臣
李星沅
奏案相符，而尚未敢盡信，仍飭永順文武廣密訪拏。
緣因奏奉
上諭：姚老五一犯，雖據現犯供稱已被擊斃，恐難盡信，
仍著該撫派員密訪確蹤，毋任揑飾，俾逃法網。欽

因飭此遂即分札密飭署順寧府知府潘以梅緬
寧通判將夔亮順雲營參將巴揚阿順寧縣
知縣楊觀庚密查訪務得該犯確蹤去後旋據
楊觀拿獲姚小發等犯供認與姚老五一同拒敵
官兵二十六年十二月十日姚老五隨海連升在
雲州打仗被官兵殺死又據錫臘回民掌教將姚
升濮一犯緝獲到案供認先後殺斃兵丁人婦
女八人並供二十六年十二月十日在雲州隨同姚老五
即姚大喜打仗姚大喜被官兵殺死該犯逃散等
語據各該犯供指相同已在案查問又據永
昌府知府將亮基會稱拿獲巳殲首犯將富之
姪弟將二將小老二名供指姚老五於道光二十年

六年十二月間与伊兄姚富萬同在雲州打仗姚老
五被兵練槍傷肚腹旋經身死屍埋清真寺地
該州回民均能認識姚富隨亦被戳死屍經送
驗其情尚又札飭署順寧府潘如椿會同署雲州
胡道瞻傳訊該州回民馬應園等共指姚老五埋屍處
所起者屍身雖已日久腐爛而附近漢回民人皆認係
姚老五即姚大喜之屍並採回供該犯是錫臘回子於
二十五年隨海老陝在永昌小松寨滋事先被土
練用槍將右眼打瞎至二十六年冬月來雲州躲
住漢民薛姓住屋十二月屢与官兵接仗又被鳥
槍打傷肚腹十二月身死那槍子是由左邊斜穿
透過當日當有掌教馬榮華等急經送他埋葬

情願具結請檢如有不實同甘治罪並飭該署府
滿如椿對眾將屍骨檢驗顖門骨微傷有損紅
色牙根上俱有血暈右眼眶骨上有棉子眼一
個週圍有損裂紋至胸膈脊背骨均無傷
損痕照查洗冤錄載虛損情形受傷致死日久
屍肉腐爛顖門骨浮起少許有淡紅色并請恰

與原驗相符將民人仵作各供結一併拿送前
來臣察核殲斃情形及檢驗受傷部位其為
姚老五實被槍傷身死確無疑義除將姚必發
姚升漢二犯以老五等犯眾獲審辦理另
奏外合將究明姚老五一犯實已殲斃緣由附片具
奏伏乞

聖鑒謹

奏

道光二十八年十一月初七日奉

硃批刑部知道欽此

雲貴總督林則徐奏片

雲南軍務擒獲犯首之桂恒請予獎勵革員顧壬濬等請開復

林則徐片

再臣前在永昌訪得哨匪抗拒之由因誤信奸

匪金混秋邪言被其煽惑所致與提臣榮玉材密

商派委幹員查捕提臣以該匪係屬要犯即欲親

身督拏臣以提督大員未便輕出向其阻

止該提督恐戕事不密致被走脫適其親子

桂恒在行營隨侍宣請改裝前往密其動靜

即便相機拴拏該提督因派桂恒協同臣標千

總施嘉祥提標把總許慶曾前往拏並添派游

擊王夢麟護游擊陳深功前後接應桂恒扮

作息客植夜向到該犯金混秋潛匿處所託言

共請打卦把其出路施嘉祥等即乘机上前拴

獲該匪隨帶獲身之三帕古八人正在上前抗
拿亦經該員等協力格捕一併綑送到營臣業將
獲犯情形詳晰
奏明在案查桂恒係道光元年二品蔭生以主事
用籤掣兵部行走因榮玉材歷年
奏帶隨任呈以未補實缺前於捐輸軍需案內核
其該捐銀數與主事改捐不論雙單月知州相
符業經彙入捐輸總冊請以知州選用在案該
員歷隨伊父榮玉材在總兵任內勤於甘肅番
賊於行營事宜素能諳熟此次誘獲金混秋出
力因係在員子弟不敢入於在事各員單內一併
請獎可否以知州歸部遇缺即選之處出自

雲貴總督林則徐奏片　雲南軍務擒獲犯首之桂恒請予獎勵革員顧壬濬等請開復
道光二十八年十一月初七日

皇上天恩又同公罣誤之代理雲州原任東川府經
歷顧壬濬原任雲南吏目鈕鳴皋自本年以
來均在彌渡永昌等處行營差遣臣曾將地
面任用之員祇得權宜委辦緣由附片奏蒙
聖鑒在案前在彌渡案內未敢遽行列保茲查顧壬
濬辦理糧臺清釐回產親歷永順兩郡時閱半
年所辦均甚明晰鈕鳴皋承委勘丈官房山地
界護送被難回民眷口前往安插經理亦甚周
詳且顧壬濬於差次訪獲匪犯多名陸續解
未決者不計外如斬梟之李有全斬決之張順並
鈕鳴皋協獲之斬梟匪犯楊茂春一名皆已經
奏辦之犯查其被參原案係因二十六年顧壬濬代

理雲州知州鈕鳴皋即係該州本日適因匪竄入
搶擄有案決緩犯馬子鳴易烱亮二名在逃被
劫並有在監緩犯吳烱治王小老楊秀三名因
變逸出未獲該二員均被參革職留緝已於
限內獲到馬子鳴易烱亮二犯審明正法旋
又續吳烱治王小老二名一併拿獲惟尚有楊
秀一名在逃但楊秀雖擬緩罪業已奉到部文
准擬秋審查辦留養是該參員等名備逸犯
祗此留養之楊秀未獲亦非實在應死罪人似
顧壬濬訪獲斬犯二名並鈕鳴皋協獲斬犯一
名尚足相抵且各於行營差遣出力未便竟
予廢棄合無仰懇

聖恩將顧壬濬開復府經歷銀鳴皋開復州吏目
均留滇省補用俾得籍圖自効以贖前愆遇有
地面公事差遣更為得力又查有降補守備安
如嵩久在騰越鎮標歷署都守先於二十六年
軍營出力保升臨元鎮標都司並蒙
賞戴藍翎迨二十七年署騰越左營都司出師雲
州因值外匪竄入未能立刻兜拏稟案參
奏奉
旨降為守備旋值保山𠴨匪滋事該備仍帶騰越
弁兵馳赴永昌保護城池據該署鎮將呈報
甚為出力迨臣 親到永昌考驗營員見該
備人材出眾弓馬優嫻並查知屢次帶兵尤

尚歷練似屬營中不易得之員可否仰懇

聖恩將安如篤

賞還都司留於滇省遇缺酌補以觀後效此外各員均未敢

列入清單是以另片據情以聞外

恩施感荷

鴻慈偕兼院撫臣程矞采暨提臣商酌意見相同謹

合詞附

奏伏乞

聖鑒訓示謹

奏

道光二十八年十一月初七日

硃批

欽此

大學士管理户部事務潘世恩等題本　**核銷貴州省各標鎮協營道光十七年公費銀兩案内駁查各款**

依議

題

二九

大學士管理户部事務潘世恩等題本　核銷貴州省各標鎮協營道光十七年公費銀兩案内駁查各款

道光二十八年十一月初九日

户部等部太傅大學士管理户部事務臣潘世恩等謹
題爲奏明請
旨事户科抄出雲貴總督林則徐題覆貴州省各標
鎮協營道光拾柒年分支用公費銀兩案内遵
照兵工二部駁查各款删減銀兩分晰另造清
册報銷一案道光貳拾柒年玖月貳拾壹日題
拾貳月初柒日奉
旨該部察核具奏欽此欽遵於本日抄出到部
該臣等會查得貴州省各標鎮協營道光拾柒
年分支用營中公費銀兩案内行查各款前經
兵工二部議令該督查明分晰另造妥册造報

在案今據雲貴總督林則徐將奉駁各款銀兩
逐款查明分晰登覆會同貴州巡撫喬用遷合詞
恭疏具
題前來據疏稱
一奉部查閱除支給各標鎮協營道光拾柒年
分配造火藥工料並領用硝磺鉛斤及操演硝
磺工本共原報請銷銀肆千玖百柒拾兩玖錢
柒分玖釐俱係實用實銷並無浮冒又原報請
銷攙修堆卡及救火器具等項銀肆千貳百叁
兩捌錢貳分肆釐内除奉部駁刪換下舊料變
價銀貳拾伍兩壹分玖釐外實請銷銀肆千壹
百柒拾捌兩捌錢伍釐請俟准銷後將前項刪

減銀兩照數著追繳撥工部查此案當經移查
兵部今准覆稱兵部查修製號衣木槓鈎鐮槍
等換下各項舊料仍未一律變抵仍難核准應
令該督照例據實變抵另造刪減工料清冊送
部核辦應將原冊發還該督查照兵部原議辦
理俟造報兵部核准之日再將用過工料銀兩
即行核實分晰另造妥冊同原冊具題送部核
辦至攬修堆卡及救火器具項下刪減銀貳拾
伍兩壹分玖釐戶部照數登記行令追繳入撥
等因當經移行查照辦理去後茲准各標鎮協
營將配造火藥工料並領運硝磺鉛斤及操演
工本三共原報請銷銀肆千玖百柒拾兩玖錢

柒分玖釐咸稱俱係照例實用實銷並無浮冒
應請俯照原册核銷又原報請銷撓修堆卡及
救火器具等項銀肆千貳百叁兩捌錢貳分肆
釐内除前奉核駁刪減舊料變價銀貳拾伍兩
壹分玖釐業已造入道光貳拾陸年春季册内
報撥又除此次台拱營遵駁刪減舊料變價銀
肆兩貳錢貳分叁釐實請銷銀肆千壹百柒拾
肆兩伍錢捌分貳釐應請俯准核准其前項刪
減銀兩請俟奉覆准銷後照數著追報撥等語
工部查此案先據户部送部會議當經工部以
册造製造操演藥鉛並修理救火器具等項數
目是否相符應否准其照册製辦移查兵部今

准兵部查核相符准其照冊製辦工部查冊造
配造藥鉛用過工料等項銀肆千玖百柒拾兩
玖錢柒分玖釐又修製救火器具項下用過工
料銀叁千肆百玖拾玖兩柒錢陸分壹釐按冊
核算均屬與例無浮應准開銷至修製弓箭銀
陸百柒拾肆兩捌錢貳分壹釐兵部查修製弓
箭項下用過工料銀陸百柒拾肆兩捌錢貳分
壹釐按冊核算與例無浮應准開銷至撓修堆
卡及救火器具項下前奉核減銀貳拾伍兩壹
分玖釐户部核與道光貳拾陸年春撥冊內造
報銀數相符應毋庸議今此次刪減銀肆兩貳
錢貳分叁釐户部照數登記外仍令該督即行

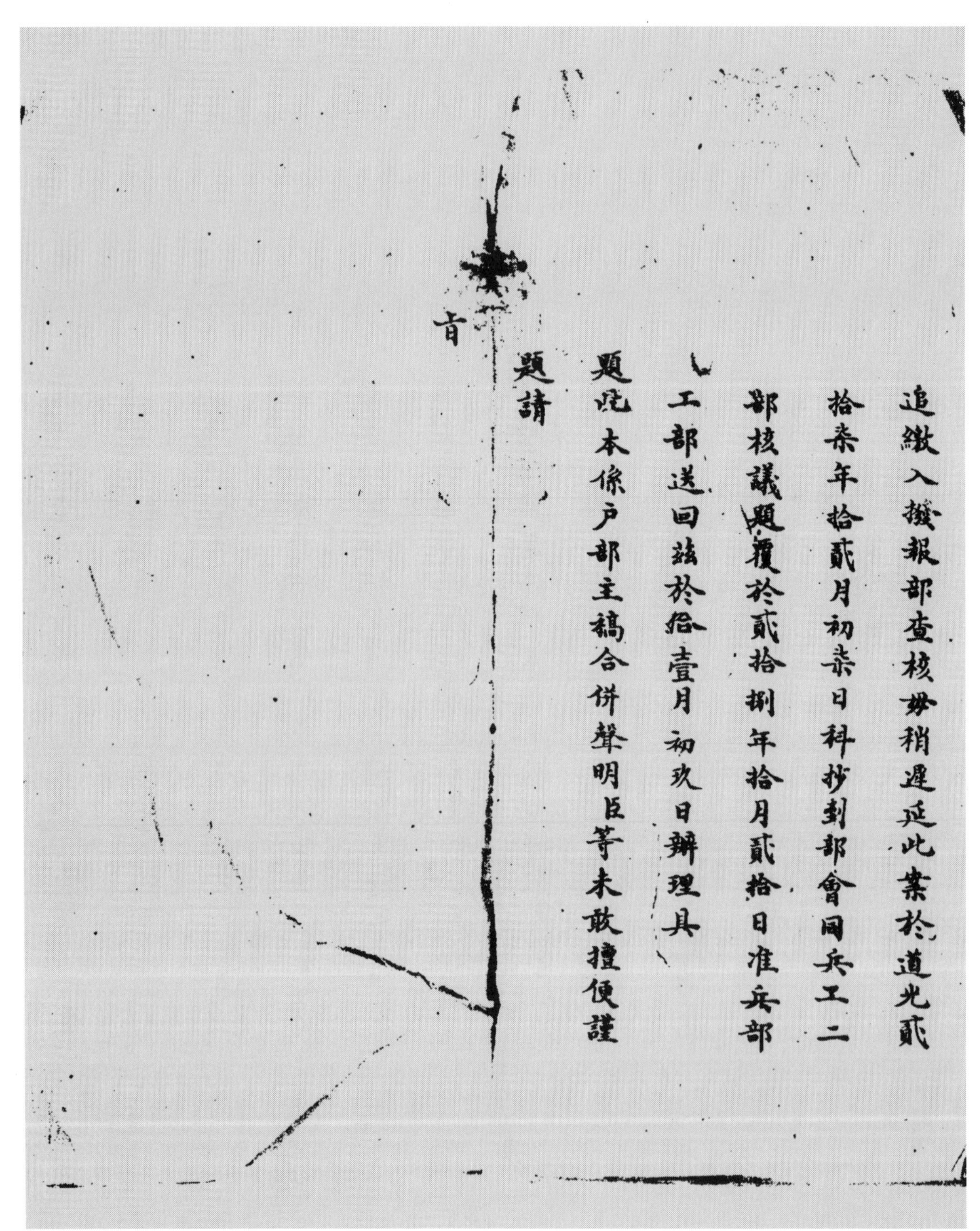
追繳入撥報部查核毋稍遲延此案於道光貳
拾柒年拾貳月初柒日科抄到部會同兵工二
部核議題覆於貳拾捌年拾月貳拾日准兵部
工部送回兹於拾壹月初玖日辦理具
題。此本係户部主稿合併聲明臣等未敢擅便謹
題請
旨

大學士管理户部事務潘世恩等題本　核銷貴州省各標鎮協營道光十七年公費銀兩案内駁查各款　道光二十八年十一月初九日

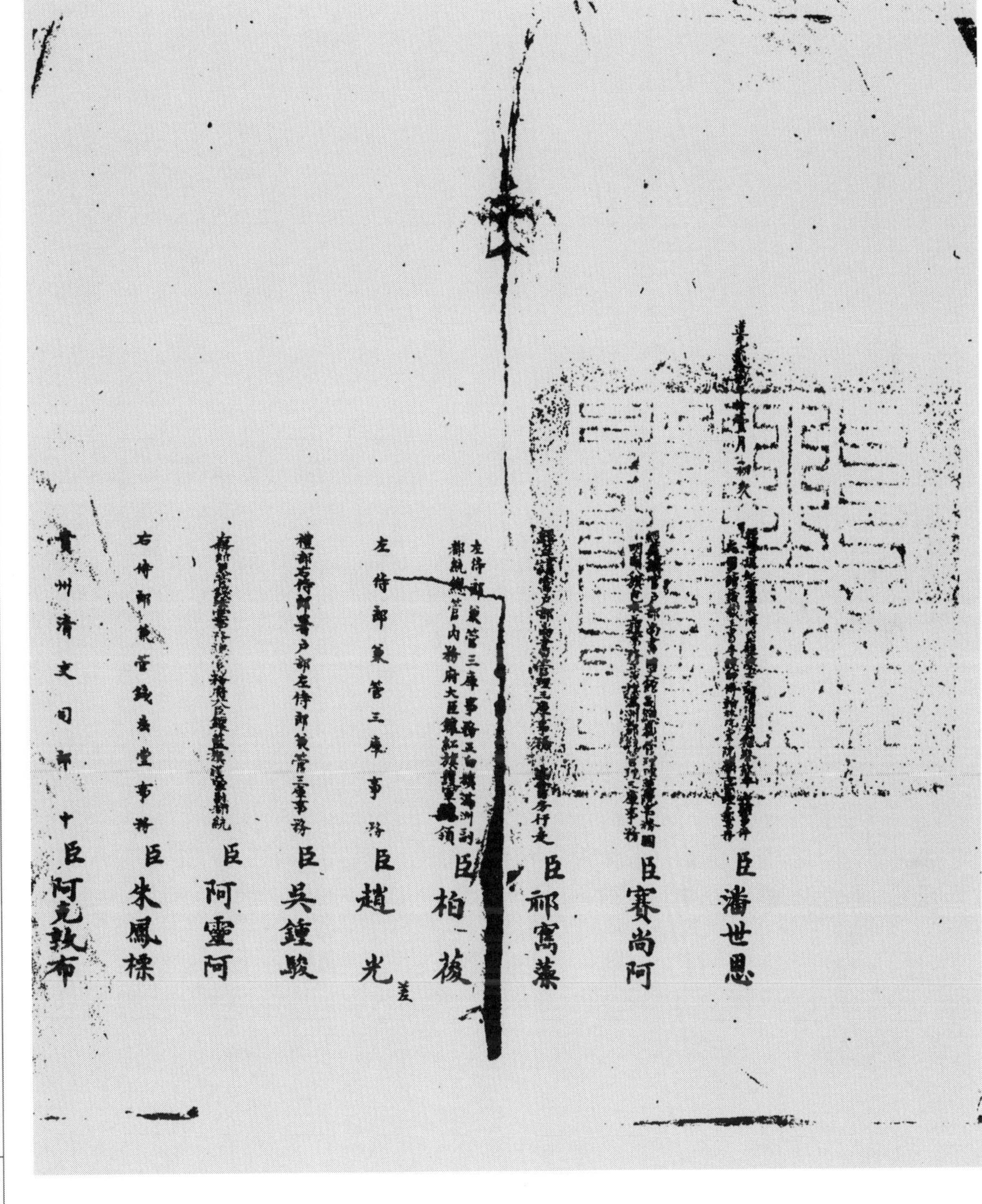
臣潘世恩

臣賽尚阿

……管理三庫事務……行走　臣祁寯藻

左侍郎兼管三庫事務正白旗滿洲副都統總管内務府大臣鑲紅旗護軍統領　臣柏葰

左侍郎兼管三庫事務　臣趙光　差

禮部右侍郎署户部左侍郎兼管三庫事務　臣吴鍾駿

臣阿靈阿

右侍郎兼管錢法堂事務　臣朱鳳標

貴州清吏司郎中　臣阿克敦布

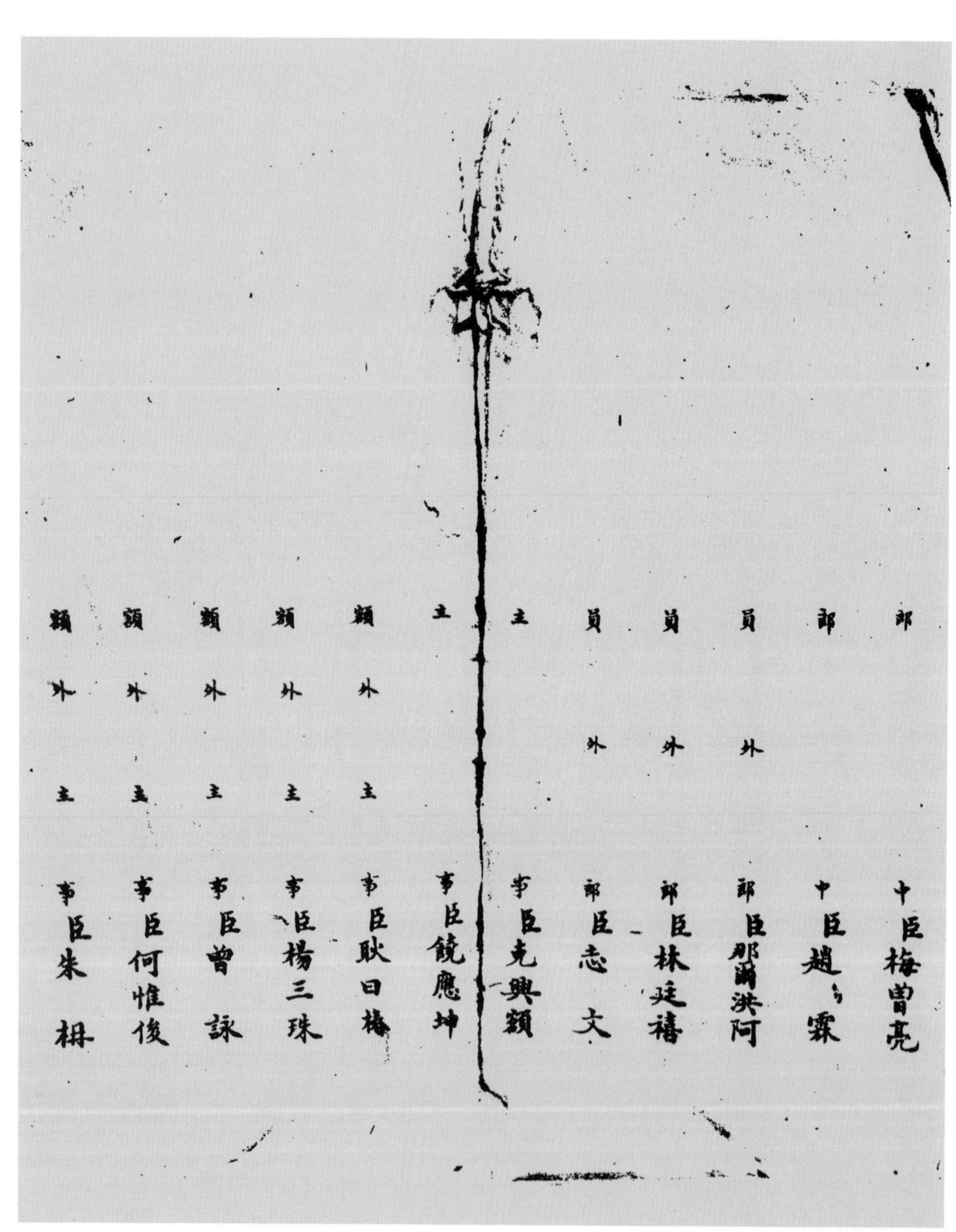

部中臣梅曾亮
部中臣趙霖
員外郎臣那爾洪阿
員外郎臣林廷禧
員外郎臣志文
主事臣克興額
主事臣饒應坤
額外主事臣耿日梅
額外主事臣楊三珠
額外主事臣曾詠
額外主事臣何惟俊
額外主事臣朱栩

額外主事臣徐德周
協辦大學士管理吏部事務臣宗室耆英
兵部尚書臣保昌
尚書臣魏元烺 假
左侍郎臣覺羅穗學
左侍郎臣孫葆元 差
右侍郎臣瑞常
右侍郎臣戴熙
武庫清吏司郎中臣哈興阿
員外郎臣莊志謙
大學士管理工部事務臣穆彰阿
工部尚書臣特登額

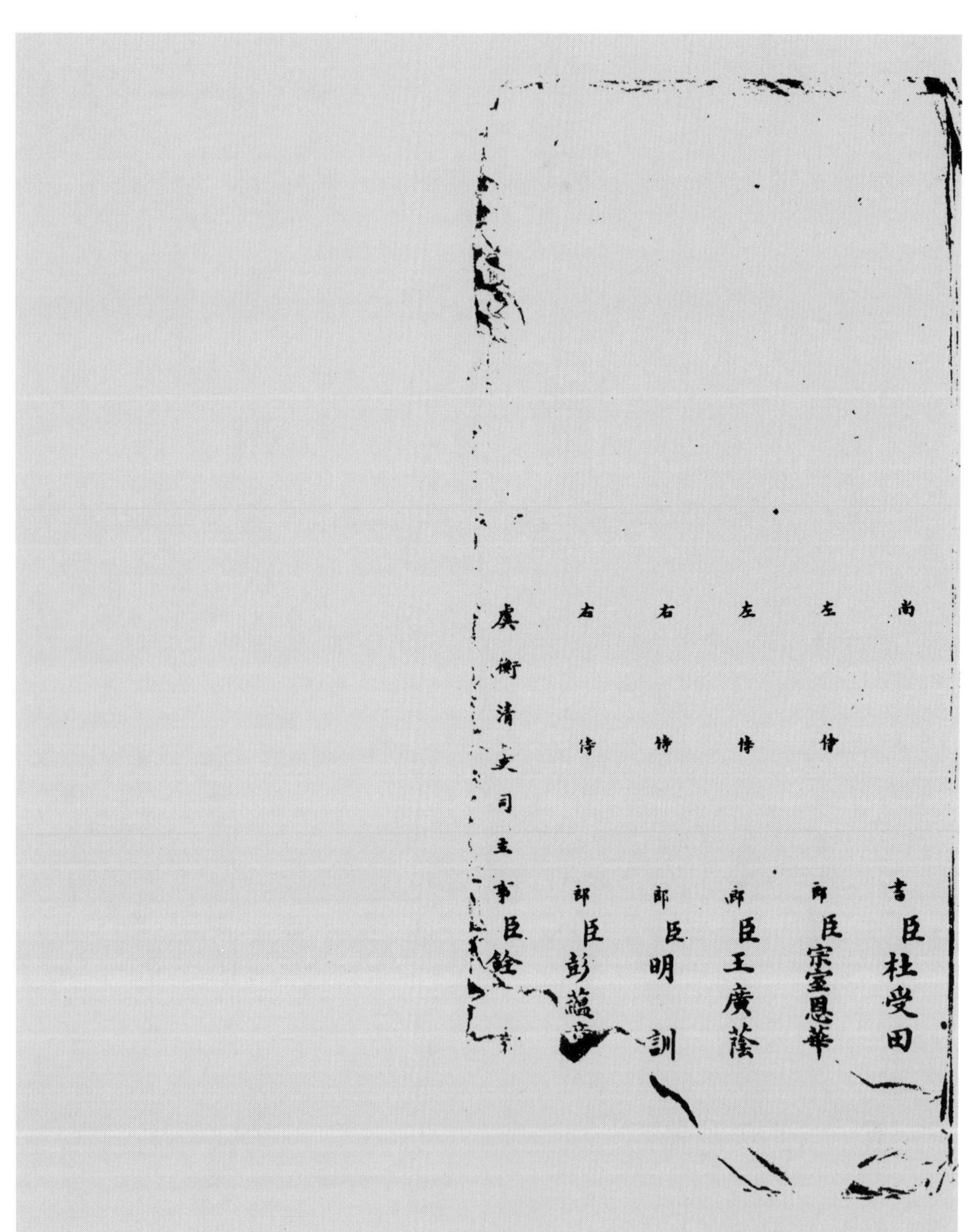

尚書臣杜受田

左侍郎臣宗室恩華

左侍郎臣王廣蔭

右侍郎臣明訓

右侍郎臣彭蘊章

虞衡清吏司主事臣銓

雲貴總督林則徐等奏摺　嚴廷玨調補順寧府所遺麗江府缺請以候補知府許文誐補授

二九　雲貴總督林則徐等奏摺　嚴廷玨調補順寧府所遺麗江府缺請以候補知府許文謏補授

道光二十八年十一月二十二日

雲貴總督臣林則徐
雲南巡撫臣程矞采跪

奏為極邊要缺知府仰懇
聖恩准將曾任實缺之知府補授以裨地方事竊照
雲南麗江府知府嚴廷玨調補順寧府所遺麗
江府缺例應在外揀選請補查該府地處極邊
界連西藏所轄五廳州縣幅員遼濶漢少夷多
兼有銅銀各廠必須熟悉夷情廠務之員方足
以資治理臣等與藩臬兩司於候補知府內逐
加遴選查有開復留滇候補知府許文謏年六
十三歲四川成都縣人由嘉慶元年正一品廕
生考取引
見奉

旨以同知用欽此十五年選授江蘇揚州府同知二十
二年卓異引
見奉
旨准其卓異加一級仍註冊回任候升欽此道光二年
奏調海門同知因拏獲拒捕大夥私梟徐泳常等
五十名蒙
恩賞加知府銜八年丁母憂服闋選授直隸順德府
同知十五年推升雲南澂江府知府十八年因
辦銅溢額奉
上諭許文謖著賞加道銜欽此二十四年復因委管
寧臺廠務短交銅觔奏奉
諭旨暫行革職留廠辦運隨將短交銅觔辦運清楚

奏請開復於二十六年十月准到吏部議覆照例
開復原官留省另補其原加道銜一併准其開
復在案該員才識諳練辦事細心在滇年久熟
悉廠務夷情以之補授麗江府知府洵堪勝任
與例亦符茲據藩臬兩司會詳前來相應恭摺
奏懇
天恩俯准以候補知府許文詼補授麗江府知府於
極邊要缺實有裨益如蒙
俞允該員係曾任實缺知府請補知府銜缺相當毋
庸送部引
見合併聲明所有揀補知府緣由謹合詞繕摺具
奏伏乞

雲貴總督林則徐等奏摺　嚴廷玨調補順寧府所遺麗江府缺請以候補知府許文設補授　道光二十八年十一月二十二日

皇上聖鑒訓示謹

奏

吏部議奏

道光二十八年十一月　二十二　日

雲貴總督林則徐等奏摺　查明滇省道光二十七年各銅廠欠銀並有著勒追無著請豁

道光二十八年十一月二十二日

雲貴總督林則徐等奏摺　查明滇省道光二十七年各銅廠欠銀並有著勒追無著請豁

奏

雲貴總督林則徐等奏摺　查明滇省道光二十七年各銅廠欠銀並有著勒追無著請豁
道光二十八年十一月二十二日

雲貴總督臣林則徐
雲南巡撫臣程矞采跪
奏爲查明道光二十七年分各銅廠民欠工本銀
兩分別有著無著恭摺具
奏仰祈
聖鑒事竊照滇省各銅廠預發工本銀兩採辦銅觔
歷年俱有廠欠嘉慶六年前督臣琅玕等
奏准每年查奏一次將有著者催追完繳無著者
道府確查具結由藩司彙報在於司庫扣存平
餘項下撥補如有不敷於摺内聲明應否豁免
聽候部議又嘉慶十一年前督臣伯麟等查奏
嘉慶十年各廠民欠欽奉
上諭此項無著銀兩該督等奏稱委係各銅廠硐老礦

薄欠戶亦係赤貧故絕所有嘉慶十年廠欠無著銀
一萬二千二百餘兩著加恩豁免欽此嗣後每年無
著廠欠俱經按年奏准豁免在案茲據藩司趙
光祖詳報道光二十七年分各廠員造報經放
領欠銀兩逐一確查加以分別覈減統計各廠
有著民欠銀六千四十三兩零無著民欠銀一
萬三百八十五兩零復經委員分查前項無著
廠欠實因礌硐開採年久所出礦砂微薄廠民
虧折停歇先後逃逸輾轉緝追俱已赤貧故絕
成為無著並無濫放揑飾情弊除將司庫扣存
平餘銀五千三百九十八兩零儘數撥補外實
不敷銀四千九百八十六兩零取具各廠員及

該管道府印結由司加結造冊詳請具
奏前來臣等覆查嘉慶十年起節年請豁無著廠
欠自一萬兩內外至一萬四千以上不等今查
道光二十七年分各廠無著廠欠除撥補外實
僅不敷銀四千九百八十六兩零較歷年為最
少查明實無揑飾情弊應請將有著廠欠銀六
千四十三兩零責成現管各廠員勒限追繳倘
限滿追不足數照例歸經放之員賠補並將欠
戶治以應得之罪其無著廠欠撥補不敷銀四
千九百八十六兩零臣等謹查照舊案
奏懇
天恩俯准豁免除印結另行咨部外所有查明道光

雲貴總督林則徐等奏摺　查明滇省道光二十七年各銅廠欠銀並有著勒追無著請豁　道光二十八年十一月二十二日

二十七年分廠欠銀兩理合恭摺具
奏並繕清單恭呈
御覽伏乞
皇上聖鑒訓示謹
奏
另有旨

道光二十八年十一月　二十二　日

雲貴總督林則徐等奏摺

拏獲鄧川等處迭搶害命要犯池項才保等審明定擬

雲貴總督林則徐等奏摺　拏獲鄧川等處迭搶害命要犯池項才保等審明定擬　道光二十八年十一月二十二日

雲貴總督臣林則徐
雲南巡撫臣程矞采跪

奏為拏獲疊次搶掠擾害拒斃人命各猓匪審明
定擬恭摺具奏仰祈
聖鑒事竊臣等前因迤西一帶匪徒屯聚搶劫滋擾
當乘調兵勦辦保山哨匪之便飭令文武員弁
督率兵役併力兜捕疊獲要犯多名審擬具
奏在案並因大理府屬之鄧川州向多猓夷巢居
穴處不事生業四出搶掠滋擾久為行旅之害
必須乘勢上緊掩捕務獲究辦以期一律肅清
疊飭各該州營暨隣封州縣營汛一體嚴密會
拏旋據署鄧川州知州湯師淇署該州吏目胡
紹曾會同守備楊長桂千總陳章把總吳章文

煊張瑞林李燦元等率帶鄧川賓川鶴麗蒙化
趙州等處兵役先後拏獲賊犯池項才保池項
淋保羅伍沅羅阿映池項魁楊文煓池高幅怒
遇科池五斤保絞勝詳池保善池保南怒小狗
楊黑皮池發詳紫阿香怒阿發怒阿六池六奎
等十九名臬經批飭大理府知府唐惇培提郡
督同委員等訊認節次搶奪事主郭順沈昇茂
等金銀衣物又搶奪李滎洸贏馬因事主邀人
搜捕復拒傷捕人楊學深身死棄屍滅跡又搶
奪楊鴻昌鹽馱及趙必昌贏隻銀物等案屬實
除楊黑皮一名據太和縣驗報帶病進監病故
外其池項才保等十八名解由迤西道王發越

勘轉移司茲據雲南按察使普泰覈詳請
奏前來臣等覆加查覈緣池項才保等均係鄧川
州猓夷池保南係池保善之弟餘俱同姓不宗
素無藝業道光二十六年正月十三日池項才
保池保善怒遇科與前獲審辦之李恆紋阿甲
怒康登紋二第並在逃之羅玉奎池保浪池項
經楊阿原怒原科先後至怒阿合家閒坐道及
貧難怒阿合聲言鄧川州屬廟坡地方偏僻常
有過客往來起意糾搶得贓分用衆各允從約
定十四日前往屆期怒阿合等分攜刀棍首夥
十三人齊抵該處山凹等候午後有永昌府家
人郭順同伊家長之子黃三並余小山攜帶金

銀衣物路經該處各犯瞥見一齊趕出將贜物
搶獲跑至僻處俵分各散二十八日池項才保
與絞阿甲怒從四紫潰發絞小奎絞二第並在
逃之絞玉奎紫阿五頭紫受原絞八三羅學淋
會遇池項才保起意糾允搶奪當各攜帶刀棍
首夥十一人行抵鄧川州屬風吹嶺地方等候
適太和縣民沈昇茂等分背銀物走至池項才
保等上前攔搶沈昇茂等畏懼丟棄銀物走避
各犯搶獲銀物攜至山箐黑分聞拏逃逸二十
八年二月十六日池項才保潛回探信與羅伍
沅羅阿映池保善池保南池項魁池項淋保楊
汶煓怒小狗楊黑皮池高幅池發詳並在逃之

楊八保項發成會遇池項才保諗知鄧川州屬三長舊地方常有驘馬牧放糾允往搶即於是日首夥十四人俱係徒手偕抵該處適李滐洸在坡牧放驘馬池項才保等趕攏喊搶李滐洸畏懼跑走池項才保等將驘馬搶回李滐洸邀同隣人楊學深楊昭蘇烈吴亞巴前往搜捕十八日走至池項才保門首見被搶驘馬拴在該處李滐洸等認獲喊拏維時賊夥羅伍沅等俱在池項才保家閒坐羅阿映起意拒捕池項才保等允從原夥十四人分執刀矛鎗棍趕出楊學深向前捉拏羅阿映喝令動手池保善等齊向楊學深抵拒池保善用鎗戳傷楊學深右肋

羅阿映亦用鎗戳傷其左脇倒地殞命楊昭等
趕攏帮捕池項魁用棍毆傷楊昭頂心左手腕
池保南亦用矛戳傷其左胳膊池項才保用矛
戳傷蘇烈左腿羅伍沅拾石毆傷吳亞巴左肋
吳亞巴奪石回毆羅伍沅用矛戳傷其左腿李
滎洸與楊昭等各自跑回池項才保羅伍沅池
項魁楊汶煓怒小狗楊黑皮池高幅池發詳楊
八保項發成亦即走散羅阿映畏罪起意棄屍
滅跡邀允池保善池保南池項淋保將楊學深
屍身擡至羅家山箐因硐口窄小屍難放入羅
阿映用刀將該屍頭顱手足砍下同屍身一併
丟入硐內次日池項才保將贏馬賣銀派分三

月二十六日池項才保因賓川州屬三棵樹地
方常有馱鹽竄馬經過復糾約羅伍沅池保善
池保南怒遇科紫阿香怒阿發怒阿六池六奎
池五斤保絞勝詳同夥十一人各持器械前往
搶奪適白井商民楊鴻昌馱鹽走至各犯齊出
喊搶楊鴻昌攔阻池項才保用棍亂毆楊鴻昌
畏懼走避各犯將鹽撇棄搶獲竄隻賣銀俵分
四月初十日羅伍沅亦因賓川州屬甸頭坡地
方常有馱鹽騾馬往來起意糾搶隨邀允池項
才保等原夥十一人各執器械前往等候適白
井商民趙必昌等運鹽交店轉回路經該處各
犯齊出攔搶趙必昌等護馱不放羅伍沅用械

亂毆趙必昌等畏凶跑走各犯將銀物贓隻一併搶獲並將贓隻變賣銀兩連贓銀俵分此該猓匪等迭在鄧川賓川等州地方糾夥持械搶奪及事後被拏拒斃捕人棄屍滅跡之原委也查郭順等被搶一案前經拏獲首從怒阿合等五名沈昇茂等被搶一案亦已拏獲從犯絞阿甲等五名內怒阿合等在監病故已將絞阿甲等照糧船水手夥眾持械搶奪為從例擬流洛准部覆在案其李灤洸等被搶各案經該州等分別勘驗詳緝茲先後獲犯十九名由府督同委員隔別審明各供均相脗合解道勘轉並經臬司覈詳似無遁飾查例載搶奪財物聚至十

人以上執持器械倚強肆掠果有凶暴衆著情
事者照糧船水手之例定擬又糧船水手夥衆
十人以上持械搶奪為首照強盜律治罪為從
減一等又律載強盜已行但得財者斬又犯罪
拒捕於本罪上加二等殺所捕人者斬監候為
從減一等又例載凶器傷人者發近邊充軍各
等語此案池項才保糾搶三次夥搶二次内惟
糾搶沈昇茂等銀物並楊鴻昌鹽馱二案聚衆
均在十人以上且各執持器械實屬倚強肆掠
凶暴衆著二罪相等從一科斷羅伍沅糾搶一
次夥搶二次内糾搶趙必昌等羸隻銀物一案
係聚衆十一人持械搶奪亦屬凶暴衆著池項

才保羅伍沅除搶奪為從及事後帮同拒捕各
輕罪不議外均合依搶奪財物聚至十人以上
執持器械倚強肆掠果有凶暴衆著情事者照
糧船水手之例定擬糧船水手夥衆十人以上
持械搶奪為首照強盜律治罪強盜已行但得
財者斬律擬斬立決羅阿映聽糾搶奪李潔洸
贏馬因事後被拏與夥犯池保善拒傷捕人楊
學深身死查楊學深身受二傷雖因骨殖殘失
不全無從辨驗傷痕輕重惟後被該犯羅阿映
戳傷致命左脇卽經倒地其為此傷致死無疑
且池保善先戳右肋一傷亦係聽從該犯主使
下手自應以該犯當其重罪羅阿映合依犯罪

拒捕殺所捕人者斬監候律擬斬監候該犯砍碎楊學深死屍雖係因硐窄小難於棄放所致並非挾忿支解第賊匪拒殺捕人復肆行殘屍較之尋常毆故殺人之犯其情尤為凶慘未便日久稽誅應將羅阿映一犯請

旨卽行正法以昭炯戒仍照例先行刺字池保善夥搶四次池保南夥搶三次均罪止流徒惟事後聽糾拒捕各用凶器鎗矛將捕人楊學深等戳傷自應從重問擬池保善池保南除帮同棄屍輕罪不議外均合依犯罪拒捕於本罪上加二等律於凶器傷人近邊充軍罪上加二等為從仍減一等擬發邊遠充軍池項魁等聽糾搶奪

李潆洸贏馬計贓十一兩零池項魁事後復用
棍帮拒捕人楊昭平復池項淋保事後復帮同
擡屍均罪止擬徒惟該犯等與夥賊楊汶煓等
聽糾拒捕當羅阿映等拒殺捕人楊學深之時
俱在場助勢即屬為從亦應從重問擬除楊黑
皮業已在監病故毋庸議外池項魁池項淋保
楊汶煓怒小狗池高幅池發詳均合依犯罪拒
捕殺所捕人者斬監候為從減一等律於首犯
羅阿映斬罪上減一等各杖一百流三千里怒
遇科先經聽從怒阿合搶奪郭順等金銀復與
紫阿香等聽從池項才保羅伍沅持械搶奪楊
鴻昌趙必昌等贏隻銀物各一次均應擬流二

罪相等從一科斷怒遇科紫阿香怒阿發怒阿六池六奎池五斤保絞勝詳均合依搶奪財物聚至十人以上執持器械倚強肆掠果有凶暴眾著情事者照糧船水手之例分別首從定擬糧船水手夥眾十人以上持械搶奪為首照強盜律治罪為從減一等例於首犯池項才保等斬罪上減一等各杖一百流三千里與池保善等均照例刺字發配折責安置以上各犯除監斃外現擬斬罪三名軍流十五名因人數眾多程途窵遠若概令解省審辦易致疎虞且池項才保羅伍沅二犯均罪干斬決尤恐瘐斃倖逃顯戮不足以儆凶頑臣等於覈明後查照前

二九 雲貴總督林則徐等奏摺 拏獲鄧川等處迭搶害命要犯池項才保等審明定擬 道光二十八年十一月二十二日

奏就地正法章程咨會提臣榮玉材會同迤西道
王發越恭請
王命將池項才保羅伍沅二犯先行正法俾附近猓
夷咸知儆畏餘犯羅阿映等分寄迤西各監聽
候部覆到日分別辦理紫阿香等訊無父兄其
出外為匪原籍牌甲無從覺察所有失察池項
才保等為匪之父兄牌甲飭傳分別責革買贓
之不識姓名人請免查提楊昭等傷已平復楊
黑皮在監病故刑禁人等並無凌虐均毋庸議
失贓照估追賠逸犯羅玉奎等飭緝獲日另結
屍骨已據飭屬領埋凶器鎗械供棄免追查郭
順等被搶一案首夥十三人已先後拏獲八名

沈昇茂等被搶一案首夥十一人已先後拏獲
六名李潆洸被搶一案首夥十四人已於初叅
限内拏獲十二名均獲犯過半兼獲糾搶及拒
捕殺人首犯其楊鴻昌趙必昌等被搶各案於
疎防限内犯均全獲各該職名邀免開叅楊黑
皮係帶病進監病故管獄官例無處分所有首
先獲犯應敘職名飭取開報再查該處猓夷皆
於邃谷深林巢居穴處鮮務生業若非設法安
置誠恐習為匪徒已飭鄧川州擇於官荒山地
捐蓋草房查造户冊妥令居止教以樹畜俾贍
身家並令編入保甲一體抽查復為設立頭人
隨時稽束庶使漸除獷悍以免擾害地方除全

案供招咨部外謹將審擬緣由合詞恭摺具

奏伏乞

皇上聖鑒敕部覈覆施行謹

奏

刑部議奏

道光二十八年十一月 二十二 日

雲貴總督林則徐等奏片 **昭通知府胡長庚丁憂暫委代理開化府劉禧祖署理請旨簡放**

再昭通府知府胡長庚聞訃丁本生母憂除該員丁憂日期另行恭疏
題報並飭取聞訃親供送部外所遺昭通府知府缺應即委員接署查該府壤接川黔漢夷雜處政務殷繁非明幹之員不足以資治理查有代理開化府請升龍陵同知之阿迷州知州劉禧
祖年壯才明辦事幹練堪以委往署理據藩臬兩司會詳前來臣等已檄飭遵照並飭令卸署楚雄府之開化府知府竇俊速回本任以專責成再昭通府係請
旨簡放之缺恭候
聖恩簡放以重職守謹附片具

雲貴總督林則徐等奏片　昭通知府胡長庚丁憂暫委代理開化府劉禧祖署理請旨簡放

道光二十八年十一月二十二日

奏伏乞
聖鑒謹
奏
已有旨

雲貴總督林則徐等奏摺　查明雲南本年並無私鑄小錢
道光二十八年十一月二十三日

雲貴總督林則徐等奏摺　查明雲南本年並無私鑄小錢

奏

二九

雲貴總督林則徐等奏摺　查明雲南本年並無私鑄小錢

道光二十八年十一月二十三日

雲貴總督臣林則徐
雲南巡撫臣程矞采跪

奏為遵
旨查禁私鑄仰祈
聖鑒事竊照道光十年欽奉
上諭御史徐培深奏請飭禁私錢一摺著各直省督
撫一體飭屬查禁毋得稍有懈弛責成各州縣隨
時訪拏究辦並於年終出具境内並無私鑄及行
使小錢印結詳報督撫督撫於年終具奏一次毋
得視為具文以肅錢法欽此臣等伏查私鑄小錢
最為圜法之害滇省山深箐密素產銅鉛誠恐
稽察稍疎奸徒潛匿私鑄致有民間行使小錢
之弊節經札行司道督飭各廠員及地方官嚴

密訪拏究辦歷屆年底取具各屬印結
奏報在案本年據各廳州縣詳報民間行使俱係
局鑄制錢並無小錢攙雜等情出具印結經該
管道府州等查明加結由藩臬兩司詳請具
奏前來臣等覆加訪查無異除仍飭司道嚴檄各
屬認真查禁並於深山僻壤會同營員隨時巡
拏有犯必獲務期私鑄絕跡官錢流通不得稍
有懈弛致干恭究外臣等謹合詞具
奏伏乞
皇上聖鑒謹
奏

覧

雲貴總督林則徐等奏摺　查明雲南本年並無私鑄小錢

道光二十八年十一月二十三日

道光二十八年十一月二十三日

雲貴總督林則徐等奏摺　**雲南藩庫歷年奉旨豁免及官員參欠未完銀請照案分年補還**

二九

雲貴總督林則徐等奏摺　雲南藩庫歷年奉旨豁免及官員參欠未完銀請照案分年補還

道光二十八年十一月二十三日

雲貴總督臣林則徐
雲南巡撫臣程矞采跪

奏為稽核藩司庫款查出嘉慶二年至道光十三
年奏平項下因遇軍需災賑奉
旨豁免及各員參欠未完不敷例支養廉暨解部飯
食等用歷經借款墊發久未歸還擬請分年籌
補以昭核實而清帑項恭摺奏祈
聖鑒事竊查外省庫儲絲毫均關
國帑不特出納應須詳慎即借墊等項亦應隨時
清查庶款不混淆銀歸實貯臣等督同藩司縷
析鈎稽務使秩然不紊於近年出入固無不謹
慎度支而遠年積款亦必竟委窮源追查綜核
應歸補者即籌歸補應撥還者速議撥還期於

二九 雲貴總督林則徐等奏摺 雲南藩庫歷年奉旨豁免及官員參欠未完銀請照案分年補還 道光二十八年十一月二十三日

庫款一律清釐不致稍留轇轕茲據該司趙光祖查明滇省年徵條丁及餘米改折隨徵奏平銀一萬九千九百數十兩例係支放督撫藩司養廉暨解部飯食馬脚等項按年造册奏銷内自嘉慶二年至道光十三年奏平項下因維西等處軍需灾賑疊奉
恩旨豁免及各員叅欠未完共銀二萬一千二百九十二兩零不敷各該年例支養廉及解部飯食馬脚等項從前歷任藩司陸續於庫款内借動墊發每届奏銷漏未聲明以後將新抵舊遞年套搭於前項未經歸補以致庫款久懸雖非該司任内之事不敢相率因循擬照養廉不敷在

於裁減歸公銀内支銷之案於裁減歸公養廉
雜費項下分年撥補以清庫款等情詳請具
奏前來臣等查滇省年額應徵條丁銀兩除思茅
等十廳州縣係新闢夷疆不徵火耗外其餘各
廳州縣共徵條丁銀十八萬三千三十七兩零
每條丁銀一兩隨徵火耗銀二錢内以七分歸
入公件以三分歸入解費項下支銷外餘銀一
錢撥入奏平年供額撥奏平銀一萬八千三百
三兩零又餘米改折項下年約折徵米一萬六
千數百石隨徵奏平銀一千六百數十兩二共
奏平銀一萬九千九百餘兩儘數支放總督養
廉銀四千四百兩巡撫養廉銀一千六百兩藩

司養廉銀八千兩起解户部科奏銷飯食馬脚等銀三千七百六十五兩零撥入公件項下收造總督巡撫裁減養廉銀各五百五十兩藩司裁減養廉銀四百兩提塘裁減貼費銀六百四兩零年共支銀一萬九千八百七十兩如有盈絀統於公件項下收撥按年造册奏銷除嘉慶元年以前收支清款外惟自嘉慶二年奏銷起至道光十三年止應徵奏平項下有咨追前藩司陳孝昇代賠大理楚雄等府縣以欠作完又賓川州崔嘉桂大姚縣江青安寧州劉其繩昆明縣許惇鄧川州史兆蘭等虧短未完奏平共銀二千二百七十七兩零又維西臨安永姚等

處軍需及建水等廳州縣節次水淹地震災賑
歷奉
恩旨豁免奏平共銀一萬九千十四兩零統共未收
奏平銀二萬一千二百九十二兩零各該年例
支養廉暨解部飯食等項即不敷動放經前歷
任藩司陸續於庫款内借動墊發而每屆奏銷
漏未聲明以後將新抵舊遞年套搭於前項迄
未歸補以致虛懸銀二萬一千二百九十二兩
零雖係奏平未除實於庫款懸缺溯查乾隆四
十三年奏銷改登酌更徵折永定章程等案内
奉到部覆養廉不敷准在於裁減歸公銀内支
銷等因在案是奏平銀内既有軍需災賑蠲免

及各員叅欠未完每屆奏銷即應於裁減歸公
養廉雜費項下按年撥補乃歷任各藩司既不
照案劃撥亦不將奏平不敷支放養廉等項借
動庫款墊發緣由於奏銷冊内隨時聲請撥還
以致庫款懸宕辦理實屬粗疎今既追查確實
不敢因漏未撥補於前再事因循於後伏思
恩免奏平銀兩係應作正開除至咨追各員虧賠奏
平除已豁免銀七百十四兩零外尚未完銀一
千五百六十二兩零閱今多年亦未准各省咨
報追獲均屬無款可歸若不亟籌撥還殊非核
實辦公之道所有自嘉慶二年至道光十三年
蠲免及叅追未完奏平不敷例支養廉暨解部

飯食等項借動庫款銀二萬一千二百九十二
兩零合無仰懇
聖恩俯准照案在於裁減歸公養廉雜費項下核實
撥補第裁減歸公養廉等銀年僅二千一百四
兩零應提撥十年方敷補還前項如蒙
俞允請自道光二十八年起分限十年陸續提撥清
還計得銀二萬一千四十四兩全數歸款下餘
不敷銀二百四十八兩零仍於裁減歸公養廉
等銀内找撥一俟清還前款仍照舊入於公件
項下以歸公用俾五十餘年積款一律清釐而
於庫項得歸實貯其從前歷任各藩司於動借
庫款不即隨時聲請撥補實屬咎無可辭惟事

隔多年官非一任且係因公借墊並非私自虧
挪所有各該藩司疎漏職名可否邀免查議之
處出自逾格
恩施除造具細數清册咨部查核外所有籌議緣由
是否有當謹合詞恭摺具
奏伏乞
皇上聖鑒訓示謹
奏
戶部議奏

道光二十八年十一月二十三日

上諭　著林則徐等俟試用知府張恩溥到滇即察有無風疾堪否勝任

軍機大臣　字寄

雲貴總督林　雲南巡撫程　道光二十八年

十二月初十日奉

上諭分發雲南試用知府張恩溥係正途出身曾應

民社惟該員前於知府分發名見時朕見其面頰

微動似有風疾該員到省後著林則徐程矞采留

心察看該員有無風疾果否堪勝差遣據實覆奏

將此諭令知之欽此遵

旨寄信前來

道光二十八年十二月初十日内閣奉
上諭林則徐程矞采奏遵保查辦匪案出力員弁請
分別奬勵並開單呈覽一摺雲南姚州及白井匪
徒滋事在事文武員弁實心實力解散掩捕不辭
勞瘁俾人心攝服地方敉安自應量予恩施以昭
激勸署楚雄府開化府知府寶俊著賞戴花翎署
姚州知州委用知縣吳嘉思著俟補缺後即以同
知直隸州不論繁簡儘先補用並賞戴花翎楚雄
縣知縣彭克偁著賞加同知銜仍交部議敘通海
縣知縣袁風清候補知縣王秀毓均著賞加知州
銜迤南道桑春榮兼攝白鹽井提舉楚雄府知府
裴驄准升景東廳同知昆明縣知縣賈洪詔署賓

上諭　著照林則徐等所請獎勵姚州及白井軍務出力員弁
道光二十八年十二月初十日

川州知州李崢嶸廣通縣知縣潘銘恩候補布政司經歷彭衍墀均著交部從優議敘試用通判沈傳經寶寧縣知縣嚴鉷即補府經歷縣丞謝德淳均著交部議敘五品銜按察司經歷吳榮昌著以知縣補用開復東川府巧家經歷顧壬濬著俟補缺後以應升之缺升用前代理鎮南州試用府經歷借補馬龍州吏目劉祖崑著以應升之缺升用前署白鹽井大使試用直隸州州判汪梅前署安豐井大使試用直隸州州判閔譽振均著儘先補用鎮雄州吏目茹承志著開缺以府經歷縣丞即補署姚州吏目南安州吏目黃受祿著以府經歷縣丞補用署景東廳同知官昕代理雲南縣陸萬

硃　硃

鵬署普洱州判袁榕姚州吏目董爲霖署苴卻巡
檢吳學曾均著交部分別議敘鶴麗鎮衙門書識
李重典著以未入流歸部儘先選用鶴麗鎮總兵
音德布昭通鎮總兵劉定選均著交部從優議敘
貴州永安協副將趙萬春著賞給勉勇巴圖魯名
號貴州定廣協副將李瑞著賞給固勇巴圖魯名
號署武定營參將督標中軍副將文俊著賞戴花
翎署楚雄協副將普洱鎮中營遊擊尚宗慶著以
應升之缺儘先升用鶴麗鎮標中營守備嚴珍昭
通鎮標右營守備段凱均著以都司儘先升用提
標中營千總燕陛雲楚雄協千總袁得華楚雄協
右哨千總余開春均著以守備儘先升用先換頂

帶臨元鎮標新嵈營守備施嘉祥昭通鎮標中營
守備李廷楷均著交部議敘昭通鎮標左營左哨
千總蕭雲鰲著以守備升用先換頂帶撫標左營
把總施嘉賓昭通鎮標中營把總楊景興鶴麗鎮
標左營把總趙朝謨楚雄協把總龍翔武定營把
總馮世興均著以千總升用先換頂帶督標額外
外委黃成章提標外委沙國瑞昭通鎮標外委徐
浦馬文秀額外外委劉助祿鶴麗鎮標額外外委
周誥楚雄協外委丁尚久李國良額外外委樊永
泰均著賞給六品頂帶餘著照所擬辦理該部知
道單併發欽此

大學士管理户部事務潘世恩等題本　核銷滇省道光二十七年各標鎮協營兵馬錢糧支用各款

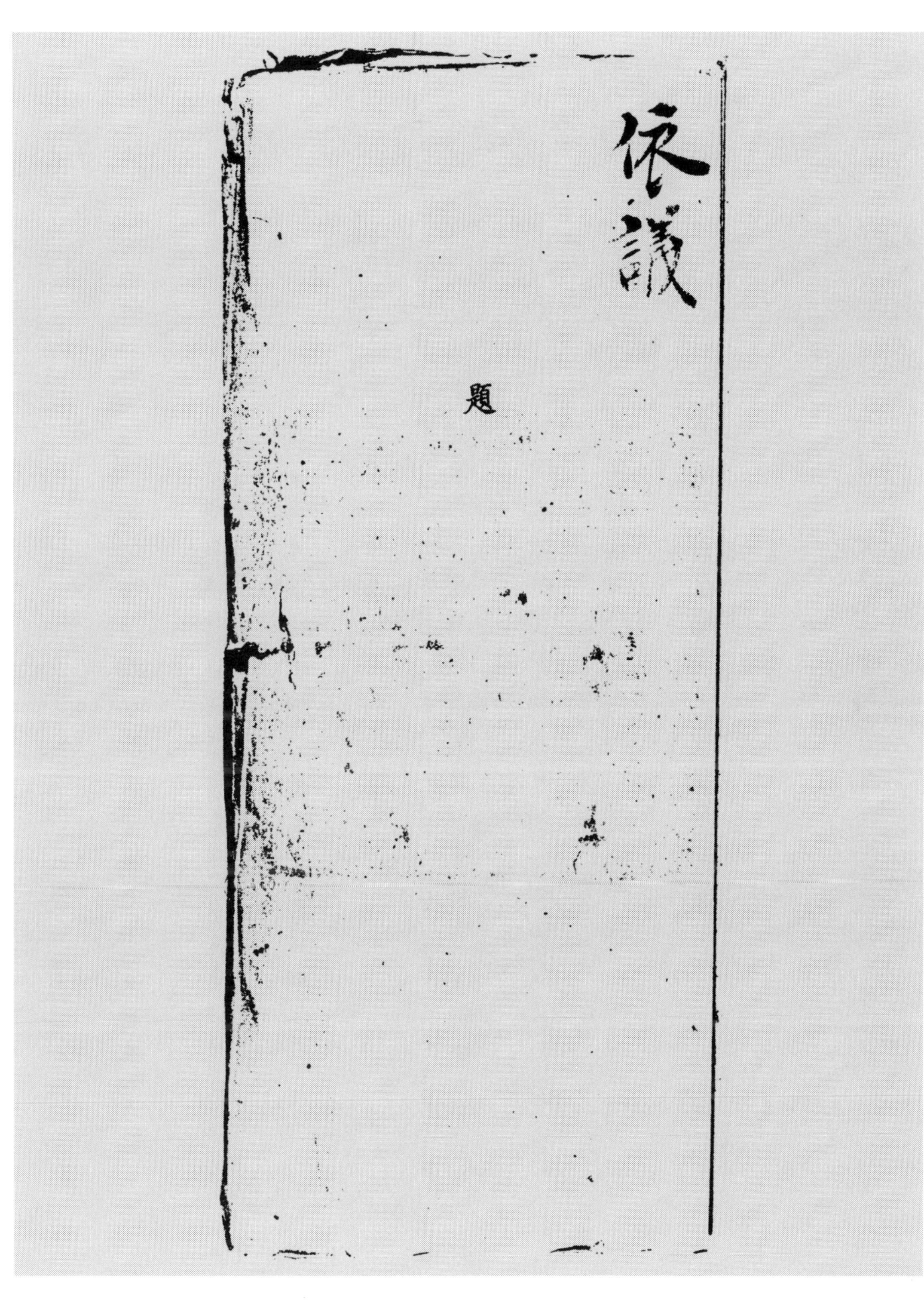
依議
題

大學士管理户部事務潘世恩等題本　核銷滇省道光二十七年各標鎮協營兵馬錢糧支用各款

道光二十八年十二月初十日

太傅大學士管理户部事務臣潘世恩等謹
題為奏銷等事户科抄出雲貴總督林則徐題滇
省各標鎮協營道光貳拾柒年官兵支過俸餉
馬乾銀米造冊奏銷一案道光貳拾捌年伍月
貳拾玖日題玖月貳拾日奉
旨該部察核具奏冊併發欽此欽遵於本日抄出到
部臣部隨將該督揭送官兵馬匹數目以及起
止日期原冊行查兵部去後今於拾月貳拾叁
日准兵部查明同原冊咨覆到部
該臣等查得雲貴總督林則徐將滇省道光貳
拾柒年分督撫提三標臨元等六鎮曲尋等五

二九

大學士管理户部事務潘世恩等題本 核銷滇省道光二十七年各標鎮協營兵馬錢糧支用各款
道光二十八年十二月初十日

協雲南城守等十五營官兵支過俸餉馬乾月
糧等項銀米造冊具
題前來據冊開
一奉撥官兵歲需俸餉等銀柒拾壹萬柒千玖
百柒拾壹兩貳錢玖分內放給各標鎮協營俸
餉等銀陸拾柒萬柒千壹拾貳兩叁錢貳分貳
釐等語 查前項撥給俸餉銀兩臣部核與
原撥數目相符所有滇省官兵馬匹數目以及
起止日期行查兵部覆稱兵丁名數核與該督
冊報相符其支過俸餉銀兩俱係例應支過之
項應准開銷
一官兵朋扣銀貳萬貳千肆百肆兩貳錢肆分

伍釐又千總楊在春等降住俸銀貳百貳拾玖兩叁錢壹分玖釐另於道光貳拾捌年夏季完俸冊內收造報撥等語　查前項朋扣銀兩應令該督轉飭造入該年朋馬奏銷案內題報查核其千總楊在春等降住俸銀貳百貳拾玖兩叁錢壹分玖釐據稱造入道光貳拾捌年夏季完俸冊內收造之處臣部照數登記應俟該季完俸冊造報至日再行查核

一扣建曠銀壹萬捌千叁百貳拾伍兩肆錢肆釐又收條丁銀肆千玖百伍拾捌兩肆錢叁分貳釐並聲明因陣傷亡故兵丁所遺眷屬孤苦無倚例准給予半餉銀米養贍又承襲世職人

員應支全半俸銀並本色兵米改支折色銀兩
俱係在於建曠項下動支及司庫條丁銀內動
支清款等語　　查前項扣存建曠銀兩核與
各營冊報扣存數目相符至兵餉建曠不敷支
放在於地丁銀內動支之處查與該年地丁奏
銷冊內造報數目相符應毋庸議
一放維西協阿海洛古墩浪中甸土官村等處
兵米貳千玖拾肆石壹斗捌升貳合每石折銀
貳兩共折銀肆千壹百捌拾捌兩叁錢陸分肆
釐又放臨元鎮騎都尉推陞山西潞澤營參將
馬濟美全年除撥折俸外應支世俸銀柒拾兩
陸錢陸分又放督標准陞庅營守備騰越鎮千

總張才等九十五員共支全半俸薪全飼馬銀
貳千陸百貳拾玖兩壹錢柒分壹釐又放臨元
鎮候補外委楊逵春等三員共支馬餉銀貳拾
伍兩貳錢又放督標候補遊擊康惠等二十二
員共支半俸薪銀壹百伍拾貳兩肆錢貳分壹
釐又放督標雲騎尉畢聯甲等七十六員共支
全俸銀伍千肆百貳拾伍兩柒錢玖分貳釐又
放年未及歲雲騎尉楊炳等四十五員共支半
俸銀壹千柒百玖兩伍錢陸分叁釐又放督標
恩騎尉王俊義等七十七員共支全俸銀貳千
捌百柒拾柒兩玖錢伍分柒釐又放年未及歲
恩騎尉太焜等四十一員共支半俸銀捌百陸

拾叁兩陸錢貳分伍釐又於大理城守營新設
三七汛撥添步守兵六十名找支餉銀肆百肆
拾陸兩捌分柒釐以上共支銷銀壹萬捌千叁
百捌拾捌兩捌錢肆分等語　查定例雲南
省維西協所屬維西中甸二廳並塤浪二汛兵
米每石折銀貳兩又例載武職由分發候補有
職銜者到營後照銜給與一半俸薪又由試用
官署理暫行離任之缺照銜給半俸照缺給半
薪全支例馬等因均於截曠項下支銷如各項
員弁內原有世職俸銀並原有全俸可支署暫
行離任之缺准其支食半薪署陞選事故之缺
准其支食全薪其俸銀概不重支又承襲世職

人員准其承襲發標學習未經得缺情愿効力
准食全俸其年未及歲該督撫題准承襲後給
與半俸又降調委用等官照所降應得職銜給
與一半俸薪又直省難廕世職人員遇有丁憂
及呈告終養者准其支食半俸各等因所有維
西協古墩浪二汎折給價值銀兩臣部核與例
給銀數相符其候補委署收標學習並世職已
未及歲等項人員支過俸薪例馬全俸半俸馬
餉等項銀兩均與例支銀數並歷辦成案相符
俱應准其開銷外其大理城守營新設三七汎
撥添步守兵丁應找餉銀該省有無奏咨案據
疏冊内未據聲明無憑查核應令該督撫詳細

查明報部核辦
一放承廕八品監生李萬春等七員共支馬餉
銀貳百陸兩柒錢貳分捌釐又放辭休外委王
泰等五員共支步守餉銀柒拾叁兩捌錢壹
分柒釐又放出師黔楚等處殘廢兵林大年等
二百四十四名共支守餉銀貳千陸百柒拾捌
兩貳錢陸分玖釐又放出師黔楚等處陣傷亡
故兵何天標等一百七十三名家屬共支半餉
米折銀壹千玖百叁拾壹兩叁錢捌分貳釐又
放出師四川打仗冲失兵李正國家屬減半半
餉米折銀肆兩捌錢以上共支銷銀肆千捌百
玖拾肆兩玖錢玖分陸釐等語　查定例雖

廢八品監生如年未及歲准食無乾馬餉至收
標學習之日糧餉馬乾一併支給又千總外委
曽經出師打仗受傷年在五十歲以上者給與
半俸又千總外委曽經出師打仗受傷續經辭
退告休年在五十歲以上者給與步糧一分若
年老力衰以致弓馬生疎不能差操經該督咨
革勒休實無產業及無子嗣在營食糧亦給與
守糧一分以資養贍又曽經出征効力兵丁被
傷患病致成殘廢如有子弟在營食糧者月給
餉米叁斗並無子弟在營食糧者給與守糧一
分又出師陣亡病故兵丁眷屬月給半餉銀伍
錢米叁斗又打仗冲失兵丁眷屬照減半例再

行減半給與各等因又陣傷亡故兵丁眷屬口
糧每石折銀壹兩歷經辦理在案今滇省道光
貳拾柒年承廕八品監生並辭休員弁及出師
黔楚等處陣傷亡故弁兵行查兵部覆稱均與
該督咨報冊內數目相符所有前項各員弁支
給餉乾並故兵眷屬支過半餉及減半半餉米
折等項銀兩臣部核與定例並例辦成案相符
俱應准其開銷
一冊稱二十九標鎮協營共實銷各款銀伍萬
壹千捌百壹拾叁兩柒錢陸分伍釐應扣減平
銀叁千壹百捌兩捌錢貳分陸釐內除已由四
季冊造支過俸餉等銀肆萬伍千叁百柒拾玖

兩壹錢叁分伍釐業經繳過減平銀貳千柒百貳拾貳兩柒錢肆分玖釐外現在奏銷核實計找支俸餉等銀陸千肆百叁拾肆兩陸錢叁分尚未補繳減平銀叁百捌拾陸兩柒分柒釐除俟歸入造報道光貳拾柒年分藩庫補繳各款減平司總冊内欵造詳咨並遵照奏准章程留抵貳拾玖年滇餉外所有扣繳前項各官減平銀兩俱係按照實銷之數據實扣繳等語

查前項應扣繳減平銀叁千壹百捌兩捌錢壹分陸釐應令該督撫速飭遵照奏明撥充滇餉報部查核

一舊管米叁拾柒萬壹千玖百陸拾貳石肆斗

肆升貳合肆勺新收米壹拾伍萬貳千柒百伍拾陸石伍斗玖升玖合玖勺等語　查前項舊管米石臣部核與上屆奏銷案內實存數目相符新收米石按冊核算亦屬符合應毋庸議

一開除放給各標鎮協營兵米壹拾肆萬柒拾石壹升捌合內有承廕八品監生李萬春等七十九員未經接劄仍支外委月糧米壹百叁拾玖石貳斗玖升又放筆帖式伊精額官役家丁口糧米叁拾伍石叁斗伍升捌合等語　查前項放給各標鎮協營兵米及筆帖式家丁口糧米石臣部按冊核算與應給之數相符所有承廕八品監生李萬春等七十九員未經接劄

仍支外委月糧米石應令該督撫轉飭將應支
細數分晰報部查核
一實存米叁拾捌萬肆千陸百伍石陸斗陸升
陸合叁勺內截存建曠米貳千壹百捌拾柒石
肆斗柒升等語　查前項實存米石核與應
存數目相符應令該督撫轉飭入於下居奏銷
案內舊管項下題報查核此案於道光貳拾捌
年玖月貳拾日科抄到部行查兵部於拾月貳
拾叁日覆回兹於拾貳月初拾日辦理具
題合併聲明臣等未敢擅便謹
題請
旨

大學士管理户部事務潘世恩等題本　核銷滇省道光二十七年各標鎮協營兵馬錢糧支用各款　道光二十八年十二月初十日

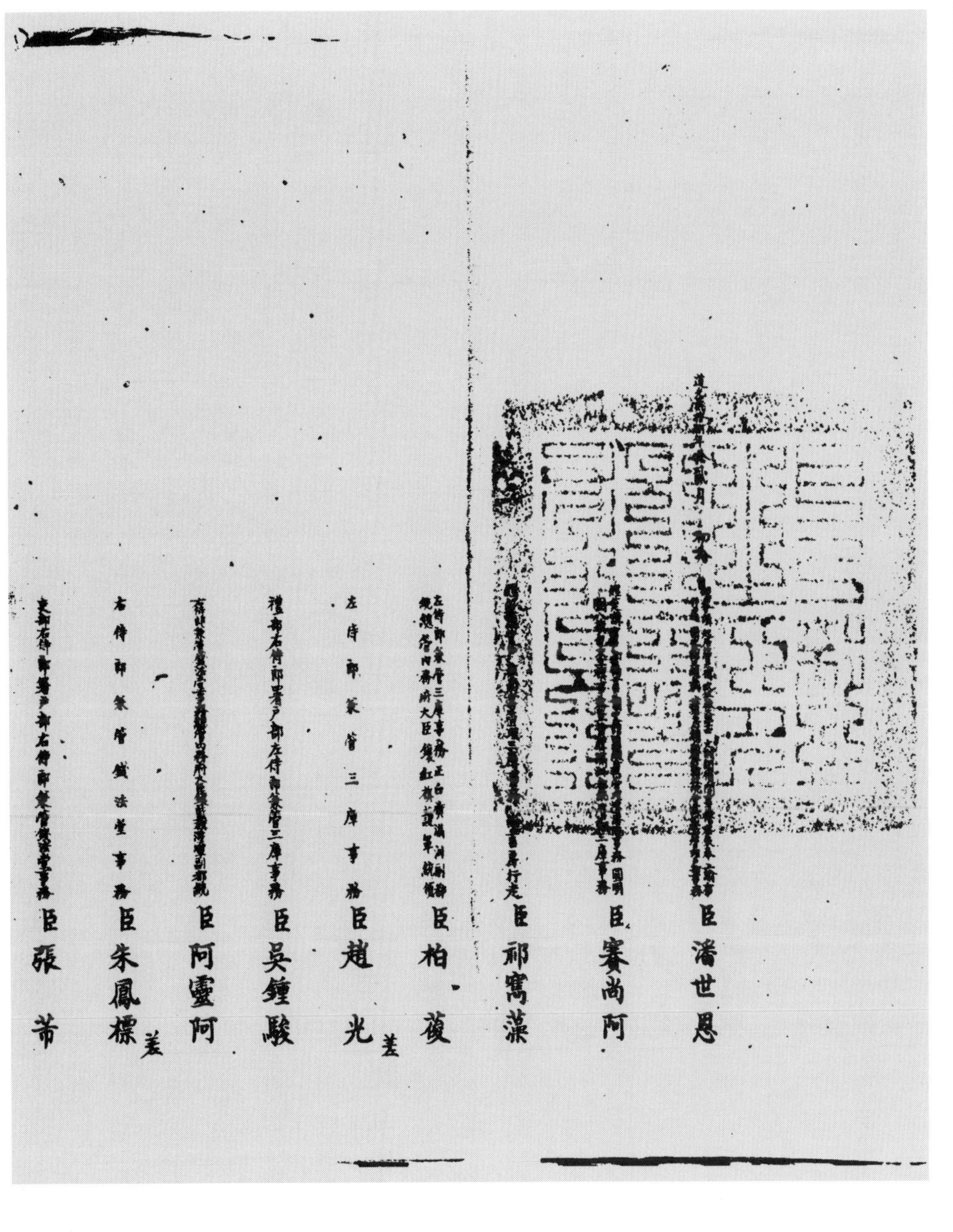
道光[illegible]月初[illegible][illegible]臣潘世恩

[illegible]三庫事務臣賽尚阿

[illegible]行走臣祁寯藻

左侍郎兼管三庫事務正白旗滿洲副都統總管內務府大臣鑲紅旗護軍統領臣柏葰

左侍郎兼管三庫事務臣趙光　差

禮部右侍郎署戶部左侍郎兼管三庫事務臣吳鍾駿

右侍郎[illegible]內務府大臣[illegible]副都統臣阿靈阿

右侍郎兼管錢法堂事務臣朱鳳標　差

吏部右侍郎署戶部右侍郎兼管[illegible]事務臣張芾

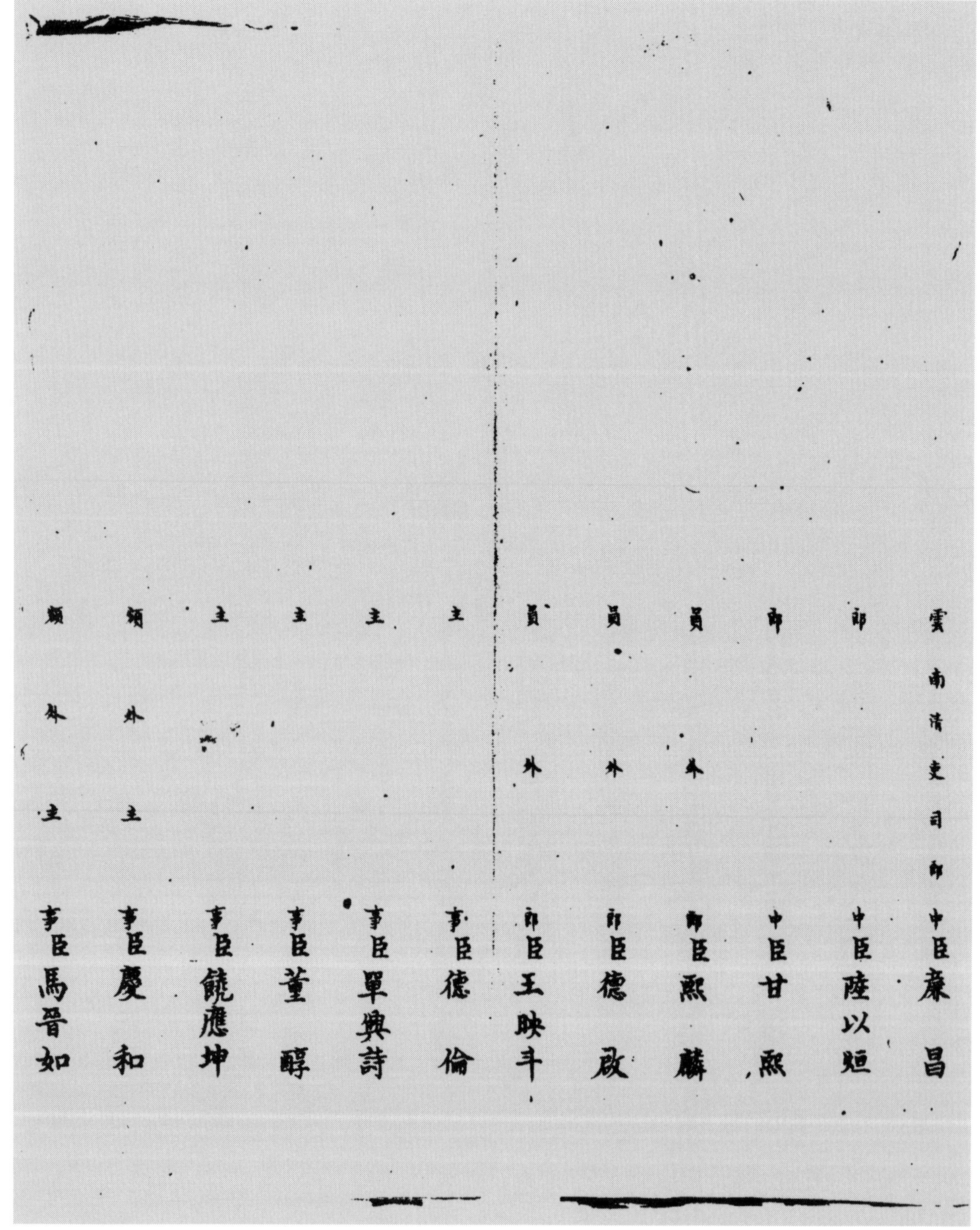
雲南清吏司郎中臣康昌
郎中臣陸以烜
郎中臣甘熙
員外郎臣熙麟
員外郎臣德啟
員外郎臣王映斗
主事臣德倫
主事臣單興詩
主事臣董醇
主事臣饒應坤
額外主事臣慶和
額外主事臣馬晉如

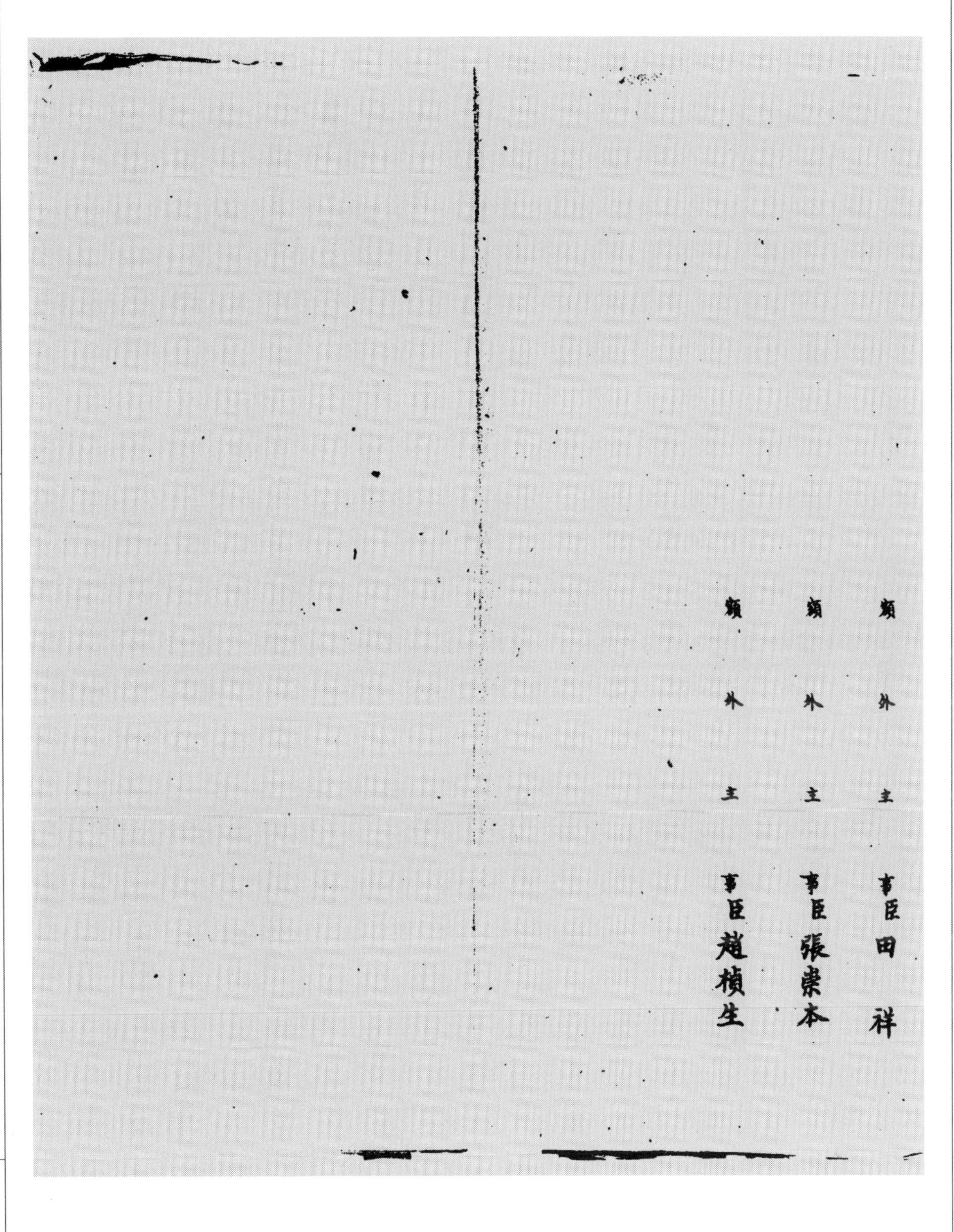
額外主事臣田祥
額外主事臣張崇本
額外主事臣趙楨生

大學士管理户部事務潘世恩等題本　**核銷滇省道光二十七年武職各官支過養廉銀兩**

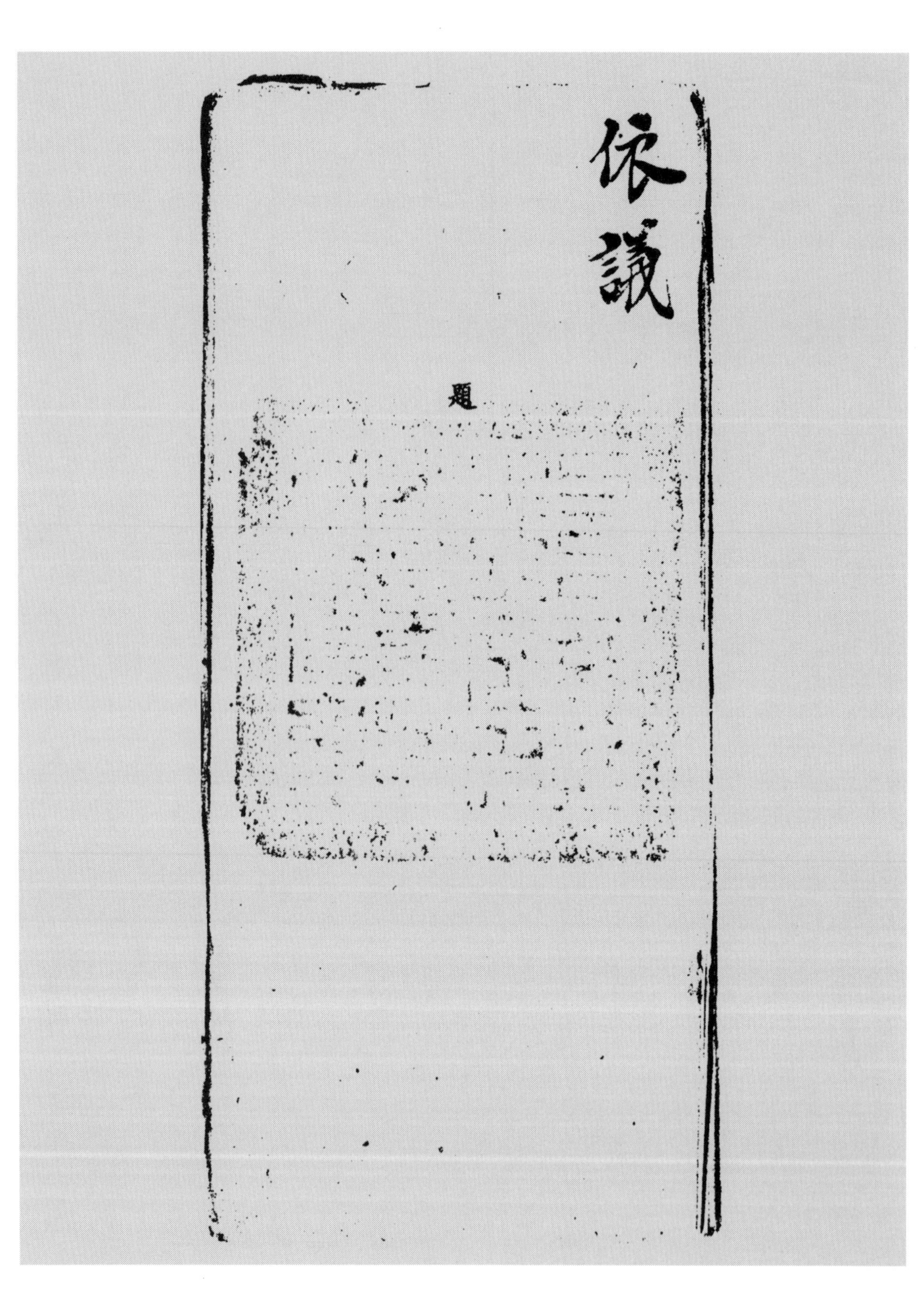
依議

題

大學士管理户部事務潘世恩等題本　核銷滇省道光二十七年武職各官支過養廉銀兩

道光二十八年十二月初十日

太傅大學士管理户部事務臣潘世恩等謹
題為奏銷等事户科抄出雲貴總督林則徐題滇
省道光貳拾柒年分武職各官支過養廉銀兩
造冊題銷一案道光貳拾捌年伍月貳拾玖日
題玖月拾壹日奉
旨該部察覈具奏欽此欽遵於本日抄出到部臣部
隨將該督揭送武職各官到任署卸各日期原
冊行查兵部去後今於拾月拾壹日准兵部查
明詷原冊咨覆到部
該臣等查得雲貴總督林則徐疏稱武職年支
養廉銀兩例應按年造冊題銷茲據雲南布政

二九　大學士管理户部事務潘世恩等題本　核銷滇省道光二十七年武職各官支過養廉銀兩

道光二十八年十二月初十日

使趙光祖詳稱查明滇省道光貳拾柒年分督
撫提等二十九標鎮協營武職養廉原撥收銀
捌萬伍百捌拾捌兩係布政使趙光祖任內經
收開除一款各營官弁共支養廉銀柒萬伍千
壹百貳拾兩貳錢伍分陸釐係布政使趙光祖
任內經放共截曠養廉銀伍千肆百陸拾柒兩
柒錢肆分肆釐內除支放各標鎮協營委署各
官張才等八十一員支食全半廉并開化鎮總
兵塔清阿原任鶴麗鎮烏精阿補支遞次半廉
共銀貳千捌百叁兩柒錢陸分叁釐係布政使
趙光祖任內全數經放實在存庫銀貳千陸百
陸拾叁兩玖錢捌分壹釐除俟造入道光貳拾

捌年秋撥估餉冊內收造報撥又各營官弁實銷
全半養廉銀柒萬柒千玖百貳拾肆兩壹分玖
釐應扣減平銀肆千陸百柒拾伍兩肆錢肆分
壹釐內除已由四季冊造支過銀陸萬叁千柒
百陸拾兩陸錢貳分壹釐業經繳過減平銀叁
千捌百貳拾伍兩陸錢叁分捌釐外今奏銷覈
實計找支全半廉銀壹萬肆千壹百陸拾叁兩
叁錢玖分捌釐尚應補繳減平銀捌百肆拾玖
兩捌錢叁釐除俟歸入造報貳拾柒年分藩庫
補繳各款減平司總冊內收造詳咨并遵照本
准章程留抵貳拾玖年滇餉外所有扣繳前項
各官減平銀兩俱係按照實銷實扣相應將啟

大學士管理户部事務潘世恩等題本　核銷滇省道光二十七年武職各官支過養廉銀兩

道光二十八年十二月初十日

支武職養廉銀兩數目彙造總冊同各營細冊
及減平各冊詳請查覈題銷等情臣覆覈無異
除冊分送部科外臣謹會同雲南巡撫臣程矞
采理合恭疏具題等因前來　查定例各省
綠營武職各官歲支養廉銀兩提督每員貳千
兩總兵每員壹千伍百兩副將每員捌百兩叅
將每員伍百兩遊擊每員肆百兩都司每員貳
百陸拾兩守備每員貳百兩千總每員壹百貳
拾兩把總每員玖拾兩經制外委千把總每員
壹拾捌兩又例載雲南之騰越鎮龍陵協總兵
歲支銀壹千陸百兩副將每員玖百兩遊擊每
員肆百伍拾兩都司每員叁百兩守備每員貳

百貳拾兩千總每員壹百肆拾兩把總每員壹
百兩經制外委千把總每員貳拾貳兩又試用
候補人員委署暫行離任之缺支給養廉十分
之五又例載雲南提督於養廉外加賞銀伍百
兩雲南總兵於養廉外每員加賞銀貳百兩又
例載各直省綠營武職頭缺員弁養廉銀兩新
任官以受劄任事之日起支舊任以離營卸事
之日住支由外陞調人員雖經任事尚未奉
旨者仍照舊任職銜支給如業已奉
旨任事祗未受劄及未經引
見者准其支食新任養廉暫行離營之缺委分發試
用候補人員署理者准照缺酌給養廉十分之

二九 大學士管理户部事務潘世恩等題本 核銷滇省道光二十七年武職各官支過養廉銀兩

道光二十八年十二月初十日

五陞選事故員缺委試用官署理者養廉銀兩
照缺全支由現任官兼署者全支本任半支署
任由現任遞署不兼本任者就署任遞支各等
因今據雲貴總督林則徐將滇省道光貳拾柒
年分武職官弁支過養廉銀兩造冊題銷原撥
收銀捌萬伍百捌拾捌兩覈與道光貳拾柒年
春撥冊内撥收銀數相符其各員到任署卸接
劄各日期行查兵部覆稱均與該督冊報相符
所有各標鎮協營員弁支過養廉銀柒萬伍千
壹百貳拾兩貳錢伍分陸釐又扣委署各官張
才等八十一員支食全半廉并開化鎮總兵塔
清阿原任鶴麗鎮總兵烏精阿補支遞次半廉

共銀貳千捌百叁兩柒錢陸分叁釐覈與例給
銀數均屬相符應准開銷其實存銀貳千陸百
陸拾叁兩玖錢捌分壹釐據稱造入道光貳拾
捌年秋撥冊内收造覈與該季撥冊内收造銀
數相符應毋庸議至應扣減平銀肆千陸百柒
拾伍兩肆錢肆分壹釐應令該督即飭撥充兵
餉報部查覈此案於道光貳拾捌年玖月拾壹
日科抄到部行查兵部於拾月拾壹日覆回兹
於拾貳月初拾日辦理具
題合併聲明臣等未敢擅便謹
題請
旨

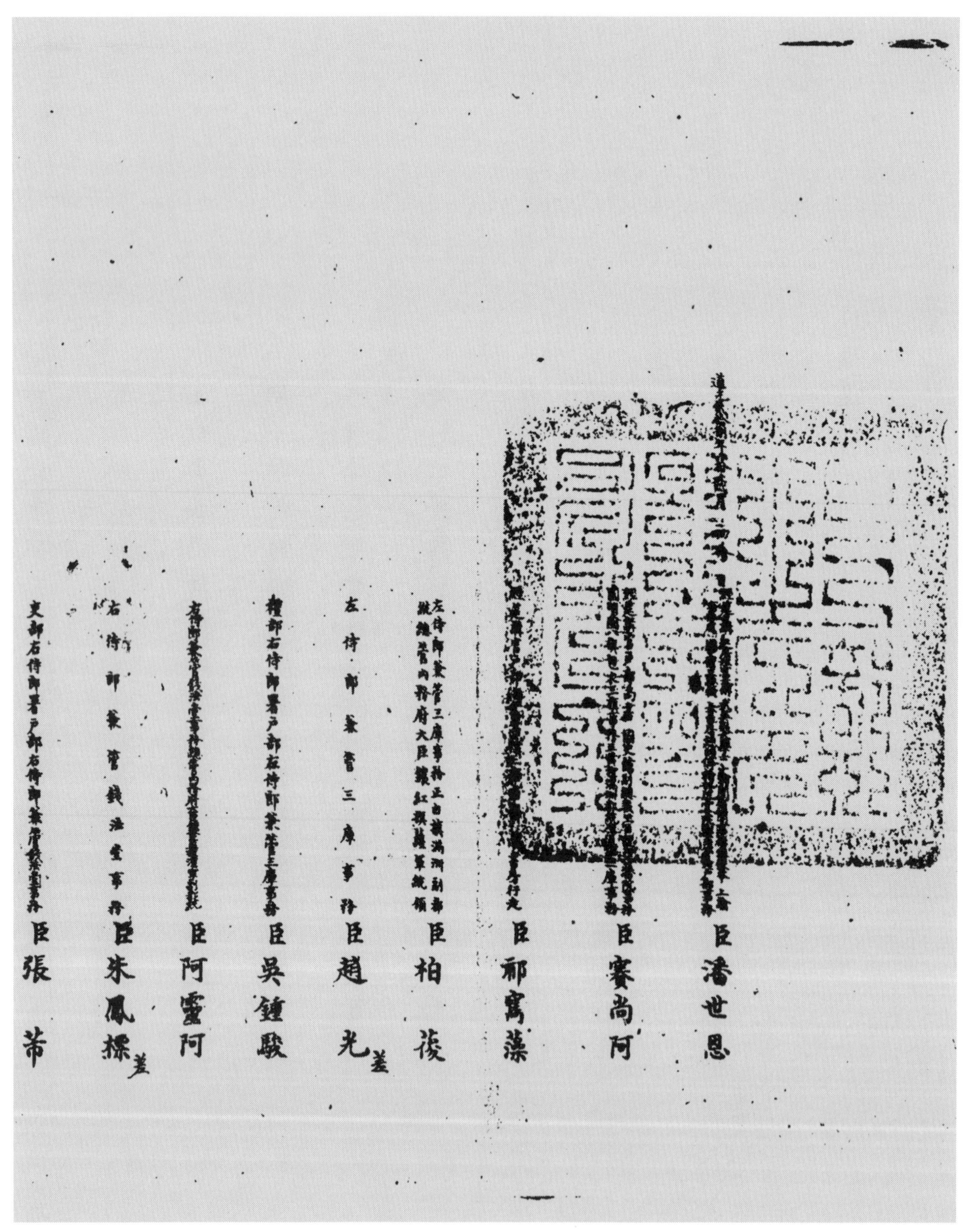

道光[illegible]

[illegible]臣潘世恩

[illegible]三庫事務臣賽尚阿

[illegible]行走臣祁寯藻

左侍郎兼管三庫事務正白旗滿洲副都統總管內務府大臣鑲紅旗護軍統領臣柏葰

左侍郎兼管三庫事務臣趙光　差

禮部右侍郎署戶部左侍郎兼管三庫事務臣吳鍾駿

右侍郎兼管錢法堂事務[illegible]臣阿靈阿

右侍郎兼管錢法堂事務臣朱鳳標　差

吏部右侍郎署戶部右侍郎兼管錢法堂事務臣張芾

雲南清吏司郎中臣慶昌
郎中臣陸以烜
郎中臣甘熙
員外郎臣熙麟
員外郎臣德啟
員外郎臣王映斗
主事臣德倫
主事臣單興詩
主事臣董醇
主事臣饒應坤
額外主事臣慶和
額外主事臣馬晉如

額外主事臣田　祥

額外主事臣張崇本

額外主事臣趙楨生

吏部尚書文慶等奏摺

林則徐保舉保山軍務人員内核有與例不符捐輸未奉旨情事

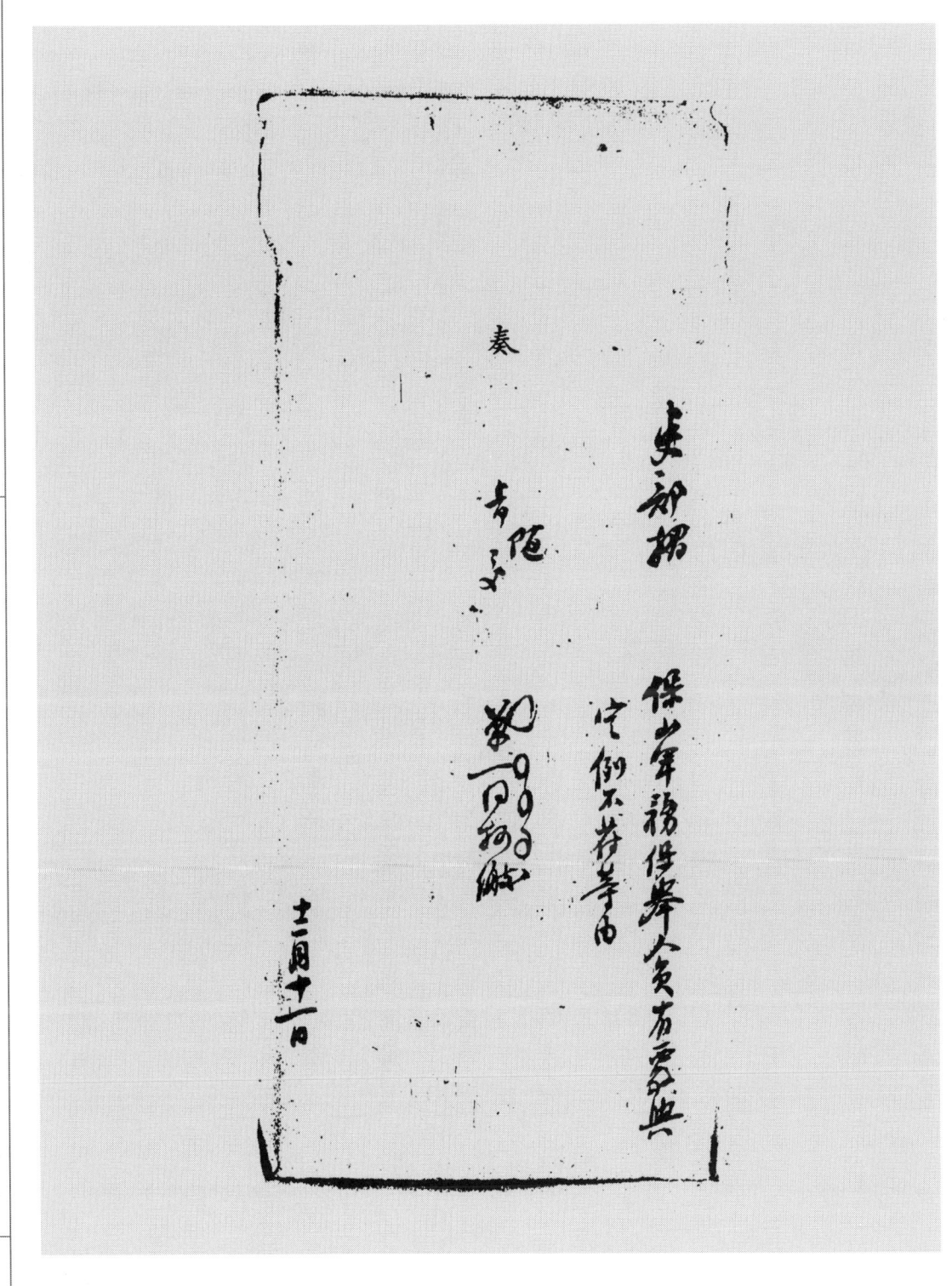

吏部摺

保山軍務保舉人員有覈與

定例不符等由

奏

十二月十一日

二九

吏部尚書文慶等奏摺 林則徐保舉保山軍務人員內核有與例不符捐輸未奉旨情事

道光二十八年十二月十一日

吏部尚書臣文慶等謹
奏為奏明請
旨事內閣抄出道光二十八年十一月初七日奉
上諭前降旨飭令林則徐將雲南保山軍務出力並
搜拏永順軍營劉散餘匪各員弁據實保奏茲據
該督遵旨保舉並開單呈覽一摺所有在事出力
人員尤宜量加鼓勵以昭激勸蒙化同知署永昌
府龍陵同知江之旭著開缺以知府留於雲南不
論繁簡補用捐輸府經歷江川縣典史胡紹曾著
儘先補用試用縣丞杜浩著歸部儘先選用改捐
知州桂恒著以知州歸部遇缺即選已革代理雲
州知州東川府經歷顧壬濬著開復府經歷已革

雲州吏目鈕鳴皋著開復州吏目均留滇省補用
等因欽此欽遵抄出到部查定例各省現任候
補試用人員無論著有何項勞績有經該督撫
保奏祇准留於本省補用陞用如有奏請歸部
選用陞用者仍將該員奏明請
旨改歸外補等語又臣部奏定章程内開各項現任
捐輸捐陞例應引
見者俱調取引
見俟奉
旨發往到省後方准按班序補等因道光二十七年
十一月十二日奉
旨依議欽此又豫工二卯事例内開試用人員八品

等官捐銀一千五百兩以上議予分缺間用現任人員九品至未入流捐銀五百兩以上擬加一八品銜又奏定海疆捐輸章程内開候補京職人員准以京銜議敘如捐銀四千兩給予員外郎職銜又本有職銜人員將本身職銜照前項議敘銀數減半抵算又得有陞銜人員又經捐輸加級者應照實在之官覈議不得照陞銜銀數計算又八品等官捐銀三百八十兩九品等官捐銀二百四十兩議予加一級不得過五級等因各在案茲據雲貴總督林則徐奏保山軍務出力並搜拏永順軍營剿散餘匪在事出力人員欽奉

諭旨允准臣等查各員内有覈與定例不符亦有捐
　輸尚未奉
旨按照章程祇應給予加銜加級紀錄者惟各該員
　均因軍營出力奉
旨允准理合查明請
旨繕寫清單恭呈
御覽伏乞
皇上聖鑒
訓示遵行謹
奏

吏部尚书文庆等奏摺　林则徐保举保山军务人员内核有与例不符捐输未奉旨情事

道光二十八年十二月十一日

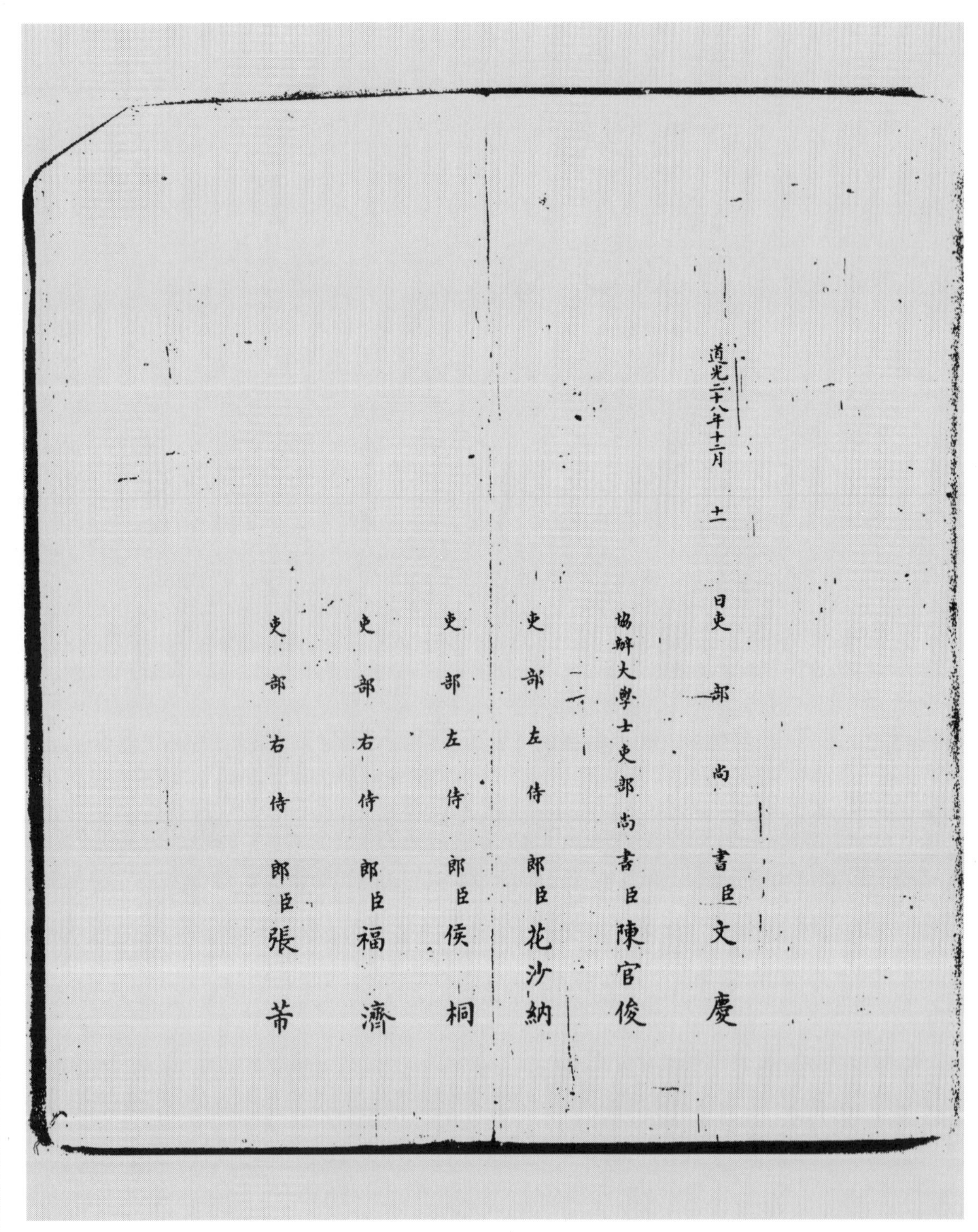

道光二十八年十二月　十一　日吏　部　尚　书臣文　庆

协办大学士吏部尚书臣陈官俊

吏　部　左　侍　郎臣花沙纳

吏　部　左　侍　郎臣侯　桐

吏　部　右　侍　郎臣福　济

吏　部　右　侍　郎臣张　芾

上諭　著照林則徐所請以馬善寶陞補貴州撫標中軍參將

道光二十八年十二月十三日内閣奉
上諭林則徐奏揀員升補要缺忝將一摺貴州撫標
中軍忝將員缺著仍以馬善寶升補照例送部引
見該部知道欽此

上諭　著將降調知縣廣和等人先行革職並改派琦善前往研訊定擬

道光二十八年十二月十三日內閣奉

上諭林則徐奏請將交審京控案內狡展拖延之降調知縣先行革職並將被控職員斥革提同嚴訊一摺前任雲南富民縣知縣降補府經歷縣丞廣和列款京控業經林則徐審有大概情形仍復恃符狡展報病拖延著先行革職州同職銜劉元吉即劉長春一併斥革此案牽涉既多林則徐以本省大吏究難折服該革員之心使之無所藉口著改派琦善馳驛前往雲南提同案內人證秉公研訊按律定擬具奏琦善俟裕誠到後即起身赴滇所有四川總督著裕誠兼署欽此

雲貴總督林則徐等奏摺　請以順寧知縣楊覲調補昆明知縣

二九　雲貴總督林則徐等奏摺　請以順寧知縣楊覲調補昆明知縣
道光二十八年十二月十八日

雲貴總督臣林則徐
雲南巡撫臣程矞采跪

奏為揀員調補省會知縣恭摺奏祈
聖鑒事竊查昆明縣知縣賈洪詔業經臣等奏奉
諭旨准其陞補景東直隸同知除移行遵照並飭令
該員請咨赴部外所遺昆明縣知縣係衝繁疲
難四項相兼要缺例應在外揀員調補惟地當
省會政務殷繁非精明幹練之員不足以資治
理臣等與藩臬兩司會商於通省合例應調知
縣内詳加遴選人地多屬未宜惟查有順寧縣
知縣楊覲年四十四歲江西清江縣貢生遵例
報捐知縣籤掣雲南因親老告近改掣安徽引
見奉

旨照例發往欽此到省丁母憂服滿仍來滇試用委
署呈貢縣知縣
題署祿勸縣知縣到任後委署雲州知州二十三
年八月初九日奉
旨實授調補今職道光二十四年七月初一日准調
到任旋因案撤省事竣二十七年十月二十四
日回任因查辦永昌軍營出力奏奉
諭旨楊覲著以同知陞用先換頂戴欽此現署昆明
縣知縣該員才優守潔諳練精詳歷俸已滿三
年以之調補昆明縣知縣洵堪勝任第順寧亦
係邊要調缺以繁調繁與例稍有未符但省會
首邑係屬兼四要缺較順寧尤為繁劇人地實

在相需據藩司趙光祖臬司普泰會詳遵例請
奏前來合無仰懇
天恩俯准以順寧縣知縣楊覲調補昆明縣知縣實
於地方有裨如蒙
俞允該員銜缺相當毋庸送部引
見即飭將叅罰俸銀繳清報部所遺順寧縣知縣係
極邊在外題調要缺遵照新例俟部覆至日遴
員調補臣等謹合詞恭摺具
奏伏乞
皇上聖鑒訓示謹
奏
另有旨

雲貴總督林則徐等奏摺 請以順寧知縣楊覲調補昆明知縣
道光二十八年十二月十八日

道光二十八年十二月 十八 日

雲貴總督林則徐等奏片 **請以河西知縣張元亨調署廣通知縣**

再昆明縣知縣賈洪詔業經奉文准陞景東直
隸同知應給咨送部引
見所遺昆明縣知縣缺應即委員接署查有順寧縣
知縣楊覲安詳明敏才具優長現已
奏請調補昆明縣知縣應即先行調署又署廣通
縣知縣朱慶椿現在另有差委所遺廣通縣知
縣缺亦應委員接署查有河西縣知縣張元亨
年力强壯辦事勤明堪以調署據藩臬兩司會
詳前來除分檄飭遵並將所遺順寧河西等縣
缺另行委員接署外臣等謹附片具
奏伏乞
聖鑒謹

雲貴總督林則徐等奏片 請以河西知縣張元亨調署廣通知縣

道光二十八年十二月十八日

奏

覽

雲貴總督林則徐
雲貴巡撫程矞采
道光28，12，18

雲貴總督林則徐等奏摺　**審明蒙化廳民楊長淋等謀殺三命案分別定擬**

雲貴總督林則徐等奏摺　審明蒙化廳民楊長淋等謀殺三命案分別定擬　道光二十八年十二月十八日

雲貴總督臣林則徐
雲南巡撫臣程矞采跪

奏爲拏獲謀殺三命重犯内有二命係屬父子審
明定擬循例恭摺奏祈
聖鑒事竊據署蒙化直隸同知張錦詳報廳民楊長
淋等因嚇詐不遂謀殺馬二保並其子馬金及
同行之張老一共三命乘便攫取財物棄屍不
失獲犯訊詳等情當經批司飭審嗣據該廳審
擬由道覆審解司因案情重大犯供游移飭委
雲南府知府桑春榮提證審辦茲據審擬由司
覆審招解前來臣等提犯親鞫緣楊長淋施小
石頭張賴五均籍隸蒙化廳與已死緬寧廳回
民馬二保馬金張老素不認識馬金係馬二保

之子年甫十一歲道光二十八年三月初二日
馬二保同子馬金並伊嫂馬周氏姪壻羅聲詳
由太和縣探親與張老結伴轉回行至廳屬南
莊地方馬周氏偕羅聲詳有事上前先行馬二
保等在路旁坐歇楊長淋路過詢因馬二保等
係外屬回民往向素好已獲之施小石頭張賴
五在逃之楊潰郭小五楊小蘇郭和尚生謝幅
沅告知邀往誣匪嚇詐得錢分用郭和尚生謝
幅沅不允楊長淋與施小石頭等首夥六人各
帶草繩尖刀趕上馬二保等聲言伊等係屬游
匪如不給錢定欲綑送馬二保等分辯楊長淋
等各用草繩將馬二保等兩手綑縛適郭幅生

郭定柱踵至查問楊長淋等以獲匪細送之言
捏告郭幅生等悮信走散馬二保等坐地辱駡
並稱平空欺詐將來定須報復楊長淋畏懼起
意將馬二保等致死除害當與施小石頭等商
允楊長淋用刀砍傷張老右臂膊右耳根項頸
郭小五亦用刀戳傷其右脚腕馬二保喊救楊
長淋用刀戳傷其右脚腕施小石頭亦用刀砍
傷其右臂膊咽喉腦後楊潰亦用刀砍傷其右
腮頰接連項頸馬金哭喊楊小蘇趕攏用刀戳
傷其肚腹張賴五亦用刀砍傷其右手腕項頸
左脚腕俱各倒地經楊連芳路過喝阻向馬二
保等問知因被誣匪訛詐情由馬二保等均即

因傷殞命楊長淋等向楊連芳嚇稱如敢聲張
到官定行扳害楊連芳畏累走回楊長淋起意
棄屍滅跡復商同施小石頭等將各屍縛繩解
去一併丢棄水塘並因馬二保等遺有銀物乘
便攫取埋藏山硐約俟事冷再分各散嗣馬周
氏等因馬二保等未至折回查找將屍尋獲正
欲具報卽經該署同知張錦訪聞差查馬周氏
等亦赴案補報詣驗獲犯訊詳飭據審擬由迤
西道王發越覆審解司因案情重大犯供游移
委員雲南府桑春榮提證質審由司解勘臣等
提訊各供不諱究詰委因嚇詐不遂慮被報復
商同謀殺三命乘便攫取財物棄屍不失並無

圖財謀命情事此外亦無同謀加功之人矢口不移案無遁飾查例載殺三人而非一家內二人仍係一家者擬斬立決梟示酌斷財產一半給被殺二命之家養贍又律載謀殺人從而加功者絞監候又知人謀害他人不首告者杖一百又例載殺人後見有隨身衣物銀錢乘便取去者將所得之財倍追給主仍各依本律科斷各等語此案楊長淋糾約施小石頭等向馬二保等嚇詐不遂慮被報復輒起意將馬二保馬金張老一併致死棄屍滅跡並乘便攫取財物實屬不法查馬二保馬金係屬父子自應照例問擬楊長淋除棄屍不失輕罪不議外合依殺

三人而非一家内二人仍係一家者擬斬立決梟示例擬斬立決梟示酌斷財産一半給馬二保家養贍施小石頭張賴五聽從謀殺加功除帮同棄屍不失輕罪不議外均合依謀殺人從而加功者絞監候律擬絞監候秋後處決俱照例先行刺字楊連芳救阻不及惟知情不首合依知人謀害他人不首告者杖一百律杖一百鄉約郭合淐失於覺察請照不應重律杖八十與楊連芳分别折責革役郭幅生郭定柱訊無不合應毋庸議起獲銀錢衣物給還屍屬領回仍盡攫取財物本法倍追給領無干業經省釋各屍棺已據飭屬領埋凶刀驗飭貯庫逸犯楊

潰等飭緝務獲究辦除全案供招咨部外臣等

謹將審明定擬緣由循例恭摺具

奏伏乞

皇上聖鑒敕部覈覆施行謹

奏

刑部速議具奏

道光二十八年十二月　十八　日

雲貴總督林則徐等奏摺　查明滇省本年各屬交代内册造舛錯駁查未報各案開單呈覽

奏

雲貴總督臣林則徐
雲南巡撫臣程矞采跪

奏為查明本年正月至十二月滇省各屬交代俱係依限結報内有册造舛錯駁查尚未咨報各案遵

旨開單恭摺奏祈

聖鑒事竊查本年六月十九日准户部咨奉

上諭據張灃中奏查明山東省虧挪積弊及籌辦情形一摺當交户部速議具奏茲據該部覆奏因思各直省州縣經手錢糧亦應趁此時一體查辦以挽積習著各直省督撫即按户部議准山東省所定清查限期章程一律查明具奏其各屬接收交代亦照山東省章程依限結報自本年為始每年

統於歲終開單彙奏等因欽此行滇欽遵查照臣等查滇省各屬經徵錢糧向係年清年款於奏銷前掃數報解並無蒂欠其商牲稅課稅契等項亦係按限催提批解司庫收貯不任屬庫存留惟各屬經管倉糧以及雜款亦關緊要必須認真盤查以杜侵虧而歸核實臣等督同司道隨時查察並於各員交替嚴飭接任之員按款會盤據實結報倘有虧短立即揭參不得稍有徇隱茲查本年正月至十二月各屬交代共一百十四案内已陸續將册結報部者八十六案尚未咨報者二十八案催據該管道府等查明均已依限接收結報因册造款目舛錯經各該

管上司層遞駁查其原交之員或已起程晋省
或又委署他缺程途窵遠轉輾查覆未免往返
稽時委無虧短情弊由藩司趙光祖覆核開單
呈送前來臣等查内有楚雄府暨霑益等州縣
交代共十一案或册結已到現在由司核辦或
已有總結送司因款册駁換未到或册結到司
因監盤印結錯漏復行查取均日内可以催齊
又嵩明等州縣交代共五案因造册舛錯由道
府駁飭更正遲延僅止數日係例得免議邀免
逐一開列外其餘中甸同知等交代共十二案
雖據該管道府查明均已接收清楚依限結報
因造册舛錯駁查册結現未到司除嚴檄飭催

雲貴總督林則徐等奏摺　查明滇省本年各屬交代内册造舛錯駁查未報各案開單呈覽
道光二十八年十二月十八日

尅日造送由各該管上司核明層遞加轉次第
詳咨不任再有延宕其造册遲延應議職名仍
隨案送部查議至各屬經手各款倘有侵虧情
弊立即
奏叅懲辦斷不敢稍存瞻徇自蹈愆尤所有各屬
交代内因册造舛錯駁查尚未咨報各案遵
旨彙開清單敬呈
御覽臣等謹恭摺具
奏伏乞
皇上聖鑒訓示謹
奏
户部知道單併發

道光二十八年十二月　十八　日

雲貴總督林則徐等清單

雲南省道光二十八年各屬已未咨報各案交代清單

謹將雲南省道光二十八年分各屬已未咨報各案交代繕具清單恭呈

御覽

計開

自正月起至十二月二十日止各屬交代共一百十四案内已咨報過臨安等府廳州縣交代共八十六案又冊結現在由司核辦及已有總結送司因款冊駁換未到並冊結業已到司因監盤印結錯漏查取日内均可催齊之楚雄等府州縣交代共十一案又因造冊舛錯由道府駁換遲延僅止數日例得免議之嵩明等州縣交代共五案邀免逐一開列

外其因造册件錯由該管道府等駁换而册

結現未到司者共十二案内

遲逾一年以上者三案

署中甸同知陳釗鏜接收許應元交代期限扣

至二十七年正月初三日屆滿

緬寧通判張燮寬接收慶蔭交代期限扣至二

十七年九月二十八日屆滿

署巧家同知猶自東接收童楷交代期限扣至

二十七年十二月十一日屆滿

遲逾三兩月以上者七案

代理雲南縣陸萬鵬接收董宗超交代期限扣

至二十八年八月二十四日屆滿

署祿豐縣陳慶基接收華國清等併案交代期限扣至二十八年九月初十日届滿

兼署中甸同知董宗超接收陳釗鏜交代期限扣至二十八年九月二十六日届滿

代理麗江府董宗超接收陳釗鏜交代期限扣至二十八年九月三十日届滿

署鶴慶州札勒杭阿接收姚光熹等併案交代期限扣至二十八年十月初二日届滿

署鎮南州許士杰接收劉祖崑交代期限扣至二十八年十月初八日届滿

署趙州劉廷諤接收俞良傑等併案交代期限扣至二十八年十月十六日届滿

遲逾一月以上者二案

署鎮雄州駱承源接收吳銑交代期限扣至二十八年十一月初七日屆滿

署蒙自縣樊肇新接收丁楚玉交代期限扣至二十八年十一月十一日屆滿

以上十二案據該管道府等查明均於限內接收結報因冊造舛錯駁查致有遲逾實非交代未結合併陳明

覽

雲貴總督林則徐等奏摺 **滇省積欠工部錢局煎折等項銅觔勢難按限補苴惟盡力籌解**

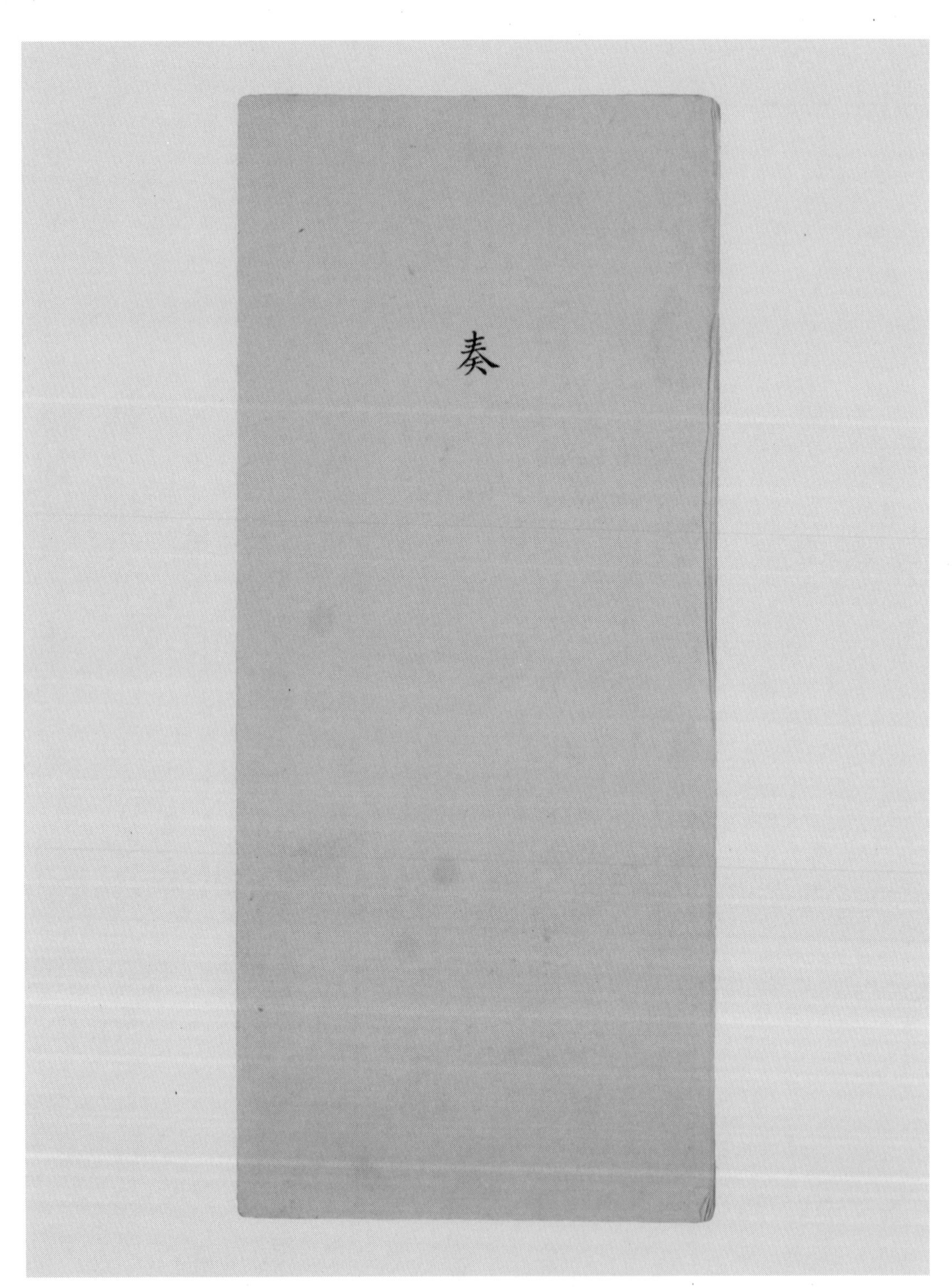

二九

雲貴總督林則徐等奏摺　滇省積欠工部錢局煎折等項銅觔勢難按限補苴惟盡力籌解

道光二十八年十二月十八日

雲貴總督臣林則徐
雲南巡撫臣程矞采　跪

奏為查明滇省自嘉慶三年至道光二十四年積欠工部錢局煎折等項銅觔因銅息未能充裕廠情現亦欠豐按限補苴勢難預為定準惟有盡力籌辦陸續帶解以補局款恭摺奏祈

聖鑒事竊於本年八月初二日准工部錢法衙門咨具奏滇省自嘉慶三年戊午運起至道光二十四年甲辰運止歷年掛欠煎折沉溺短交等銅二百八十一萬六千二百六觔零內除陸續帶解過銅一百十二萬六千二百六十餘觔外仍欠解各項銅一百六十八萬九千九百四十餘觔鼓鑄攸關自應亟為清理惟數逾累萬若一

時令其帶解該省諒難採辦請自道光二十八年起每年帶解舊欠銅三十萬觔約計六年可以清款仍將歷年承辦遲延職名送部議處等因奉

旨依議欽此行滇欽遵辦理臣等伏查積欠工部錢局煎折等項銅觔攸關鼓鑄自應籌買補解未便稍事遷延當經飭令藩司查辦去後茲據該司趙光祖詳稱查歷奉部咨計自嘉慶三年至道光二十四年各運掛欠工部錢局煎折沉溺逾折等銅三百十八萬一千一百三十餘觔除已陸續帶解過銅一百十三萬二千四百六十九觔外尚欠解銅二百四萬八千六百七十餘

觔內有甫經奉文改煎折耗尚未核定八五上下成色銅六十一萬五千八百七十九觔又沉溺分限打撈尚未核定應賠應豁銅三十六萬二千二百四十五觔二共銅九十七萬八千一百二十四觔應俟定案後再行分别辦理外其已由部改煎折耗核定成色應動支銅息買補八五以上不足成色銅二十三萬四千一百八十二觔又於原辦爐户暨廠店長運各員名下賠繳價銀及咨追豁免並追獲報撥應動支銅本買補八五以下不足成色銅二十一萬八千七百二十六觔又險灘沉溺打撈無獲已奉文豁免應動支銅息買補銅五十八萬五千四百

觔又各運員逾折掛短已據賠繳價銀收入京銅項下支放本脚應動支銅本買補銅三萬二千二百四十觔四共應買補銅一百七萬五百四十餘觔現因銅息並無餘款可支銅本僅敷辦運年額各廠情形亦未豐旺等情詳請具奏前來臣等查各運煎折沉溺逾折銅分三項而追賠買補事例亦分數等緣煎折一項係各運員交部銅内提出鐵砂低潮由部發商改煎核計折耗將八五以上成色不足者歸於滇省銅息項下支銀買補八五以下成色不足者由原辦爐户分賠五股廠員分賠三股陸運店員與瀘店委員分賠一股長運人員分賠一股追繳

價脚收入京銅項下買補此煎折之定例也沉
溺一項分别險灘平水給限打撈若著名險灘
限滿無獲會同失事省分取結保
題豁免於滇省銅息項下動支買補如係平水限
滿無獲由承運官七成地方官三成分限賠繳
倘追繳無完在於委運各上司名下分賠還款
此沉溺之定例也逾折一項以該運餘銅提補
尚短若干按銅計銀分限勒追若限滿無完由
保委府州分賠四成該管道員分賠三成督撫
藩司各分賠一成完繳歸款此逾折之定例也
兹計歷年掛欠工部錢局銅觔除已補解外尚
欠銅二百四萬八千六百七十餘觔内煎折項

下自道光二年正運一起楊晉春起至八年加運二起秦士綸止共提出鐵砂改煎折耗銅四十五萬二千九百九觔係八五以上不足成色銅二十三萬四千一百八十二觔每百觔添買餘銅三觔耗銅半觔合工本運腳銀十兩二錢九分零共銀二萬四千九百五十餘兩應動支銅息銀兩買補其八五以下不足成色銅二十一萬八千七百二十六觔每百觔亦照添餘耗合工本運腳銀十二兩七錢四分零共銀二萬八千八百五十餘兩應原辦爐戶分賠五股銀一萬四千四百二十八兩零已如數追繳其廠店及長運各員應分賠五股銀一萬四千四百

二十八兩零内在滇各員應賠銀三千五百八
十餘兩已據完繳銀一千七百九十餘兩均經
收入銅本尚未完銀一千七百九十餘兩現在
催追至離滇各員應賠銀一萬八百四十餘兩
疊經咨催有已奉文豁免及經追獲報撥應動
支京銅本内墊辦補解其自道光九年正運一
起德克精阿起至二十四年正運一起羅慶元
止共提出鐵砂攺煎折耗銅六十一萬五千八
百七十九觔因甫經奉文攺煎尚未核定成色
應俟定案後再行分別辦理此攺煎折耗已未
分賠之數目也又沉溺項下自道光十年至二
十四年已奉文豁免銅五十八萬五千四百觔

每百觔合工本運脚銀十兩六錢零共銀六萬二千二百九十七兩零應動支銅息銀兩買補其分限打撈尚未定案銅三十六萬二千二百四十五觔俟定案後或應豁免或應分賠再行核實辦理此沉溺已未定案之數目也又逾折項下惟前運員陳步賢沈承恩陳釗鏜共短交銅三萬二千二百四十觔每百觔合工本運脚銀十三兩一錢零應賠繳銀四千二百三十五兩零已據完繳清楚收入京銅項下支放節年本脚應於京銅本内動支買補此逾折業已追獲之數目也伏思前項銅觔歷年掛欠自應隨時補解免致愈積愈多錢法衙門議令分限六

年辦補帶解亦因數逾累萬一時諒難採辦故
為酌予限期第自嘉慶三年起至道光二十四
年止積欠銅觔計有四十七年之久歷查節次
帶解過銅一百十餘萬僅補欠數三分之一如
果前此力能多解歷任督撫藩司何敢相率宕
延彼時產銅本稱旺盛而四十餘年中始帶補
銅一百十三萬數千觔其遺下未補者二百四
萬數千觔較已補之數幾及兩倍欲於六年之
內一律帶解清款即從前產銅極旺之年力亦
有所不逮矧現當硐產極為短絀正恐京運正
加銅額催辦不前旦夕籌維不勝悚惕其籌買
補解之項雖知盡能索亦勢難如數如期且前

項銅觔應動支銅息買補者居其大半即如銅息一項從前京銅各廠每有加辦兼又煎辦採銅擬息故能充裕近年京銅額辦拮据金釵採銅又經停辦所獲餘息較前甚為減少除撥補核減銅色支放廠費底本銅價省東二錢局炒銅工費外年僅剩銀一萬餘兩撥歸司庫銅息項下而此内應支學政養廉採辦茶價兵部飯食湯碌等廠一半水洩歲修塘房及金江河道監遣等犯柴菜棉衣藥餌口糧暨運員撈費約需銀二萬一二千兩不等遞年銅息入不敷出故有節次動借搭運節省銀一萬二千兩歷經入册報銷並應支歲修塘房一項亦經臣等於

奏覆籌議節減動款案內聲請暫行停發在案是
銅息不敷年例動支而於買補銅觔實無款可
以籌撥其應動支銅本墊辦者查年撥銅本自
道光十九年撥足一百萬兩以後於額辦京銅
本脚雖敷支放亦實無所盈餘兼之京銅各廠
因年久礦薄辦銅竭蹷前經
奏准將向辦採銅各廠改煎京運始敷年額前項
應行買補銅觔即或款有可籌亦難如期償辦
所限每年搭解三十萬觔之數勢難預為定準
係屬實在情形惟有督飭將正子各廠設法調
劑應買補者視該年銅息若干除例應支放外
餘數盡行籌買應賠繳者按數催繳應攤賠者

按成分攤總期陸續辦解使局款得以補苴斷
不敢遷就於目前而拖延於日後至此項銅觔
係因節年難以買補並非承辦遲延所有歷年
遲延各職名可否邀免查議之處出自逾格
恩施再查歷奉部咨自嘉慶三年至道光二十四年
核計各運掛欠工部錢局煎折沉溺逾折等銅
除已帶解外尚欠銅二百四萬八千六百七十
餘觔而現准來咨欠銅一百六十八萬九千九
百四十餘觔核與前數少計銅三十五萬八千
七百餘觔自係將沉溺打撈尚未定案銅三十
六萬二千二百餘十觔未經計入又滇省節次
補解自嘉慶三年至道光元年工局煎折銅一

百十三萬二千四百六十餘觔今咨内係帶解
過銅一百十二萬六千二百六十餘觔計少收
銅六千二百餘觔數目亦有未符容分年分運
分員造具清册送部核對外謹將查議緣由合
詞恭摺具
奏伏乞
皇上聖鑒訓示謹
奏
户部議奏

雲貴總督林則徐等奏摺 滇省積欠工部錢局煎折等項銅觔勢難按限補苴惟盡力籌解

道光二十八年十二月十八日

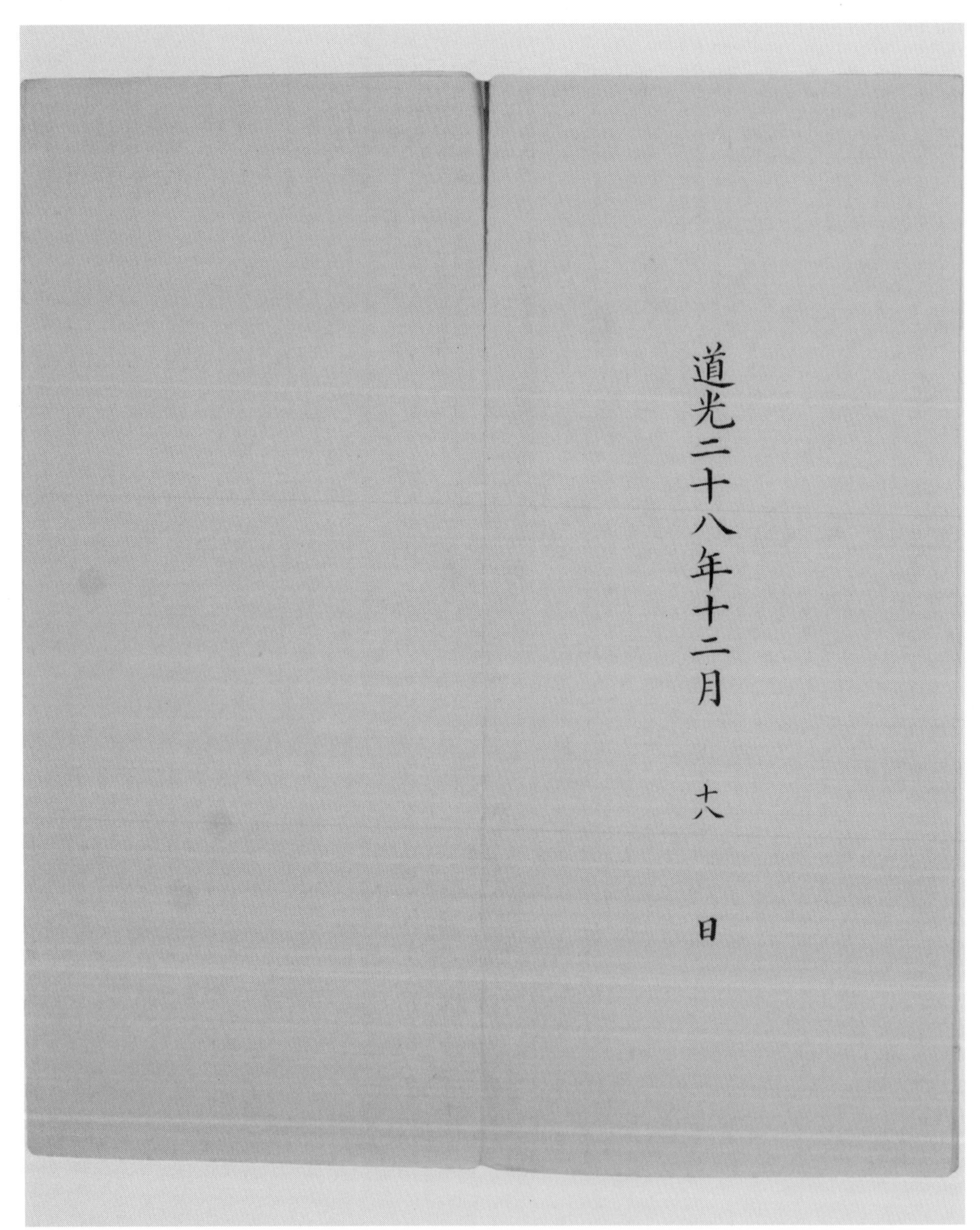

道光二十八年十二月 十八 日

雲貴總督林則徐等奏片

滇省解部銅觔請仍照向例由部招商改煎核定成色

再接准工部錢法衙門咨附奏滇省解到銅觔每運挑出鐵砂銅七八萬至十餘萬不等請自道光二十九年起在滇尚未開行各運務須挑揀銅色一律純淨如解交時仍有鐵砂低銅即發還該運員領回售賣將價銀另辦銅觔或該運員自備火工招商煎煉補解等因奉旨依議欽此行滇欽遵查照當即飭令藩司轉據各廠員查覆因寧台湯丹等廠硐既深遠礦難一律體質不無純雜出銅難免高低兼以煎煉之時須水潑揭炭末濺入成為黑眼有類鐵砂而且陸路盤運雨淋灰撲銅面起銹或色黯而內淨或色淨而內雜店員逐日收發運員依期領

兑銅多限迫勢難逐塊敲驗間有將好銅認為低銅誤行挑退亦有將低銅認為好銅誤行兑收委非有心夾雜臣等查交部銅内如有挑出鐵砂低潮發還運員領售買補或由運員改煎補解如果該運員力能承辦固屬便捷第交局高銅即以例價核計每百觔需銀十三兩數錢而領售低銅折算每百觔約獲銀七八兩一出入間每銅萬觔應賠銀五六百兩且運員人地生踈賣買銅觔無非託之行户該行户難保不入則抑價出則居奇是於折貼之中復形虧缺誠恐領十而繳以三四在運員已費周章而於局欠轉成積鉅若令運員自行招商改煎該運

員備辦火工貲本既無挪措羈留京寓旅費亦屬艱難況於煎煉之法尤所未諳勢必多成折耗查改煎事例應由經辦之爐户及廠運各員按股分賠如令運員改煎補解不特該運員力難墊賠而原辦爐户及廠店各員轉得置身事外於廠地煎辦更恐未能認真且派運銅差長途萬里經歷風濤每運往還計須數載已形竭蹷若復將低銅責令賣換改煎補足解繳則賠累難支勢更視為畏途恐於銅運難期得力合無仰懇

聖恩俯准仍照向例由部招商改煎核定成色行滇分别撥補追賠以昭核實所有現在起運京銅

雲貴總督林則徐等奏片　滇省解部銅觔請仍照向例由部招商改煎核定成色　道光二十八年十二月十八日

應嚴飭店運各員認真逐一揀提勿任低潮夾
雜伏思議賠固使知儆議罰尤足示懲並請自
道光二十八年戊申正運一起交銅起以後如
有部局挑出鐵砂低銅除改煎折耗仍照例按
股分賠外應請將不認真揀提之承辦接運監
兑廠店暨長運各員
勅部按照挑退分數倍加議處俾各員益知自顧考
成揀提當更加意至各廠爐戶煎辦銅觔責成
廠員嚴加稽察如有爐戶交銅低潮客課人役
濫行收發立即分別革究庶各知儆惕期於辦
理認真勿致混行夾雜是否有當謹附片具
奏伏乞

雲貴總督林則徐等奏片　滇省解部銅觔請仍照向例由部招商改煎核定成色　道光二十八年十二月十八日

聖鑒訓示謹

奏

戶部議奏

雲貴總督林則徐等奏摺　**彙核滇省道光二十八年拏獲搶劫等案犯名數**

雲貴總督林則徐等奏摺　彙核滇省道光二十八年拏獲搶劫等案犯名數
道光二十八年十二月二十日

雲貴總督臣林則徐
雲南巡撫臣程矞采跪
奏為彙覈滇省本年飭屬拏獲搶劫等案盜匪名
數恭摺奏祈
聖鑒事竊臣等前奉
上諭御史張寶璿奏州縣吏役縱匪殃民請飭查懲
辦一摺嗣後各直省督撫務當嚴飭各該州縣偵
緝匪徒漸絕根株以除莠安良為心勿得藉積重
難返畏難苟安等因欽此臣等於上年冬底曾將
飭屬拏獲搶劫各案盜犯開單
奏報在案迨本年春間辦理迤西一帶匪徒各營
官兵多經徵調其地形遼濶之處即恐盜賊乘
虛易於竊發當經臣程矞采疊札嚴飭縣營加

二九　雲貴總督林則徐等奏摺　彙核滇省道光二十八年拏獲搶劫等案犯名數　道光二十八年十二月二十日

倍認真巡緝不得視為泛常迨五月内臣林則
徐辦竣迤西軍務撤兵歸伍又經會同查明具
報失事之區諄飭連界各文武合力兜捕嚴究
窩贓處所跟蹤搜緝至今破獲者頗多計本年
自春至冬除迤西專案
奏辦劫殺各犯並此外各屬詳辦杖刺零匪俱不
計數外實破獲各處搶劫及疊竊多贓之案共
八十四起計盜匪三百六十八名先後訊取確
供經臣等批飭招審並嚴緝逸犯分案懲辦現
在三迤邊腹地方均較前倍覺安靜除仍隨時
嚴督文武無分本境隣境遇有盜案認真會捕
不准稍存膜視致有疎縱並將各案分别

題咨辦結外謹將本年獲犯案由人數另繕清單
敬呈
御覽謹合詞恭摺具
奏伏乞
皇上聖鑒訓示謹
奏
知道了
道光二十八年十二月　　廿　　日

雲貴總督林則徐等清單　**滇省道光二十八年拏獲搶劫等案犯清單**

滇省二十八年分拏獲搶刧等匪清單

謹將滇省二十八年各屬拏獲搶刦等案八十四起人犯三百六十八名分案繕具清單恭呈

御覽

計開

一昆明縣報獲搶奪拒傷汪大順賊犯蕭添才等三名又行刦李文富夥盜趙禿手一名又迭竊張升等八家賊犯陳老五一名又迭竊余二等九家賊犯李小四一名又迭竊李仕忠等八家賊犯施從功一名又迭竊李太等八家賊犯楊小八一名又夥竊督署文卷賊犯林貴等三名又迭竊陳信等九家賊犯李老三等二名又迭竊張小和尚等八家賊犯莊滐等二名又迭竊

俛有等九家賊犯段小二一名又迭竊武春等八家賊犯楊中必一名又迭竊王吉等八家賊犯張洪順等三名又迭竊陸萬等六家賊犯畢小老一名又迭竊李幅等七家賊犯李小七有一名又迭竊李小四等六家賊犯李小狗等二名又迭竊劉進等六家賊犯車楊洪一名又迭竊龔夙等六家賊犯龍自高等二名

一呈貢等縣報獲糾劫曹慶周家盜犯孔老三等十八名

一嵩明州報獲行劫楊映良家盜犯陳潰等六名

一安寧州報獲搶奪周占沅等拒斃事主兇賊汪智等五名又搶奪王用賊犯周自和等三名

雲貴總督林則徐等清單　滇省道光二十八年拏獲搶劫等案犯清單　道光二十八年十二月二十日

一易門等縣報獲搶奪魏升賊犯明老十等十一名

一祿豐等縣報獲搶奪張瑞召等賊犯唐之沅等十五名又迭竊王朗等九家賊犯阮紹先一名

一武定州報獲糾劫李國安等盜犯宋神保等十五名又行竊楊玉林家賊犯楊得成一名又行竊周振開家賊犯李潰等六名

一祿勸縣報獲糾劫武華家盜犯蕭汶順等八名又搶奪王國亮賊犯余老四一名又迭竊熊正昌等家賊犯楊長久一名又搶奪曾祿賊犯毛有洪等二名

一元謀縣報獲搶奪沈元輔等拒斃事主賊犯馬能等三名又搶奪何世滐等賊犯葉洪盛等五名

一霑益州報獲糾刦張文鳳家盜犯高世才等七名

一平彝縣報獲行竊袁順彬家拒傷事主賊犯胡長潰等二名

一尋甸州報獲迭竊敖二等六家賊犯田道等六名又行竊張國倫家賊犯王三背鍋等四名

一新興州報獲行刦殷張氏家盜犯傅時保一名

一路南州報獲迭竊九次賊犯楊小二等二名

一文山縣報獲搶奪楊元詰等賊犯何小照等九名又行竊廖英倬家賊犯李小八等二名

一鎮雄州報獲糾竊鄧錫齡家逾貫賊犯陳馬猷醫等十二名又糾竊吉人政家賊犯鄭二等四名

一巧家同知報獲糾竊蔣顯文家拒捕細縛事主

賊犯張洪順等三名
一會澤縣報獲糾劫蘇趙氏家盜犯李小二等九名又迭竊蘇蔭等九家賊犯余小定一名又迭竊胡滐等六家賊犯張士順一名
一寶寧縣報獲搶奪拒斃孫大順兇賊李五等五名又搶奪拒傷田玉椿兇賊李長受等四名又搶奪黄阿明賊犯梁阿受等二名
一彌勒縣報獲糾劫鄧福介家盜犯小沈三等八名又糾劫楊汝諧家盜犯老鄧等六名
一邱北等縣報獲搶奪高閏等逸犯王阿三等十二名又行劫魏綱家盜犯楊布爾等二名又行劫保潮沅家盜犯張以松等四名又行劫趙元

家盜犯黄定一名又搶奪拒傷鄧文新賊犯李
金等六名又行刦李金玉家盜犯張以生等七名
一師宗縣報獲行刦黎容椿等家盜犯馬得方等
四名又迭竊劉光長等八家賊犯馬萬有一名
一鄧川等州文武報獲疊次搶奪傷斃事主兇賊
池項才保等十九名又搶奪拒傷詹明德賊犯
羅馬潰等三名又迭竊龔順等八家賊犯池項
得沅等七名又迭竊賈四等八家賊犯楊汶秀
一名
一雲龍州報獲搶奪拒斃何國相兇賊廣祖等四名
一南安州報獲糾刦王文苑家傷斃事主兇盜宋
老大等六名又行竊楊國選家逾貫賊犯陸仝

甲等二名

一鎮南州報獲搶奪拒斃王爲成夥賊李小林等

三名

一姚州報獲行竊拒傷劉順堂賊犯史小六一名

一楚雄縣報獲搶奪李奉萬賊犯安小餘鑿等二

名又迭竊李二等八家賊犯江以書一名

一定遠縣報獲搶奪羅庭材等賊犯馬小二等三

名又搶奪唐洪順賊犯張文華等三名

一廣通縣報獲迭竊劉徐氏等八家賊犯段開宗

等二名又搶竊八次賊犯何均一等二名

一建水縣報獲搶奪嚴添泉賊犯郭亭成等三名

又迭竊王升榮等八家賊犯彭爲順等二名又

迭竊馬有等八家賊犯段起幅一名又迭竊李
自友等八家賊犯楊汝習等三名

一石屏州報獲糾封王超萃家盜犯普老四等八名

一河西縣報獲糾封常會雍家盜犯黄老六等七名

一鎮沅同知報獲迭竊八次賊犯周小二一名

一保山縣報獲迭竊楊得春等十家賊犯陳宜等
五名

一順寧縣報獲迭竊李老三等十餘家賊犯何小
柱等二十一名

古道月

雲貴總督林則徐奏摺　**續審降調知縣廣和京控案情形**

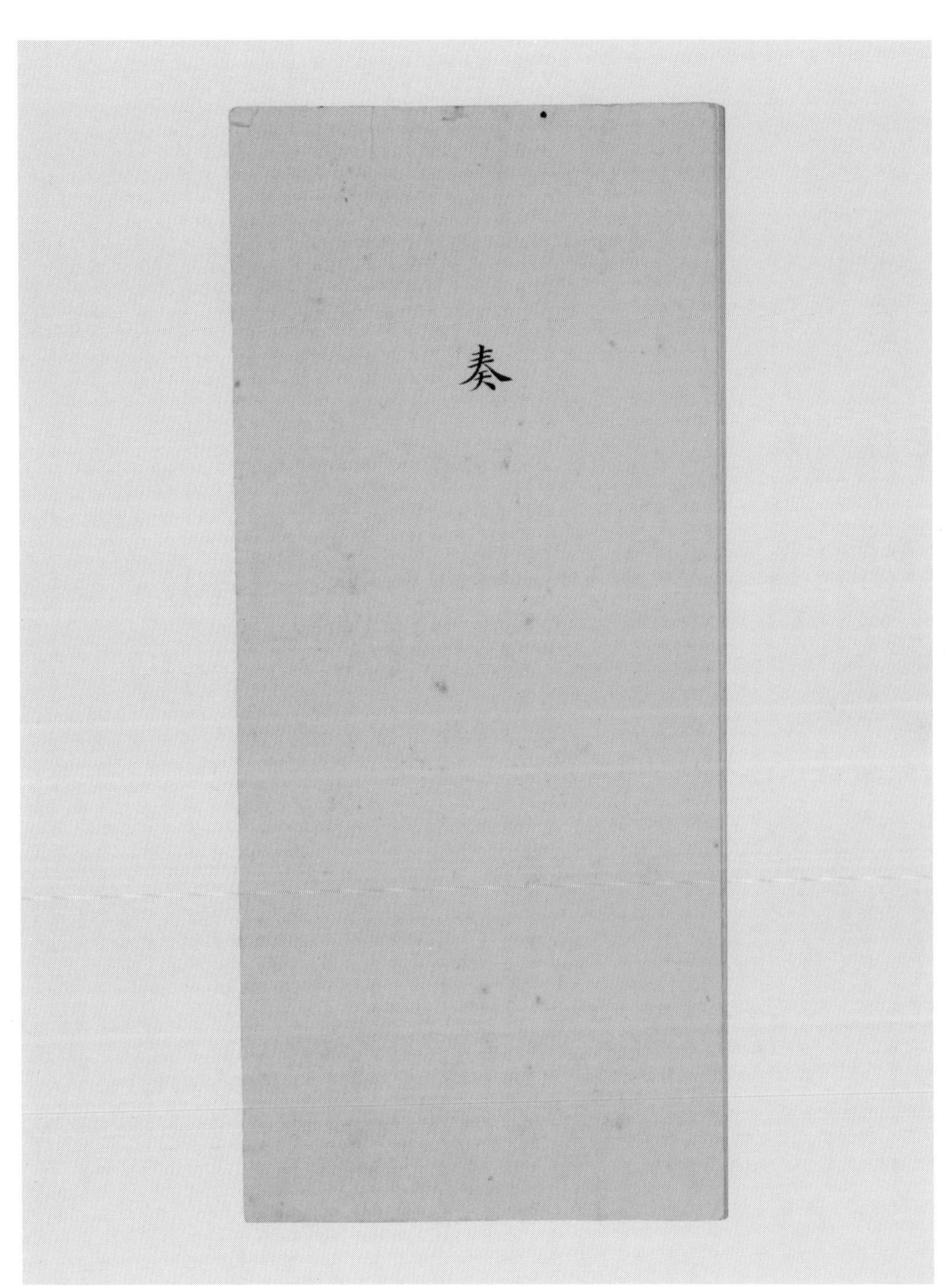

雲貴總督林則徐奏摺　續審降調知縣廣和京控案情形
道光二十八年十二月二十日

二九　雲貴總督林則徐奏摺　續審降調知縣廣和京控案情形
道光二十八年十二月二十日

雲貴總督臣林則徐跪

奏爲降調知縣京控案内續又審出各種實情而原告揑病詐死一味支吾並具呈挾制入奏希圖另派大員審訊且查有妄冀賄和情事謹再據實奏明仰祈

聖鑒事竊照前任雲南富民縣知縣降補府經歷縣丞廣和列款赴京訐控一案前經刑部奏奉

諭旨交臣查辦並准兵部於本年十月初九日將廣和遞解到滇臣當以案關重大人眷衆多札調迤東道潘楷順寧府知府嚴廷珏來臣署中隨同覈卷查訊逐款推究旋經查明廣和因上年在富民縣任内妄挐捐納州同職銜劉元吉等

雲貴總督林則徐奏摺　續審降調知縣廣和京控案情形
道光二十八年十二月二十日

燒香結盟一案經調任督臣李星沅將伊撤任
現任撫臣程矞采將伊奏參甄別並非由司道
具詳其妄拏燒香原案亦經上年提省集訊據
昔存今故之工書張介幅供認邀同刑書楊運
昌挾嫌誣稟妄拏屬實審將張介幅等依例擬
以軍流咨准部覆在案而廣和京控十呈內有
五呈皆以司道府縣有心庇匪揑詳妄參為詞
已屬刺謬臣復將廣和原呈所稱燒香三案年
少居首之劉元吉及書役楊運昌紳民周於德
等逐一提案訊出道光二十四年劉元吉曾向
廣和拜認師生後經拒絕二十六年劉元吉被
段連甲揑控賭博經廣和將其傳署看押被張

介幅楊運昌與差役李濬等向劉元吉索去銀三百兩劉元吉曾欲上控維時紳民周於德等亦因廣和平日濫刑勒罰均各不平揚言控告官吏二十七年正月張介幅聞知劉元吉周於德等陸續赴省疑係聯名上控遂邀同楊運昌向廣和告知慫令查拏燒香欲將劉元吉等嚇散以免上控廣和即將劉元吉家工人鄒僎及平日與劉元吉往來紳民人等先後提到刑逼誣認燒香嗣聞周於德等果已控府提省廣和復勒令曾充鄉保之劉嘉德補具報呈並令楊運昌做成卷宗作為憑據其為挾嫌誣拏更屬顯然訊之廣和只認平日隨案罰錢係為修理

城樓等工費用其於劉元吉因何拜謁師生因
何拒絶後又因何誣挐燒香拜會各情堅不供
吐臣復詰以原呈内不干已各款有何確據令
其指出究辦廣和忽而認誣忽稱有據忽又自
謂心緒不清記憶不確迨十月二十日甫提至
署廣和忽稱頭暈病發懇求緩審回寓醫治旋
據委員長春等稟稱據醫生診係肝旺痰滯感
受風邪以致發狂亂語現服平肝化痰之藥已
稍安静當經臣以廣和人本狡猾現在供詞閃
爍顯因誣挐燒香原案真情敗露故為此狡獪
拖延之計將來病痊必仍遁飾支吾未便任其
恃符狡展致令拖累多人久延時日且劉元吉

被控賭博書役索贓至三百兩之多難保廣和
並無得贓情事劉元吉等所供仍恐尚多藏掩
非提其素所信任之門丁王貴到案難期水落
石出當即訪知王貴下落專札密拏一面先將
大概情形於十月二十四日具奏請
旨將廣和先行革職並將劉元吉職銜斥革以便嚴
審聲明滇省藩庫銅銀款目業經臣與撫臣於
上年八月清查案內將借墊存虧緣由據實奏
明追補並非藩司趙光祖侵虧掩飾本年迤西
軍務經臣親帶重兵勦辦完竣迭次奏蒙
聖鑒該藩司更無慫恿緩兵情事容俟將來審定分
晰縷陳其原呈內尚有應查者催令各屬趕緊

查覆現到人證尚有應訊者再行研訊各等情

在案嗣據署威遠同知吳華淳將王貴獲解到

案臣詳加研鞫據供伊向在廣和署内派充門

丁二十四年春間劉元吉因家道稍裕年輕孤

子恐被外人欺侮憑張介幅等引薦拜認伊主

廣和為師廣和得受贄見禮銀五十兩後復屢

有借貸是年十一月間廣和令張介幅向劉元

吉借銀二百兩劉元吉無銀回覆廣和即稱以

後不准見面二十六年八月劉元吉被段連甲

揑控賭博於十四日差傳到署劉元吉欲回家

過節伊與同充門丁現已回京之房祥向其索

得銀十兩書役張介幅等八人亦各索得銀二

兩五錢私將劉元吉保出廣和並不知情十六
日劉元吉回縣候審廣和將其押在吏房十八
日過堂審訊段連甲不能指出實據業已認誣
張介幅因與劉元吉素好乘機代劉元吉向廣
和求免上堂以全顔面將來必有酬謝廣和允
許劉元吉遂未上堂即行保釋張介幅隨向劉
元吉索得銀三百兩於二十日將銀一百兩送
給廣和收受伊與房祥等共得銀二十五兩餘
銀係張介幅與書役楊運昌李濬黄彩楊忠張
保楊洛並已故之楊開泰等瓜分段連甲亦得
銀五兩二十七年正月間張介幅楊運昌聞得
劉元吉等上省告狀慮恐三百銀子事發同向

廣和告知並說劉元吉於上年臘月二十八日宰殺年猪請客數桌慫令廣和借查拏燒香為名將劉元吉等驚散免致上控伊均係在旁聽見等語質之劉元吉段連甲及楊運昌李濬黄彩楊忠張保楊洛並廣和舊日僉押家人胡松等衆口如一臣以王貴既係廣和親信家丁肯供實情則廣和所控首府糧道鹽道各衙門收伊門包銀兩藩司丁書人等索伊錢糧使費及首府幕友收伊節禮各情王貴未必不知當向細詰據供上年五月端陽節廣和令伊往雲南府糧道鹽道各衙門送禮俱未收受並無送給首府幕友節禮惟門包銀各三兩二錢已經首

府門丁趙濟糧道門丁張順鹽道門丁馮四等
署下至廣和從前有無送過伊與胡松並未經
手亦未聞廣和提及廣和任内解交地丁銀兩
二十三年係已故户書陳盛達經手二十四年
係現在户書李鼎甲經手二十五六兩年係已
故張介幅經手藩司丁書人等有無索取使費
伊不知底細等語查前署雲南鹽法道蔣霨遠
業已升授山東按察使其門丁馮四現不在滇
書吏陳盛達張介幅各已身故均無從查訊當
飭雲南府現升迤南道桑春榮糧道王貽桂各
將門丁趙濟張順等送案並札飭富民縣將户
書李鼎甲傳到訊據趙濟張順等供認上年五

月各收受廣和門禮銀三兩二錢屬實伊主並
不知情李鼎甲供稱二十四年十一月廣和令伊
赴藩司衙門解交條丁銀兩伊因趕緊回家有
事託庫房稿吏王七郎王鳳鳴設法趕早收兑
王鳳鳴以上兑向有日期如欲趕早須給門費
庫禮等銀方妥伊信以為實旋經趕早收兑伊
付給王鳳鳴門費庫禮等銀九兩零此外又零
星交給清書劉雲瑞等庫收行知傳差打戳錢
票等項各錢一二百文伊回縣銷差廣和以伊
浮開使費曾經罰令賠繳等語當卽調查藩司
庫房現年卯簿並無王七郎王鳳鳴其人飭據
藩司將現充書吏張維棟劉雲瑞等十餘人傳

到隔別研訊張維棟等均供王鳳鳴已於上年病故伊等庫房從沒索過門費庫禮等銀王鳳鳴有無向李鼎甲撞騙伊等均不知情惟給發庫收傳差往來盖用戳記各有零錢承發房傳送行知錢房給發錢票亦有小費均止數十文至一二百文不等以為科房差房燈油費用向係隨人情願付給並無勒索情事連日熬審始據劉雲瑞供認李鼎甲曾託王鳳鳴趕早收兑錢糧王鳳鳴向李鼎甲假捏門費庫禮等項名色撞騙得銀伊查知欲首王鳳鳴分給伊銀一兩有零囑勿聲張是以衆人均不知道各等情此臣續經審出廣和與劉元吉拜認師生得受

贄見銀兩旋因借貸不遂拒不見面後復因案
受贓慮恐事發誣挈燒香抵制並究出首府糧
道鹽道各門丁收受廣和門包藩庫書吏曾經
撞騙得贓及向有零星小費之實在情形也臣
以解司錢糧通省皆有王鳳鳴既能假捏門費
庫禮等項名目向李鼎甲撞騙得贓誠恐被騙
者不止一處行騙者不止一人又所控藩司丁
書索取各官繳憑委牌等費幕友趙基勒取各
廠銅規蘇萬鍾收受各屬乾俸均難保並無其
事復查據滇省各府廳州縣暨各廠員均出具
切結申覆並未出過門費庫禮等項銀兩亦無
繳憑委牌等費及廠規乾俸等事傳訊藩司門

丁芮彬承發書吏梁雨蒼及趙基蘇萬鍾皆極
口呼屈其餘列控各款雖多係廣和不干己事
而有卷可稽者臣已詳細查覈無卷可稽者臣
復明查暗訪如果稍有證據之處亦必詳為根
究斷不稍涉迴護瞻狥即如上年四月初六日
撫臣來滇路過馬龍州距省尚有四站未及與
藩司接見亦並未接有民人具控吏目私押斃
命呈詞而廣和已揑為藩司慫聽發還原呈不
理又如藩司之妻五月十二生日適十三十四
係司署關帝廟祭祀唱戲廣和遂指為拜壽前
後演唱大戲三日又如糧道之妻係七月初四
日在京病故八月初二滇省尚未接信廣和遂

控其子身穿重孝糧道唱戲筵會又如廣和應領公帮路費銀兩經藩司照例扣除減平及二十六年秋冬二季罰俸雲南府代為領出送給廣和遂稱首府將其應領路費短發又如接署富民縣知縣王庚華因廣和交代轇轕往返詰問旋已查明結報並未得伊銀兩廣和遂訐為勒捐交代恐嚇取財又如藩司幕友趙基係戶部侍郎趙光胞叔得受

覃恩二品貤封廣和遂控其僭用二品頂戴假稱藩司又如監生蘇萬鍾頗工書畫向在藩司署中辦理書啟廣和遂揑為藩署畫匠坐食乾俸又如吏目馬楏係糧道遠戚上年五月委署雲龍

井鹽大使十月丁艱始行卸事回省廣和亦控其八月在糧道署中登臺唱戲取悅上司又如富民縣典史沈玉振奉文緝賊誤將形跡可疑之翁元幅拘拏搜檢經縣訊明釋放將沈玉振具詳本府轉詳記過廣和遂指為本府專權任性縱令典史誣良為盜凡屬此類或係捕風捉影或係全屬子虛或係牽連附會無非欲多砌款蹟聳人耳目以快其挾嫌妄告之私誠如前奉

上諭該參員多不能指實但查訊雖經明確尤必提到廣和逐款駁詰質審方足以折服其心乃廣和自十月二十日報病之後即希冀藉病拖延經臣一面將案內人證逐加推鞫一面飭醫趕

緊調治計廣和服藥僅止數次業已痊愈均有
醫生藥方脉論存案迨十一月初間臣因廣和
尚未報痊飭令素諳醫理之府經歷朱汝霖嚴
榮春同至廣和寓所診視據稱六脉沈細微有
感冒其從前肝旺痰滯之症皆已早痊無如廣
和一味支吾總稱病難起牀直至病限一月已
逾臣因人證久被拖累急欲提審廣和復屢經
討限突於十二月初一日託看守委員赴臣衙門
投遞呈詞一紙内稱十月二十日在臣署中暗
死不明死後擡回管押處所夜即見鬼三日方
活現在病尚未痊將來病痊亦不能去恐到案
再死不明等語臣接閱之下不勝駭異竊思是

日廣和自向委員巡捕等稱病懇求緩審當即
回寓次日又據委員等稱其發狂亂語迭將自
帶跟役踢打其非死後擡回已有確據今忽自
稱已死又恍惚其詞謂暗死不明竟似有人將
伊謀害殊不可解且稱病痊亦不能到案顯係
安心不肯赴審尤屬謬妄當即親書問條令其
逐段登覆如有委曲並許明白聲敘廣和遷延
數日旋於初九日將自書呈詞託委員赴臣及
撫臣臬司各衙門投遞大意謂臣瞻徇廻護止
將伊原告一人提審揉挫不提被告各官對質
又謂十月二十日伊暗死抬回眾目共睹何苦
代人設詞掩飾等語直敢肆口將臣詆毀令臣

奏請添派
欽差大員來滇審辦查廣和僅於十月十一十二十
三十九等日提案審問二十日即已報病其餘
月日俱係審訊案內一干人證有何將伊揉挫
至被控現任各官既未據廣和供出不法不公
實據照例不能擅自勾問只應傳其家人或向
旁人推究安能遽予撤任質對其始終自謂暗
死擡回尤為可駭如果既已死去何能亂語何
能自將跟役踢打且藥方脈論具在醫生有何
神術竟能起死回生其謬妄狂誕不辯自明臣
窺其意實欲激臣生怒奏請改派大員審訊得
以遷延拖累臣欽遵

諭旨查訊案情豈屑與較仍於十一日令委員婉諭
廣和至署察其神色充足並無病容詢據廣和
亦自云病愈當用婉言向其開導冀有實供迨
發給問條廣和僅止含糊登覆數句旋稱身子
不爽快轉身卽走口言明日再來臣猶以為病
後身軟不妨暫予體卹復於十二日將廣和提
到並將案內富民縣書役紳民司道首府家人
書吏等一干人證共八十餘名提齊豫備質對
詎廣和一經上堂卽伏地不語再三向訊止以
喉嚨作話令人不能聽曉發給問條兩次用墨
塗抹臣因廣和旣不肯供祇得令案內人證各
將實在情節逐層供指如廣和實無得贓誣拏

儘可當堂申辯據該縣士民等將廣和贓私款蹟及刑逼誣認燒香重情同聲哭訴即其門丁王貴及已擬罪名之革吏楊運昌亦皆將受贓誣拏各情歷歷供吐而廣和無可置辯先猶張目怒視繼則垂頭閉目佯為不覩不聞甚且躺臥堂上不復自顧顏臉臣因其控告馬桂登臺唱戲一層或係得自目擊而馬桂供無其事當令與廣和面質廣和亦不發一言實屬無從訊問察其光景又欲裝病抵賴祇得暫令回寓臣自揣外任三十年承審案件不少似此刁詐情形殊為向所未見恐其別有所圖正欲向看守廣和之委員周士适徐彥等查問旋於次日據

該委員等稟稱近來廣和曾向伊等談及只要
有人肯為資助伊就甘心又屢稱現在得風便
轉之言伊等知係意圖訛詐曾向司道據實直
回司道令伊等赴院稟明等語並據藩司糧道
面稟如前臣始恍然於廣和屢次遷延狡詐之
意不過為索賄起見當嚴飭該委員等照舊妥
慎看守毋許墮其術中此又廣和揑病詐死並
具呈挾制入奏希圖另派大員審訊經臣查有
妄冀賄和之實在情由也竊臣身任封圻受
恩深重遇有交辦事件向不敢意存推諉況此案查
訊已閱兩月有餘迭經審出實情本無疑義更
未便因廣和一人肆意刁狡將臣詆毀遂萌推

誘之心遽請
欽派大臣審訊惟似此貪詐狡獪伎倆若不據實奏
明從嚴辦理必將愈肆狂誕增長刁風甚或再
思揑情京控以為拖累多人藉遂奸貪地步臣
前摺業已將其奏請革審現在尚未奉到
諭旨廣和仍有恃符之念應俟革職後再行向其開
導或有服供倘始終執迷不悟臣不揣冒昧惟
有照例敘具眾證情狀從重定擬奏請
定奪以免拖累多人久延時日除將廣和兩次在臣
衙門投遞原呈及臣駁詰各條咨送軍機處備
查並咨行山東巡撫查明臬司蔣霨遠家人有
無收受廣和門包即由該撫分別辦理外所有

續經審出各種實情該原告捏病詐死並具呈
扶制入奏希圖另派大員審訊經臣查有妄冀
賄和各緣由理合再行繕摺具
奏伏乞
皇上聖鑒訓示謹
奏

另有旨

道光二十八年十二月　二十　日

雲貴總督林則徐奏摺　**密陳道光二十八年滇黔兩省司道知府及提鎮切實考語**

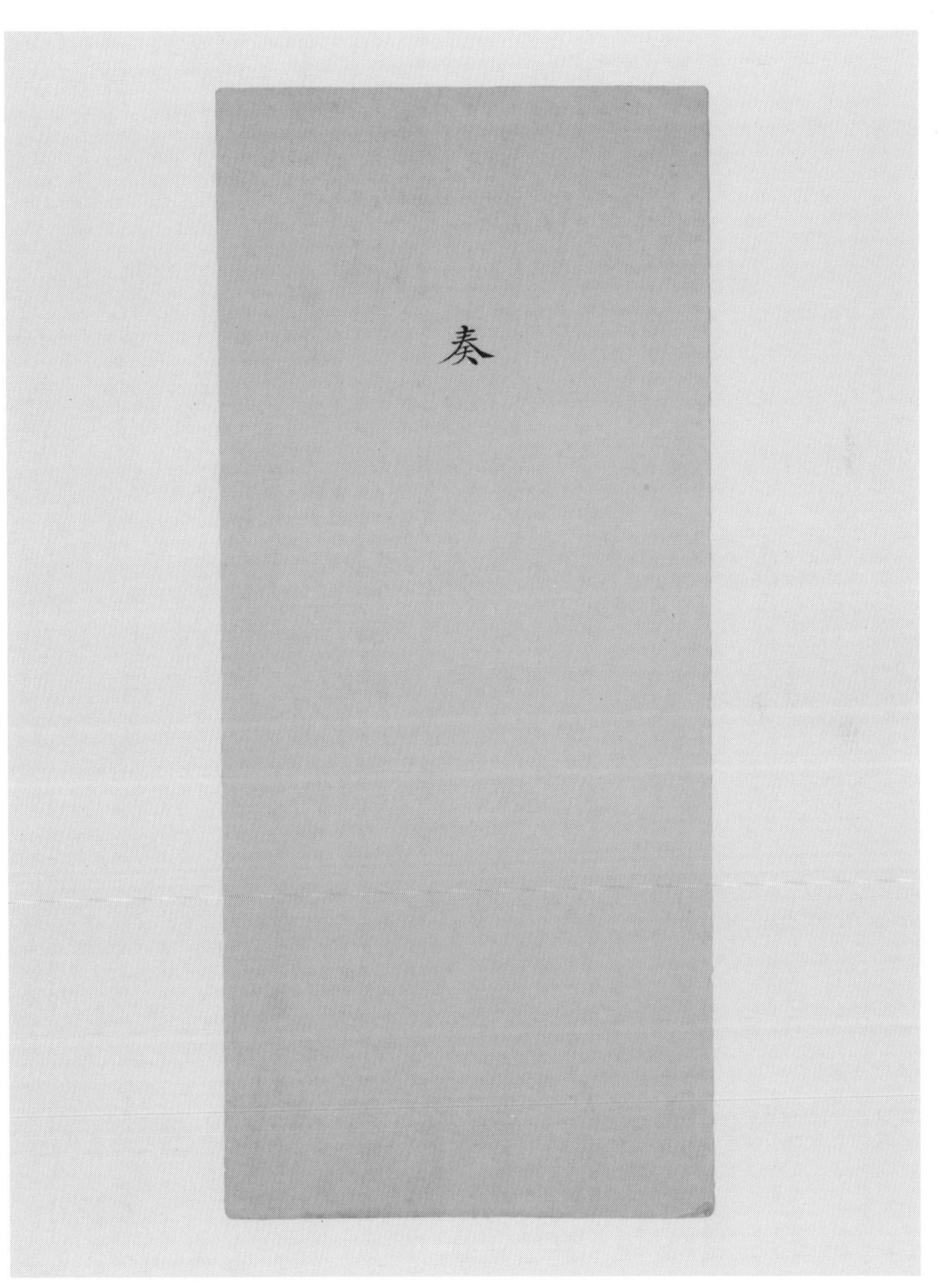

二九　雲貴總督林則徐奏摺　密陳道光二十八年滇黔兩省司道知府及提鎮切實考語

道光二十八年十二月二十日

雲貴總督臣林則徐跪

奏爲密陳滇黔兩省司道知府暨提鎮切實考語

恭摺奏祈

聖鑒事竊照定例各省文職藩臬道府武職提鎮居官賢否總督應於年終出具切實考語密奏一次臣仰蒙

恩命統轄滇黔自上年六月抵任後已於年底具

奏一次在案本年以來所屬大小文武又不乏更移遷轉之員即其職任與上年相同而或於本年始經接見或續經委辦事件因得屢試其才能而深覘其底裏兼以春夏兩季臣在迤西一帶勦辦匪類周歷往來凡所目擊耳聞似比上

年較為詳悉惟貴州係在隔省覿面較難要其
稟詳文牘在在可稽復於委辦案件批審詞訟
覘其才具短長並採訪輿論官聲以相印證藉
可知其梗概其中有未能稱職者不敢稍事姑
容即隨時會同各撫臣提臣
奏請降革勒休不必俟至年終方行彙覈現在所
具密考謹就臣稽察所及縷析上陳固不敢詡
為定評實不敢視為故事大抵才分之優絀前
後不至懸殊惟年力精神若在六十以上即須
隨時察看不能以目前所見者概其將來如有
前後互殊即當據實奏
聞總不敢稍事瞻徇以期仰副

聖主整肅邊疆責成職守之至意所有密具各員切
實考語臣謹手繕清單四件恭呈
御覽伏乞
皇上聖鑒謹
奏
片併單四件發中
道光二十八年十二月 二十 日

雲貴總督林則徐清單

道光二十八年雲南省司道知府考語清單

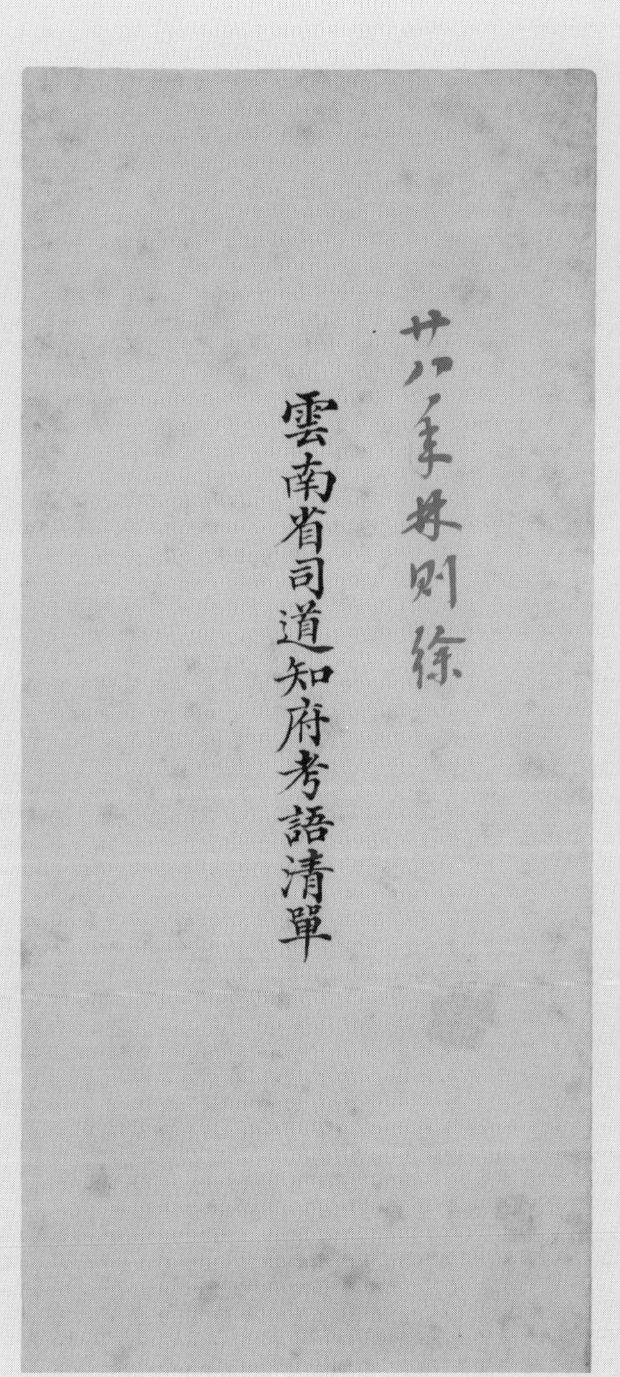

廿八年林則徐

雲南省司道知府考語清單

謹將滇省司道知府密加考語敬繕清單恭呈
御覽
布政使趙光祖年五十九歲直隸進士
在滇已越五年公事甚為熟練第恐日久漸
近疲緩是以臣等遇事督催却不至於積壓
本年支應迤西軍需及事後設法籌議歸補
均屬得宜軍務竣時本應即遵前
旨令其進京
陛見正在委員接署間適有參員廣和京控之案奉
旨交臣查訊於該司指訐尤多未便遽行北上現已
分别查明容俟案結後仍令交卸進京
陛見

按察使普泰年六十一歲正黄旗滿洲官學生
在任將滿三年治獄尚無出入為人正派亦
甚小心惟循分供職則有餘而奮發有為則
不足
糧儲道王貽桂年六十五歲順天進士
人本明練滇省情形亦熟現在精力不差惟
日久能否如常仍須隨時察看
鹽法道史致蕃年五十三歲順天進士
年力正强辦事明敏滇中各井鹾務情形迥
不相同該道酌劑得宜正溢課均無墮欠
迤東道潘揩年四十七歲廣東進士
刑名熟手鞫獄甚為細心此次調其來省隨

訊廣和京控之案人證甚多研究不涉瞻徇
詰問皆中窾要
迤西道王發越年五十五歲山西進士
迤西經大兵懲創已就肅清惟撤兵後逃匪
不免潛回飭據該道率屬續獲匪犯百餘名
審明嚴辦緝捕毫無鬆勁地方益見安恬
新陞迤南道雲南府知府桑春榮年四十七歲順天進士
該道尚在雲南府任內須俟交卸後赴部引
見始能前赴新任現於首郡理繁治劇益矢辛勤不
因業經陞任稍為踈懈
曲靖府知府胡文柏年五十一歲安徽進士
該屬詞訟最多經其加意清釐近日訟風較

前稍斂

臨安府知府嵩保 尚未到滇

澂江府知府甫以候補知府文塏 題請補授

廣南府知府梁金詔 年五十一歲浙江舉人

年壯才明辦事不避嫌怨前經送部引

見尚未回滇

開化府知府寶俊 年四十四歲正紅旗滿洲監生

上年調署楚雄緝匪甚能出力現在甫回本

任仍須再加察看

普洱府知府李熙齡 年五十三歲江西進士

該員久著清操已於上年密考內謹陳梗概

本年調補今職因先已署任廣南經辦水利

等事現尚未竣故未赴普洱之任
東川府知府黄中位年六十八歲貴州進士
該員資深才練現護迤南道篆因公来省察
其精力仍甚强健公事並無觥延
昭通府知府甫經開缺奏請　簡放
大理府知府唐惇培年五十五歲江蘇進士
老成謹飭遇事奮勉急公
麗江府知府甫以候補知府許文設　奏請補授
永昌府知府張亮基年四十歲江蘇舉人
保山七哨匪徒自懲辦後始知畏法該府調
任今職復能加意整頓除暴安良益覺禁止
令行民風丕變

順寧府知府嚴廷珏　年四十六歲浙江貢生
該員奏准調任之後因留省委審京控尚未
飭赴新任現在衆卷訊供均甚精詳細緻
楚雄府知府裴驄　年六十一歲山西監生
人本樸誠辦公勤而應事容

雲貴總督林則徐清單

道光二十八年貴州省司道知府考語清單

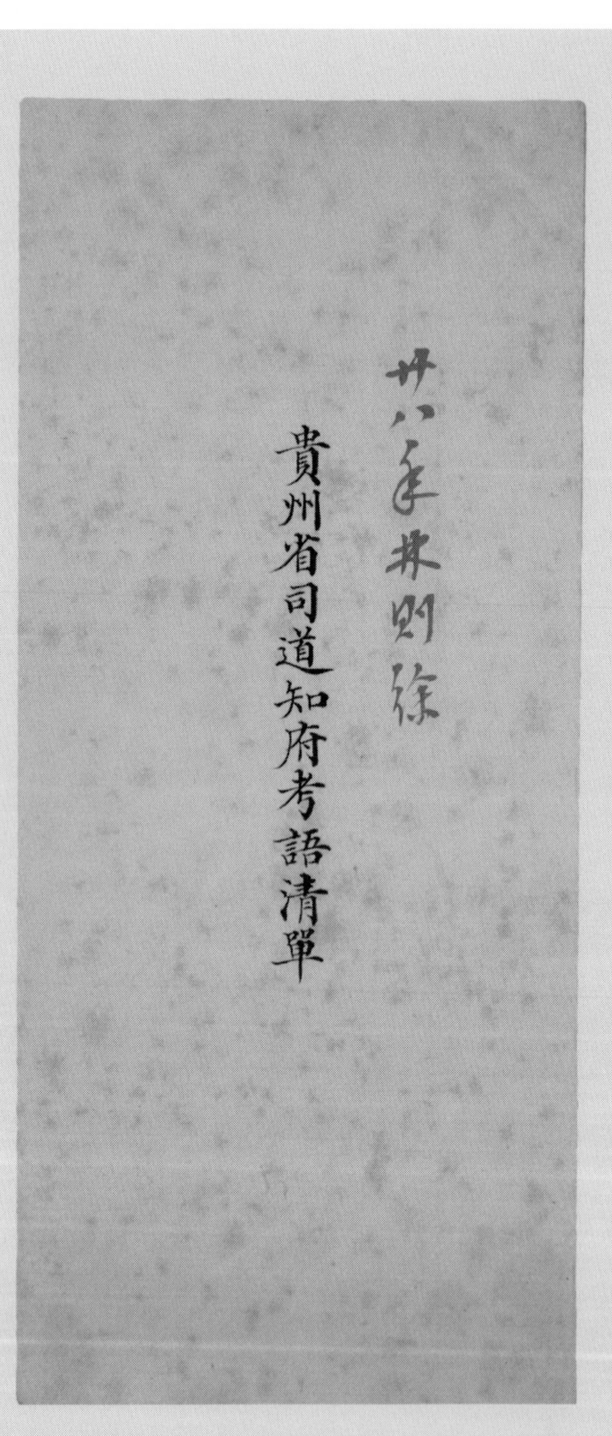

廿八年林則徐

貴州省司道知府考語清單

雲貴總督林則徐清單 道光二十八年貴州省司道知府考語清單

道光二十八年十二月二十日

謹將黔省司道知府容加考語敬繕清單恭呈

御覽

布政使羅繞典 年四十六歲湖南進士

現在署理巡撫而本任係屬藩司自應仍行

註考其在黔計逾四載辦理藩司政務已屬

裕如今重任新權正可覘其展布

按察使武棠 尚未到任

糧儲道孫起端 年五十八歲安徽進士

在黔兩載辦事周詳數月以來署理臬司讞

獄亦能勤慎今甫移權藩篆尚須驗其設施

貴西道福連 年五十一歲正藍旗滿洲監生

在本任辦理地方及銅鉛運務俱尚周妥現

甫署理臬司，容再隨時察看。

貴東道周作楫，年五十九歲，江西進士。

在道員任内甫及一年，邊防似無鬆懈。

貴陽府知府朱德璲，年五十六歲，廣西進士。

該員雖甫經准調而署事已及一年，且於通

省情形閱歷三十餘載，最爲諳練，辦事亦有

把握，在首郡似屬得人。

安順府知府常恩，年四十二歲，鑲白旗滿洲監生。

才具中平，約束胥役似亦未能嚴緊。現署黎

平府，距滇甚遠，尚未聞有物議，仍當再加訪

察。至安順，係以試用知府胡林翼署理，頗能

整頓地方，督緝盜匪，於衝途良有裨益。

都匀府知府鹿丕宗年五十六歲直隸拔貢
人頗老練在任四年於苗疆備形諳熟
鎮遠府知府廖惟勳年四十五歲江蘇進士
兩次苗疆倅滿素洽輿情該郡連年被水辦
理蠲消撫邺事宜均能得法
思南府知府左遜年四十八歲山西舉人
三年在任雖無貽悞亦未見有所設施
石阡府知府福奎年六十歲鑲黄旗滿洲舉人
缺簡事稀辦理數年均尚平穩
思州府知府祝祜年四十一歲河南進士
頗有才幹緝匪認真現委護理貴西道
銅仁府知府王成璐年四十七歲湖北進士

年富才明於繁難中缺堪以勝任
黎平府知府朱逢華尚未到任
大定府知府黄宅中年五十二歲山西進士
不避怨嫌不畏彊禦極力振作洵為向上出
色之員
興義府知府張鉠年五十六歲直隸舉人
辦公循謹熟悉地方
遵義府知府陳光蘭年五十歲浙江監生
在任已越五年輿情頗相浹洽

道光二十八年雲南省提督總兵考語清單

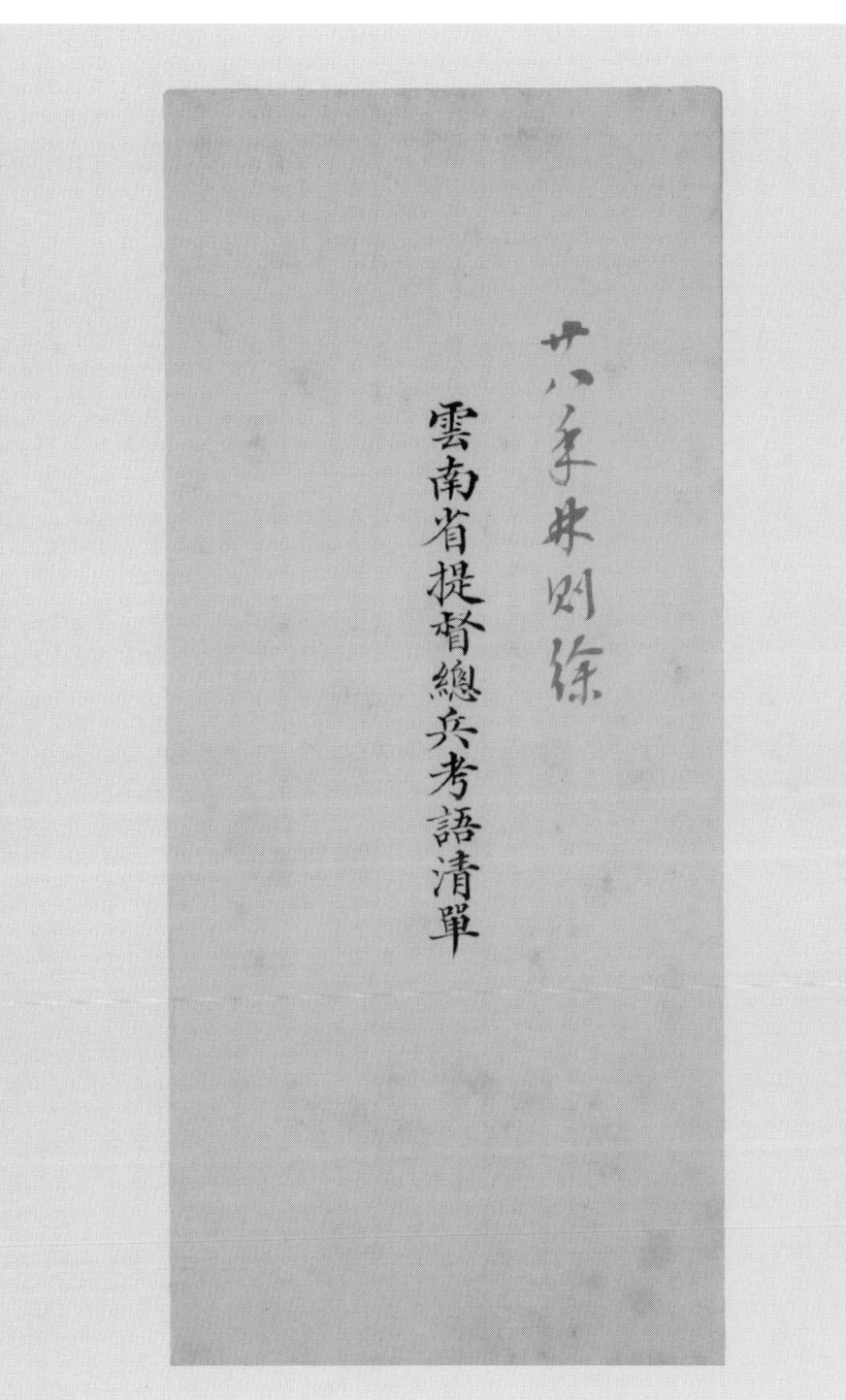

謹將雲南省提鎮密加考語敬繕清單恭呈
御覽
雲南提督榮玉材年六十九歲正紅旗漢軍人
前在彌渡保山等處見其統帶各兵紀律嚴
明佈置周密又極力節省經費回營後復設
法脩補器械實能克己為公其精力現尚充
强惟瞬届七旬仍須隨時訪察
臨元鎮總兵李能臣年四十八歲山西人
觀其言動未免太粗然心地實屬無他膽氣
却甚可用
騰越鎮總兵拴住年五十六歲正紅旗蒙古人
帶兵具有紀律臨事不致倉皇現於邊地情

形亦已備知詳細
開化鎮總兵塔清阿年六十歲正紅旗蒙古人
為人本色精力亦强督緝有方操防無懈
鶴麗鎮總兵音德布年四十二歲正黄旗蒙古人
頗好議論而不能盡實然若得人駕馭遇事
却肯向前年来周歷迤西情形亦多熟悉
昭通鎮總兵劉定選年五十六歲四川人
馭兵嚴而不苛緝匪勤而能密行師布陣頗有
機謀雖外貌嘿然而任事實為可靠
普洱鎮總兵楊青鶴年五十三歲河南人
甫經赴任正須察看而過省時聞其言論似
尚樸直不致顢頇

雲貴總督林則徐清單　**道光二十八年貴州省提督總兵考語清單**

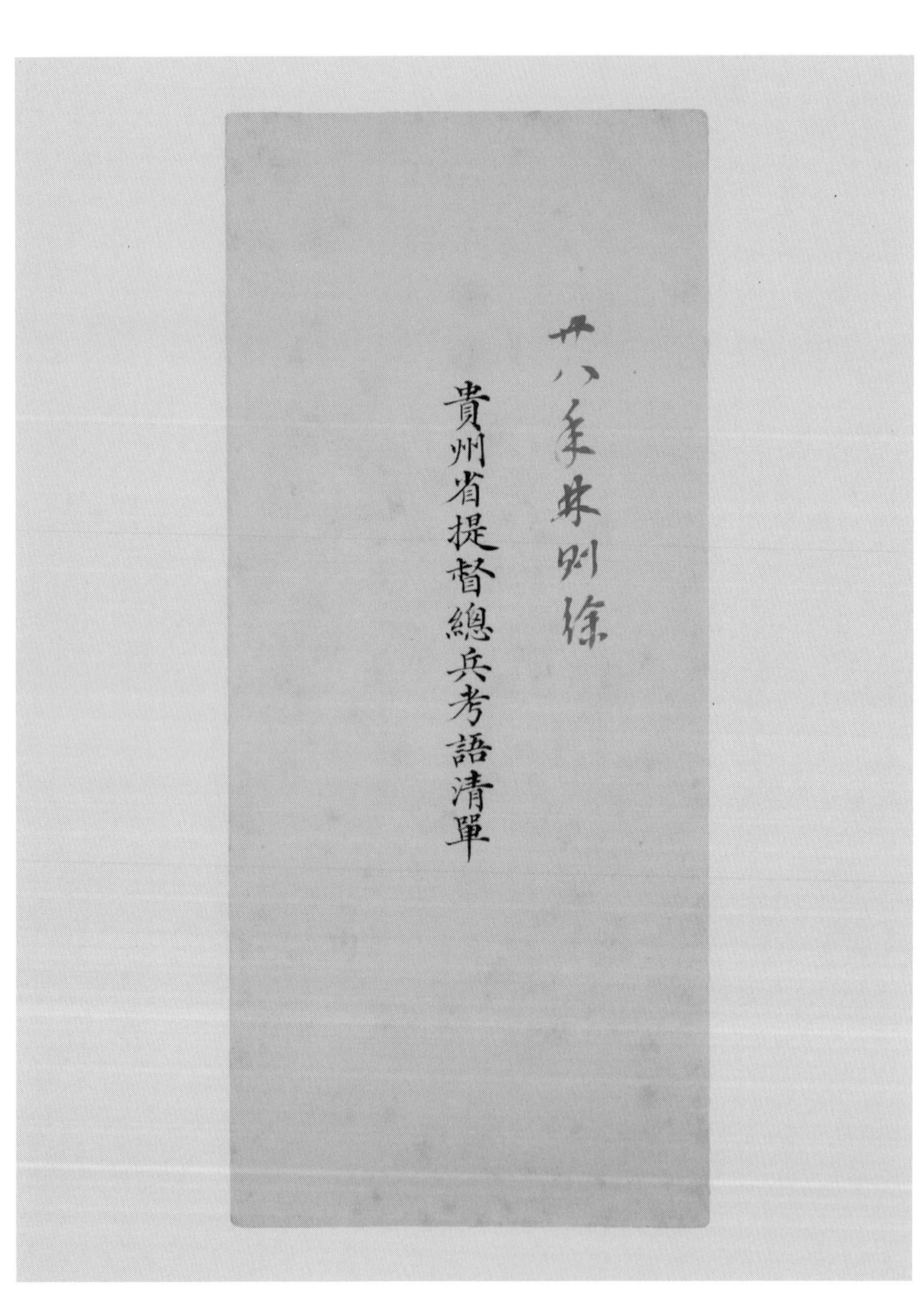

謹將貴州省提鎮咨加考語敬繕清單恭呈
御覽
貴州提督秦鍾英年六十歲陝西人
存心公正任事勤明前在迤西軍營寬嚴似
皆得體茲蒙
簡授提督進京謝
恩一切年力精神自必仰邀
聖鑒
古州鎮總兵崇福年六十五歲正白旗蒙古人
在兩省各鎮中資格最深營務甚爲熟練是
以此次
奏委署理貴州提督惟自湖廣見臣之後已隔

十餘年古州相距甚遥未知近日精神果否
如舊正可於其署任留意訪查
安義鎮總兵趙萬春年四十四歲雲南人
該鎮由永安協副將經臣保舉送部引
見蒙
恩補授今職觀其年力才具似可有為現在將次回
黔已
奏委署理古州鎮俾其歷練邊務
鎮遠鎮總兵秦定三年五十二歲湖北人
人本勇往事亦認真該處水陸衝途坐鎮自
為得力
威寧鎮總兵重綸年四十四歲鑲黄旗滿洲人

由滇省副將經臣保舉新奉
諭旨補授今職現在迎摺進京謝
恩其才具年力自蒙
聖明垂鑒

雲貴總督林則徐奏片　道光二十八年十二月二十日　密陳滇黔兩省學政聲名

雲貴總督林則徐奏片　密陳滇黔兩省學政聲名

[illegible]林則徐

再學政聲名例應年終密奏又欽奉
上諭各督撫等務宜破除情面認真訪察不得以空
言塞責等因欽此查雲南學政孫毓溎上年考試
聲名業經臣於年終奏
聞在案本年該學政按試各屬及在省會舉行科考
事臣因現屆選拔之年去取尤關緊要若士心
不愜即物議隨之是以臣於各學選拔名單無
不逐一録存遇便即訪詢底裏大概寒畯居多
間有世族亦皆平日知名之士在各處書院肄
業屢試高等者是所取洵屬公明士論均為允
協其搜獲夾帶查拏槍手聞亦嚴緊如前至貴
州學政翁同書甫經到省開考貴陽府屬臣相

距十八站一時雖未悉其詳然臣前在江蘇即
知其素承家學品行克敦似校士必能勝任仍
當時加察訪不敢豫存成見謹手繕密片附陳
伏乞
聖鑒謹
奏

雲貴總督林則徐奏摺　貴州提督秦鍾英進京陛見委崇福趙萬春分署提篆古州鎮篆

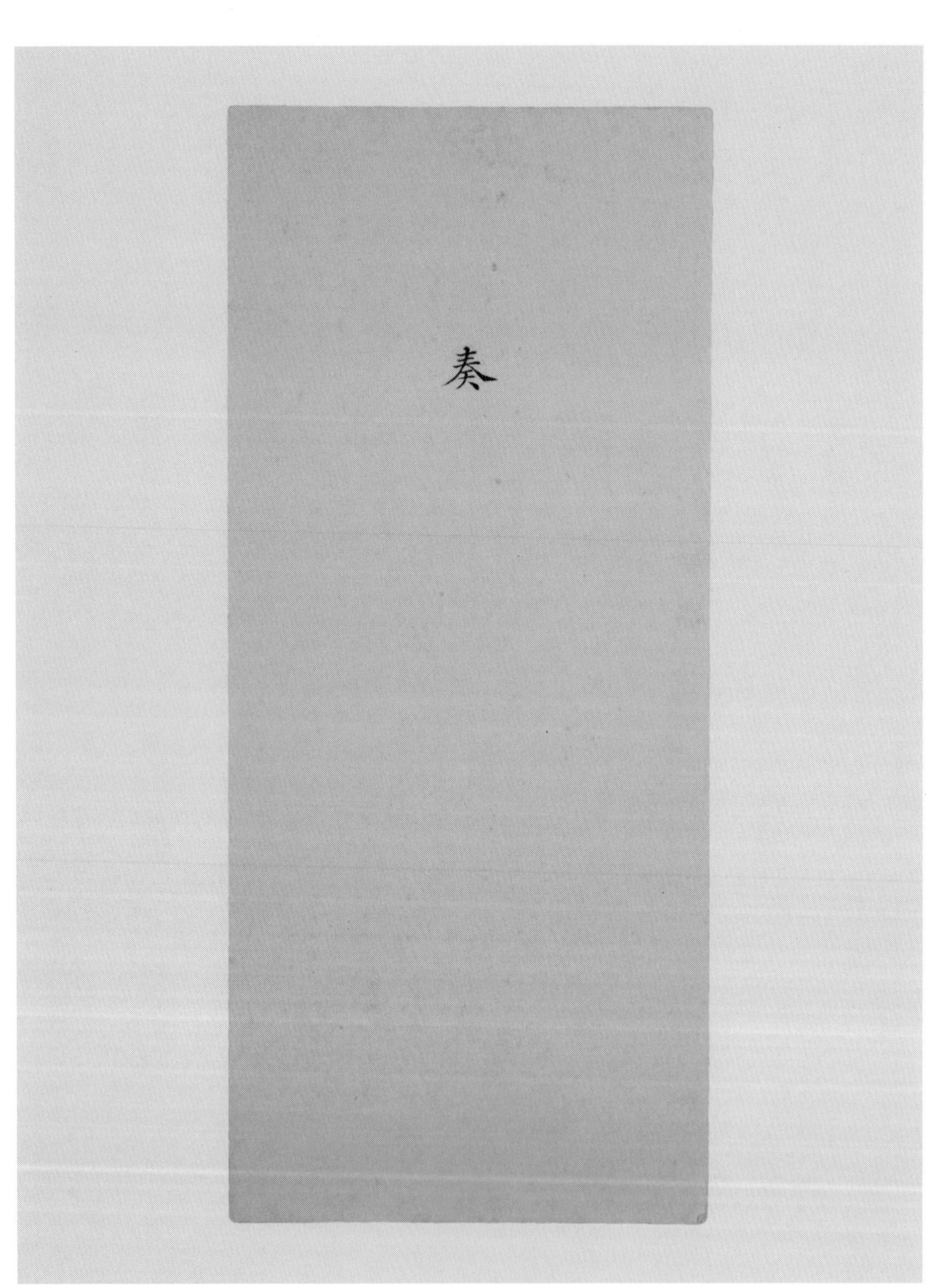
奏

二九

雲貴總督林則徐奏摺　貴州提督秦鍾英進京陛見委崇福趙萬春分署提篆古州鎮篆

道光二十八年十二月二十日

雲貴總督臣林則徐跪

奏爲委署提鎮篆務恭摺奏祈

聖鑒事竊照新授貴州提督秦鍾英先因前任提督

王一鳳出缺

奏委署理旋據咨稱奉到

批摺以安義鎮任内二次届滿三年奏蒙

恩准進京

陛見維時貴州提督尚未

簡放有人經臣附片奏請俟新任提督到黔再行交

卸在案兹准部咨欽奉

上諭貴州提督著秦鍾英補授欽此該提督自應欽

遵前奉

雲貴總督林則徐奏摺　貴州提督秦鍾英進京陛見委崇福趙萬春分署提篆古州鎮篆
道光二十八年十二月二十日

硃批進京
陛見所有提督篆務應即遴員接署以便秦鍾英交
卸起程查有古州鎮總兵崇福資格最深營務
曉暢堪以署理提篆所遺古州鎮印務查有新
授安義鎮總兵趙萬春前於保舉堪勝總兵案
內給洛送部引
見仰蒙
簡放計其由京回黔不日即可抵境堪以委令接署
古州鎮篆其未到以前先令現署該鎮中軍游
擊德祥暫行代辦以便崇福交卸往署提篆除
分檄遵照外所有委署提鎮各篆務緣由理合
恭摺具

雲貴總督林則徐奏摺 貴州提督秦鍾英進京陛見委崇福趙萬春分署提篆古州鎮篆
道光二十八年十二月二十日

奏伏乞

皇上聖鑒謹

奏

知道了

道光二十八年十二月 二十 日

雲貴總督林則徐奏摺　校閲雲南省標六營官兵陣式技藝情形
道光二十八年十二月二十日

雲貴總督林則徐奏摺　校閲雲南省標六營官兵陣式技藝情形

雲貴總督林則徐奏摺　校閲雲南省標六營官兵陣式技藝情形
道光二十八年十二月二十日

雲貴總督臣林則徐跪

奏爲校閲省標六營官兵陣式技藝情形恭摺具

奏仰祈

聖鑒事竊臣於本年春間欽奉

諭旨派閲滇黔兩省營伍維時駐劄迤西一帶辦理

軍務當將提標及騰越鶴麗二鎮永昌龍陵楚

雄維西大理順雲永北劍川景蒙九協營先行

順道查閲節經奏

聞在案自撤兵回省之後因奉

旨交審京控兩案先後提到審辦未便出省校閲茲

屆深冬正省標六營常年合操之時當於十二

月初八日起會同雲南撫臣程矞采調集督標

中左右三營撫標二營及城守營各官兵親赴
教場分日校閲所有三才速戰各陣式隊伍步
伐俱屬整齊槍礮連環進退施放悉皆便捷聲
勢極為聯絡馬步戰守兵丁年在二十以上四
十以下者居十之九間有五十上下者亦皆精
力強足並無老弱充數臣等平時每隔數日即
將省標弁兵馬步射輪看一次以弓力之等差
中箭之多寡立定賞罰章程各弁兵尚皆踴躍
練習弓力疊報加增此次馬步中靶俱在七成
以上除各將官概係六力弓外自備弁以至兵
丁則八力十力者固多而挽十二力者更復不
少拉放皆非勉強似近來弓力甚有起色鳥槍

中靶約過八成復經另試鳥機礮及擡礮擡槍
施放有準者十居其九雜技籐牌刀矛擊刺亦
俱矯捷臣當將技藝純熟各兵當場獎賞生疎
者分別責革以示勸懲所有各營將領及實缺
千總以上本已隨時甄別此次復加考驗弓馬
熟練者多惟候補守備之督標雲騎尉李登甲
騎射落馬胎膊跌傷不能再射步箭又雲騎尉
吳德培步射雖中二矢而精力業已衰頹該二
員均應革退隨營仍畱世職撫標候補千總陳
啟哲本由守備降補今筋力已衰射箭無準督
標把總邵文源雖中二箭而年衰力輭該二弁
均應勒令休致督標武舉楊廷英雖亦中箭二

枝而病久體弱撫標武舉陳國安技庸力疲均
難期其振作應倶革退隨營仍各留其武舉撫
標外委吴珍射箭無準惟年力尚壯應降爲馬
兵仍勒限勤習以觀後效以上各員弁先據該
管將備等揭報前來經臣等考驗無異此外尚
無衰庸應劾之員各營軍裝點驗無缺馬匹亦
均膘壯足額嗣後仍當嚴飭該將備等申明紀
律勤加訓練務使技藝益臻精熟以期兵歸實
用餉不虚糜仰副
聖主修明武備綏靖邊疆之至意所有查閲雲南省
標六營情形臣謹會同撫臣程矞采恭摺具
奏伏乞

二九

雲貴總督林則徐奏摺　校閱雲南省標六營官兵陣式技藝情形

道光二十八年十二月二十日

皇上聖鑒謹

奏

依議

道光二十八年十二月　二十　日

雲貴總督林則徐等奏片　**請將滇黔兩省捐輸兑銀限期展至二十九年正月為止**

臣林則徐
臣程矞采　跪

奏再滇黔兩省捐輸前於本年春間准户部
奏明洛行以現在既有軍需如該省收捐尚可接
續辦理自應暫緩停止等因當經臣等遵照行
司接續捐辦並於八月十六日將已捐成數會
奏一次開具捐員清單懇
恩奬勵在案兹自八月以後截至年内封印之日止
據雲南藩司趙光祖詳報滇省續捐之銀業經
上庫兑收者二萬八千一百四十七兩其具呈
而未上兑者尚有一萬餘兩黔省所收銀數亦
經臣林則徐行司查報惟思現在順天捐輸既
准展限一年湖北亦准以捐輸助賑若滇黔續

捐未停即恐彼此不無妨礙似應即以本年年
底作為滇省截止之期並咨會黔省依限一律
停卯惟滇省具呈而未上兌者既有一萬餘兩
則黔省大抵亦然其距省稍遠地方一時未能
將銀趕到若即概予扣除不准上兌未免阻其
急公向上之忱查歷屆捐輸均予銀限一月此
次滇黔兩省亦擬遵行應請於二十八年年底
截卯而兌銀限期展至二十九年正月為止臣
等屆期會同署貴州撫臣羅繞典覈明實收銀
數及各捐員出身履歷按照歷次章程恭繕清
單奏懇
施恩獎勵仍一面造冊分咨查覈是否有當謹先合

雲貴總督林則徐等奏片　請將滇黔兩省捐輸兑銀限期展至二十九年正月為止　道光二十八年十二月二十日

詞附片具

奏伏乞

聖鑒謹

奏

依議户部知道

雲貴總督林則徐咨呈　**降調知縣廣和京控案在本堂原呈及堂駁各條呈軍機處備查**

二九

雲貴總督林則徐咨呈降調知縣廣和京控案在本堂原呈及堂駁各條呈軍機處備查

道光二十八年十二月二十日

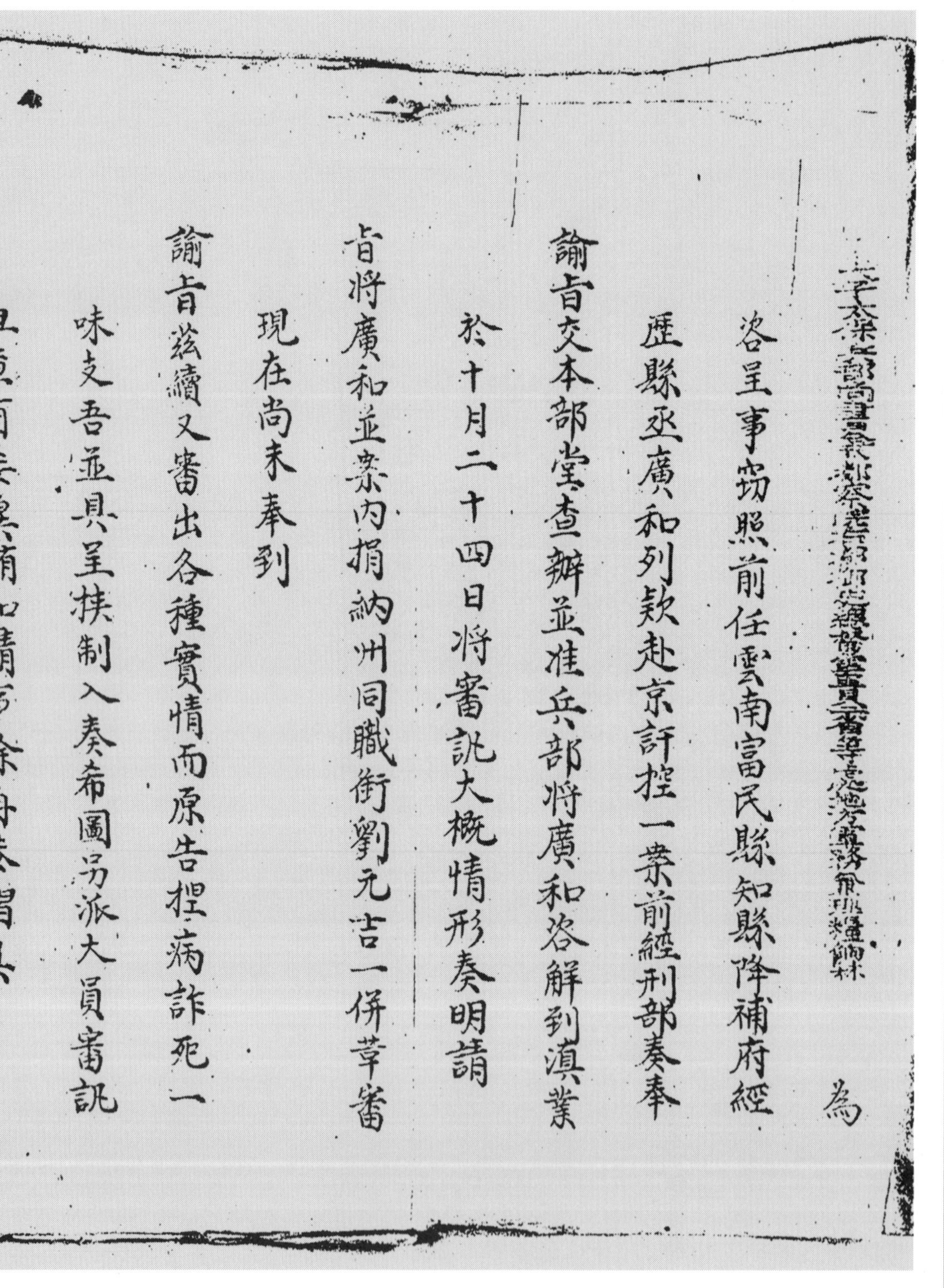

太子太保兵部尚書兼都察院右都御史總督雲貴等處地方軍務兼理糧餉林　為

咨呈事竊照前任雲南富民縣知縣降補府經

歷縣丞廣和列款赴京訐控一案前經刑部奏奉

諭旨交本部堂查辦並准兵部將廣和咨解到滇業

於十月二十四日將審訊大概情形奏明請

旨將廣和並案內捐納州同職銜劉元吉一併革審

現在尚未奉到

諭旨茲續又審出各種實情而原告捏病詐死一

味支吾並具呈挾制入奏希圖另派大員審訊

且查有妄冀賄和情事除再恭摺具

二九

雲貴總督林則徐咨呈　降調知縣廣和京控案在本堂原呈及堂駁各條呈軍機處備查

道光二十八年十二月二十日

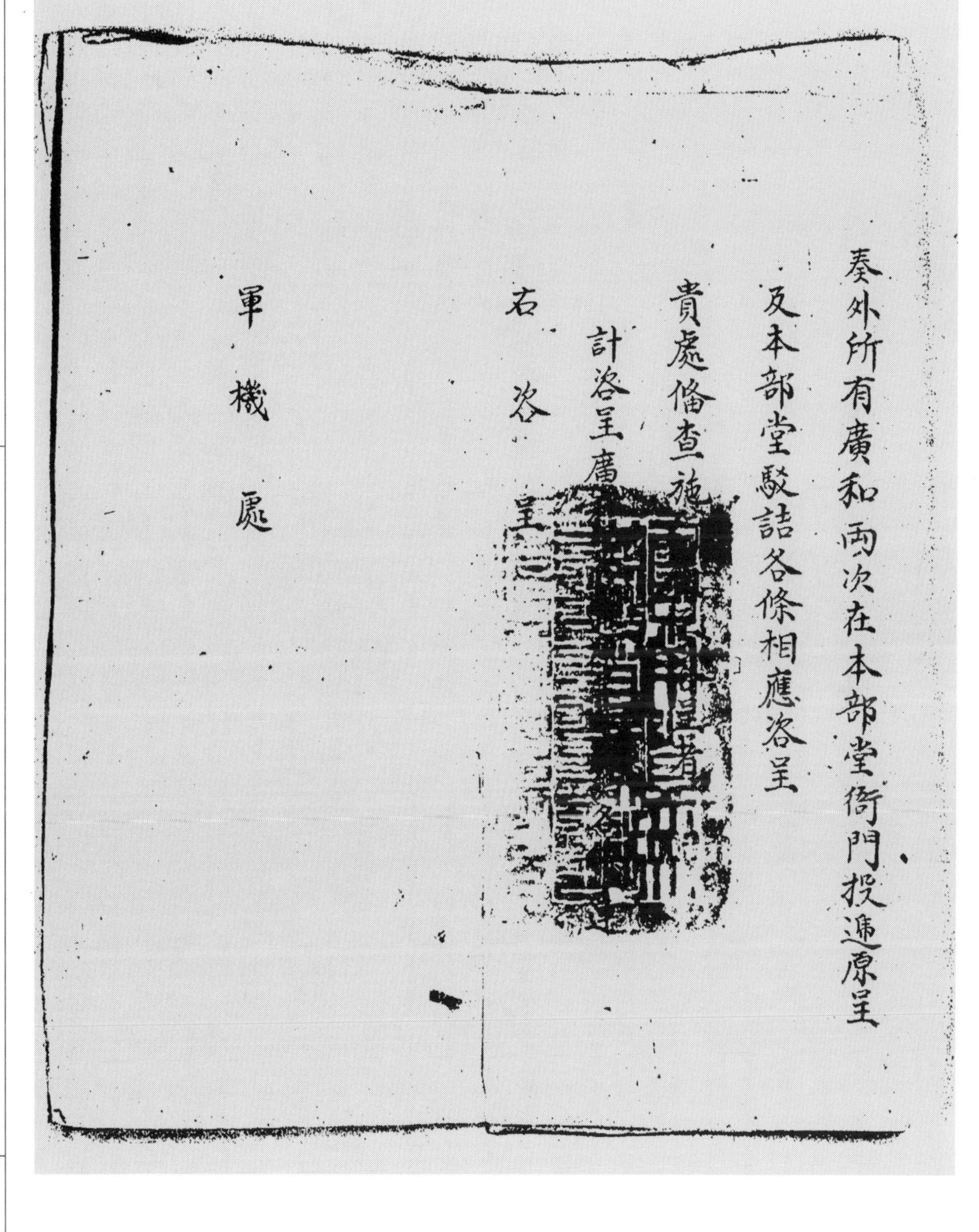

奏外所有廣和兩次在本部堂衙門投遞原呈

及本部堂駁詰各條相應咨呈

貴處備查施行須至咨呈者

計咨呈廣

右　咨　呈

軍　機　處

雲貴總督林則徐咨呈　降調知縣廣和京控案在本堂原呈及堂駁各條呈軍機處備查　道光二十八年十二月二十日

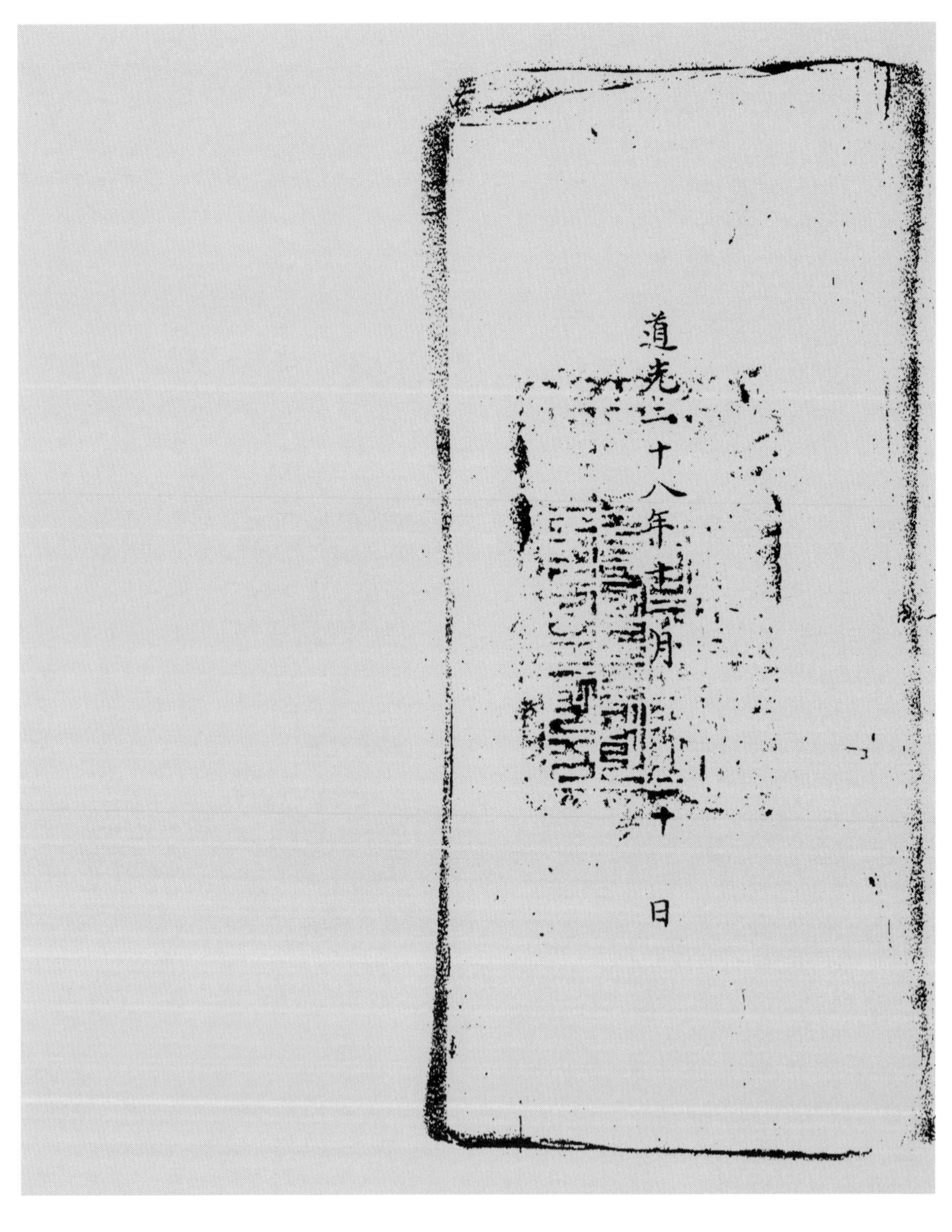

道光二十八年十二月二十日

上諭 著照林則徐等所請勒追滇銅廠欠有著各款並豁免無著之銀

道光二十八年十二月二十八日内閣奉

上諭林則徐程矞采奏循案請豁廠欠一摺雲南各銅廠民欠工本銀兩除有著各款仍責成現管各廠員勒限追繳限滿不足歸經放之員賠補外其無著之款既據該督等查明實係硐老礦薄欠户俱已赤貧故絶並無濫放捏飾情弊所有道光二十七年無著廠欠撥補不敷銀四千九百八十六兩零著加恩豁免該部知道單併發欽此

雲貴總督林則徐等奏片　**請飭藩司趙光祖暫緩交卸俟永昌軍務事竣即赴京陛見**

再藩司趙光祖前經奏請
陛見奉
旨准其來京應即欽遵北上惟現在永昌地方匪徒
滋事經臣等
奏明調集官兵前往剿辦需用糧餉已飭該司先
事預籌将來一切支應事宜仍須一手經理方
足以昭慎重相應請
旨飭令該司暫緩交卸俟永昌軍務告竣即行進京
展覲
天顏跪聆
訓誨謹附片具
奏伏祈

雲貴總督林則徐等奏片　請飭藩司趙光祖暫緩交卸俟永昌軍務事竣即赴京陛見　道光二十八年

聖鑒訓示謹
奏
依議

雲貴總督林則徐等奏片　**委鎮沅同知潘如棟借補晉寧知州崔紹中分署順寧普洱知府**

再署順寧府事請陞該府知府耿麟於道光二十七年十二月十八日在任病故除病故日期另文

題報開缺外所遺順寧府知府缺應即委員接署查該府係極邊要缺非精明幹練熟悉邊情之員不足以資治理查有鎮沅同知潘如棟才具明幹歷練老成堪以委署又署普洱府事准陞該府知府辛本棨應行送部引

見所遺普洱府知府亦係極邊烟瘴要缺查有候補直隸州請借補晉寧州知州崔紹中精詳諳練勤幹有為堪以委署據藩臬兩司會詳前來除檄飭遵照外謹附片會

奏伏乞
皇上聖鑒謹
奏
覧

圖書在版編目（CIP）數據

清宫林則徐檔案匯編.29/ 中國第一歷史檔案館　福建省林則徐研究會　編.—福州：海峽文藝出版社，2020.3

ISBN 978-7-5550-2122-3

Ⅰ.①清…　Ⅱ.①中…②福…　Ⅲ.①林則徐（1785~1850）—檔案資料—匯編　Ⅳ.① K827=52

中國版本圖書館 CIP 數據核字（2019）第 265462 號

清宫林則徐檔案匯編　29

中國第一歷史檔案館 福建省林則徐研究會　編

責任編輯　陳　婧
美術編輯　劉小岳
出版發行　海峽文藝出版社
經　　銷　福建新華發行(集團)有限責任公司
社　　址　福州市東水路 76 號 14 層　　**郵編**　350001
發 行 部　0591-87536797
印　　刷　福建新華印刷有限責任公司　　**郵編**　350011
廠　　址　福州市福新中路 42 號
開　　本　889 毫米 × 1194 毫米　1/16
字　　數　722 千字
印　　張　33
版　　次　2020 年 3 月第 1 版
印　　次　2020 年 3 月第 1 次印刷
書　　號　ISBN 978-7-5550-2122-3
定　　價　300.00 元